#NI UNA MÁS

FRIDA GUERRERA

#NI UNA MÁS

El feminicidio en México: tema urgente en la Agenda Nacional

Ilustraciones de Catherick Uribe

AGUILAR

#NiUnaMás
El feminicidio en México: tema urgente en la Agenda Nacional

Primera edición: abril, 2018

D. R. © 2018, Frida Guerrera

D. R. © 2018, derechos de edición mundiales en lengua castellana:
Penguin Random House Grupo Editorial, S.A. de C.V.
Blvd. Miguel de Cervantes Saavedra núm. 301, 1er piso,
colonia Granada, delegación Miguel Hidalgo, C.P. 11520,
Ciudad de México

www.megustaleer.com.mx

D. R. © Penguin Random House / Alejandra Guerrero Esperón, por el diseño de cubierta
D. R. © iStock, por la fotografía de portada
D. R. © Aarón Fuentes, por la fotografía de la autora
D. R. © Fernando Flores (FerSpears), por el maquillaje de la foto de la autora
D. R. © Caterick Uribe, por las ilustraciones de interiores

ISBN: 978-607-316-321-7

Impreso en México – *Printed in Mexico*

El papel utilizado para la impresión de este libro ha sido fabricado a partir de madera procedente de bosques y plantaciones gestionadas con los más altos estándares ambientales, garantizando una explotación de los recursos sostenible con el medio ambiente y beneficiosa para las personas.

Penguin
Random House
Grupo Editorial

Para Alejandro, mi hijo, por su amor;
porque sin su comprensión sería más difícil ser la extensión de estas voces.

Para Daniel, mi compañero en todo momento, por abrazar noches de
insomnio, soportar días sin descanso y acompañar tanto dolor e indignación.

Para mi madre, Esperanza Villalvazo, por enseñarme a no callar
y amar con coherencia y dignidad.

Para cada una de las familias que me abrieron su dolor, su corazón,
por permitirme acompañar su necesidad de justicia.

Para las madres que necesitan volver a escuchar "mamá",
para las hermanas que las extrañan y las necesitan.

Para los padres que tienen vergüenza de pertenecer a una sociedad
sorda, ciega, que se queda muda ante la sevicia.

Para los huérfanos del feminicidio
que hoy no tienen los brazos de mamá.

Para las sobrevivientes, quienes con miedo
se armaron de valor y denunciaron a sus agresores.

Índice

AGRADECIMIENTOS

A Martín Moreno, por creer en mí y ayudarme a hacer visible un tema muy poco atendido por los medios de comunicación: gracias por su compromiso y sensibilidad.

A María Salguero, por darme los primeros datos aquel 20 de febrero de 2016, por coincidir en la necesidad de visualizar el femincidio en México.

A César Ramos, mi editor y cómplice, por empujarme a concretar algo que veía inalcanzable.

A Ángel Alonso Salas, por sumarse a la necesidad de crear conciencia en los jóvenes y abrirnos espacios en los CCH de la Universidad Nacional Autónoma de México y en el Politécnico Nacional, para escuchar en esas escuelas a las madres de las víctimas del feminicidio.

A quienes día a día se han sumado a la visibilidad diaria de #FeminicidioEmergenciaNacional que realizo en mis redes sociales.

A quienes no han creído en mí: eso me ha empujado a seguir gritando aun en medio del desierto.

A Gabriel y a cada uno de los chicos de AFondoEdoMex, por los constantes impulsos para seguir, por la información veraz con la que se manejan.

A los amigos de los medios en todo el país, quienes publican cada semana las historias que vierto en "Columna Rota", gracias porque con su ayuda quito las cifras frías y les ponemos rostros.

A mis hermanas y hermano, por su solidario acompañamiento; a mis sobrinos, Melina, Aarón, Sally, Cinthia, Ángel, porque siempre me escuchan aunque el tema les asusta.

A cada una de las mujeres y los hombres que abrieron su corazón y confiaron en mí, por dejarme conocer a sus hijas, hermanas, tías, aun con todo lo que les hace sufrir recordarlas.

A cada uno de los lectores que tengan este libro cuyo propósito es hacer conciencia para que sientan y acompañen el dolor de cada testimonio y nos ayuden a seguir gritando #NiUnaMás, #NoSeasIndiferente.

A la impunidad: porque este libro no debería existir.

PRÓLOGO
Los números sí tienen un rostro y una voz

Hace más de 11 años, yo, Frida Guerrera, salí de casa de mi ex-pareja con la nariz sangrando, una hemorragia vaginal y treinta pesos en la bolsa. Después de 7 años de trabajar juntos para "nuestro consultorio" todo se rompió y el dolor fue inmenso.

Dejé el consultorio donde laboraba como terapeuta con niños y niñas, dando cursos a mujeres que atravesaban por una crisis emocional y atendía a personas cuyas problemáticas me demostraban el miedo, la angustia y las preocupaciones en sus ojos. Rota y con un gran dolor en el corazón dejé esa casa, aquel sueño que fue el consultorio, para dedicarme totalmente a denunciar violaciones graves a los Derechos Humanos.

Ahora mi propósito es dar voz a quienes no pueden pagar a los medios oficiales para presionar a las autoridades para realizar su trabajo, ayudo a denunciar e instruyo a la gente para que conozca sus derechos. También ofrezco ayuda profesional como terapeuta y, sobre todo, investigo, documento y doy rostro y voz a las mujeres, adolescentes y niñas que han sido víctimas de feminicidios.

Desde 2016 he investigado profundamente numerosos feminicidios en nuestro país. El resultado es atroz. En ese año hubo más de cien mujeres asesinadas en México por violencia de género, sin contar los múltiples abusos que otras tantas han sufrido. Durante este tiempo —incluso desde antes— me he enfrentado a la muerte de mujeres, algo que me toca en lo más íntimo. El solo hecho de ver desfilar ante mí los nombres de todas las mujeres mexicanas y sus historias no contadas me conmovió profundamente. Decidí entregar mi vida a ayudarlas, a ellas y a sus familias, a recuperar un poco de la dignidad que perdieron al ser violentadas y exterminadas.

Inicié entonces con su búsqueda diaria y no me detendré por ninguna causa. Me han amenazado muchas veces de distintas formas: por medio de mi blog, a través de llamadas, mensajes de texto, etcétera. Pero esto sólo hace más fuerte mi determinación por exigir justicia. Seguiré luchando, me involucraré en los casos y enfrentaré a las autoridades. Gritaré e imprimiré, cada vez más, los nombres de los agresores por todos los medios posibles. Continuaré apoyando de manera emocional y profesional a las familias de las víctimas y mi denuncia social crecerá.

Mis convicciones como ser humano y como terapeuta son claras: soy una mujer muy valiosa, igual que cualquier otra. Y la dignidad humana no puede ser destruida por ningún hombre o institución. Por eso no me detendré ante nadie ni ante nada. Soy portavoz de quienes no pueden hablar, de aquellas voces silenciosas que descansan en sus tumbas. De los miembros de una familia rota por un acto de cobardía inmenso, el más grande: asesinar a un ser humano.

La lucha contra el feminicidio no es la guerra de las mujeres contra los hombres. Es una guerra para vencer la impunidad, la desigualdad, la injusticia, la insensibilidad, la prepotencia, la indiferencia de quienes tienen la obligación de proteger, ayudar, proporcionar herramientas de prevención y apoyo a la sociedad. Si las autoridades implementaran —sin corrupción— las medidas correctas para dar un acceso real a la justicia, las cosas en este país mejorarían.

Más del cincuenta por ciento de la población somos mujeres. Es absurdo que no tengamos los mismos derechos que los hombres, que seamos violentadas y amenazadas por ellos. Que sólo por cuestiones de superioridad en fuerza física (y no en todos los casos) nos subyuguen, nos amedrenten. La misoginia no tiene cabida en una sociedad de progreso, de igualdad.

Es urgente que los feminicidios se terminen. La solución para lograrlo es que las autoridades cobren conciencia de la gravedad del asunto; no es posible que un sector mayoritario de la sociedad siga siendo violentado por sus características sexuales, físicas, por su forma de ser y de pensar distinta a la del hombre.

Acabemos con esa cultura del patriarcado que no valora, que ofende, que somete a sus mujeres. Retomemos la cultura de la igualdad, del amor, la comprensión, la tolerancia. Inculquemos esos valores a nuestros hijos, a los niños mexicanos, para que, cuando crezcan, su pensamiento tenga bases sólidas y todos gocemos de los mismos derechos, con respeto y comprensión, sin importar la condición social, física, las creencias religiosas y las preferencias sexuales.

Libremos la batalla, donde gente sin ética ni amor por la humanidad mata a niñas, madres, hijas, ancianas… Dejemos de lado el clásico "si no lo veo, no existe", porque es una realidad y tenemos que cambiarla.

Debemos exigir que los feminicidios sean tipificados, que los rija una sola ley, que no lo determine el criterio de algunos. No deben quedarse sólo en los procesos, es necesario dejar de calificar algunos feminicidios como homicidios dolosos. Los medios de comunicación deben analizar correctamente y tipificar los feminicidios de todas y no sólo de algunas.

Basta de seguir indiferentes, no podemos dejar que se desangre el corazón de un país que pide —y debe— erradicar la violencia contra la mujer, contra los seres humanos. Debemos aprender a darnos la mano, a vernos de frente, no sólo cuando hay sismos de gran magnitud, entendernos siempre y también cuando se necesite.

Hay que retomar el interés por la dignidad de nuestras familias y no dejar que nuestras mujeres aprendan por "inercia", dejemos de prohibirles los estudios y el desempeño de lo que les gusta. Todos y todas somos libres y tenemos derecho a salir adelante, a elegir una carrera, una profesión, a tener una vida digna. A ser padres de familia con derechos y obligaciones. A ser personas con dignidad y libertad de caminar seguros por las calles, de ir y venir adonde nos plazca con la tranquilidad de que seremos respetados física, moral e intelectualmente.

Lo enfatizo porque hoy no sabes lo que puede pasar en la calle, rumbo al trabajo, en la fábrica o la oficina, incluso en casa…

Un día como cualquiera te levantas e inicias tu vida sin detenerte a pensar que puede ser el último; que te pueden asesinar o que alguien que amas desaparecerá. De esta forma comienza la mayoría de las historias reales que presento; los testimonios de familias que, con el corazón arrancado, emprenden la búsqueda de sus hijas, madres, esposas, hermanas, y amigas. Ninguna de estas mujeres imaginó, siquiera, que sería parte de las miles de personas que claman justicia. Voces —en la mayoría de los casos— acalladas por el temor de que las investigaciones "se entorpezcan", según las autoridades; o una amenaza como: "No digan nada a los medios, porque alertaríamos a los responsables", son las frases recurrentes. En este panorama, también hay que enfrentarse a la negligencia de la policía y demás poderíos que "dan largas" u obstaculizan las averiguaciones, con la finalidad de provocar cansancio para que, por falta de interés, se cierren las carpetas de investigación.

De manera que los feminicidios y las desapariciones únicamente quedan registrados en notas rojas que organismos no gubernamentales rastrean a diario pero que, en la mayoría de estos casos, no tienen resultados alentadores porque carecen de asesoría legal que les digan cómo proceder.

Las familias que sufrieron la pérdida de una mujer adulta, adolescente, niña y hasta bebé se encuentran desesperadas, sin saber qué hacer o hacia quién dirigirse. Se han sumado a la larga lista de aquellos que luchan contra la frustración y el dolor provocados por la negligencia de un país que no valora ni procura a sus mujeres.

Hijas que, de pronto, ya no tienen a su madre, se quedan sin la figura que las guiaba y les daba protección. Sufren de la desesperanza de no tenerla cerca y no saben en quién confiar. Se suman a la incertidumbre por la ausencia de sus progenitoras.

El objetivo de este libro es darles voz a las mujeres asesinadas, hacer visibles los feminicidios en nuestro país desde la realidad indiscutible de las cifras, los nombres y las historias de sus familias. Contabilizar, una a una, con nombre y apellido, las muertes que pudieron haberse prevenido y que necesitan ser castigadas para que el Estado mexicano, mudo y ciego, solucione los innegables hechos y le ponga fin a esta terrible realidad.

Muestro las historias de violencia de género tal como son: crudas, insoportables, atroces, salvajes; para evitar que se conviertan o sigan siendo algo "normal". Hago énfasis en las constantes agresiones que vivimos las mujeres en nuestra cotidianidad para que, lejos de ser "lo esperable", se conviertan en lo raro, lo anormal. Exhorto a las mujeres y a todos a prestar atención ante las señales —los focos rojos de los agresores— para escapar a tiempo de ellos y levantar la voz. Y me interesa, sobre todo, llegar a la juventud, para que comprenda que el feminicidio sí existe y necesitan cuidarse y denunciar cualquier abuso físico o verbal por parte de sus parejas, familiares o amigos. Quiero tocar la conciencia de una sociedad que ha perdido la capacidad de asombro por los hechos violentos que suceden en el país a diario; quiero llegar a esa parte de la sociedad indiferente que prefiere no leer noticias de ese tipo, pensando que así no pasará nada.

Espero evidenciar la falta de sensibilidad y profesionalismo de las autoridades ante el feminicidio; poner en el foco de atención a aquellas que se niegan a proceder con las denuncias, que realizan investigaciones deficientes, que no logran detener a los culpables. Debemos saber que el feminicidio ha sido un tema invisible, ¡pero ya no más!

En este marco se inscribe el nuevo sistema de justicia penal, aprobado a nivel nacional en junio de 2016. Esta particular forma de juzgar ha resultado ineficaz, porque los procesos se alargan. Es sólo una manera de crear presuntos inocentes, dejando a las víctimas como presuntas responsables, porque se liberan a imputados por falta de pruebas, no se condenan a menores de edad por el delito cometido, sino por delitos inimputables de menor castigo.

En este libro también quiero presentar una cara del feminicidio que no se ve: los huérfanos, de los que no hay cifras certeras ni autoridades que den razón de ellos. Yo he conocido a algunos de estos niños que por las noches lloran, extrañan a su mamá, que saben que ya no estará con ellos jamás.

Durante 20 meses me he dado a la tarea de recopilar estas historias de terror, de impunidad y de impotencia. A través de todas ellas se exhibe la falta de justicia y la violación de los derechos de las víctimas que, absurdamente, son menos importantes que los derechos de sus agresores. Estas historias nos introducen en un mundo de horror, de desconsuelo, de infiernos, que revelan el escaso nivel de "igualdad y jurisprudencia" que prevalecen en este adolorido país; donde hay fosas esparcidas por la mayoría de las entidades que sangran por sus grietas.

He tenido frente a mí a muchas familias de víctimas de feminicidio o desaparición, en sus testimonios se plasma el dolor compartido: la misma mirada de sufrimiento, el mismo vacío en el alma, la misma soledad en cada una de ellas; con preguntas idénticas sin respuesta. Sus relatos no son novelas, son historias de la vida real.

También encontrarás casos de quienes han sobrevivido a una tentativa de feminicidio; mujeres en peligro que no obtienen protección de la ley. Aquí, el vacío legal, la falta de compromiso de las autoridades y la seguridad no existen. Son mujeres ignoradas, que temen morir en manos de sus parejas, o cuya única opción es suicidarse por la vulnerabilidad con las que son expuestas por las propias autoridades.

Las mujeres que por extrañas situaciones desaparecen, también dejan a los suyos en la zozobra. Al respecto, la policía y las instituciones las toman como números y no como personas; porque el sistema adolece de humanidad. Los pasos a seguir son: primero, llamar a Locatel donde te asignan un número; luego ir al Centro de Atención a Personas Extraviadas y Ausentes (CAPEA) y te asignan otro número. El trato es tremendamente impersonal. Nos tratan como expedientes y estadísticas.

La inseguridad al caminar en las calles, la violencia en el noviazgo, la ignorancia, los prejuicios, la misoginia cultural, son parte de una cotidianidad vivida por una sociedad deformada. Por eso, ninguna mujer queda exenta de ser víctima de feminicidio o desaparición. El problema existe a pesar de que se niegue o se oculte en los expedientes.

El feminicidio es un tema que nos debe ocupar y preocupar a todos. No podemos ignorar lo que está sucediendo. ¡Basta de formar hijos violentos y poco tolerantes a la frustración!, no dejemos en manos de la tecnología la educación de nuestros hijos, no permitamos que la violencia se catalogue como algo "normal". Es tiempo de retomar nuestros valores, de educar con conciencia, de regresar al rigor de la ética y los valores morales. Dejemos de ser una sociedad que culpa a las mujeres que han sido asesinadas, llamándolas "tontas", "putas", "delincuentes". Salir de un círculo de violencia es muy difícil, pero no imposible; por ello hay que celebrar cada vez que una de ellas lo logra.

Tratemos de comprender el sufrimiento de estas mujeres y encontremos los caminos preventivos y las propuestas legales para evitar que esto se siga repitiendo.

Ciudad de México, febrero de 2018

El feminicidio en México duele

Debemos tratar de ser mucho más profundos.
No nada más quedarnos en las escenas de horror, lo que paraliza, sino
tratar de buscar explicaciones que le ayuden a la gente a no quedarse paralizada.
MARCELA TURATI

EL RECUENTO DEL DOLOR:
EL FEMINICIDIO EN 2016

En 2016 me di a la tarea de redactar una reflexión que en su momento tuvo poco eco: ¿Por qué la mayoría de nuestra sociedad tolera y calla los asesinatos contra las mujeres? Dolorosamente, no obtuve respuesta, ni siquiera mía. Aún no documentaba los feminicidios acaecidos en ese año.

Cuando tomé la decisión de investigar al respecto, me di cuenta de que adentrarme en el tema implicaba explorar un mundo de indiferencia social e institucional. Tendría que pelearme con mis propios demonios para digerir tanto dolor y tanta saña. Sabía que, al involucrarme, viviría inimaginables sensaciones ocasionadas por las atrocidades y las bajezas con las que las mujeres son asesinadas en nuestro país.

Es importante destacar que los datos que presento provienen de la información de mi blog: fridaguerrera.blogspot.mx. No son cifras oficiales ni pretenden descalificar la documentación de otras organizaciones sociales que por años se han dedicado a esto, pero sí constituyen otra manera de mostrar una realidad que urge conocer y cambiar.

Para indagar más acerca de los feminicidios en México, primero investigué en las notas rojas de toda la República. Después contabilicé, visualicé y busqué. Luego conocí algunas de las familias afectadas. Me contaron sus vidas y sus historias. De modo que semana a semana en mi espacio titulado "La columna rota", me empeñé en que los números adquirieran una identidad, un valor.

Las siguientes líneas son el recuento de 2016, un balance de la indiferencia y de la falta de empatía sociales. Muestran un interés por recordar a las mujeres que fueron víctimas de maltrato o muerte. También son un intento por comprender por qué las asesinaron. Deseo que todas estas historias no pasen inadvertidas y que la sociedad y las instituciones dejen de mostrarse indiferentes ante el sufrimiento y la injusticia.

En 2016 hubo en la República 1,559 mujeres destazadas, calcinadas, violadas, asesinadas a balazos, abandonadas en canales, ríos, terrenos, carreteras… desaparecidas, despojadas, denigradas, olvidadas, descalificadas.

Ahora, el recuento de feminicidios por entidad:

Aguascalientes: 5
Baja California: 66
Baja California Sur: 10
Campeche: 2
Ciudad de México: 80
Chiapas: 44
Chihuahua: 89
Coahuila: 30
Colima: 21
Durango: 3
Estado de México: 238

Guanajuato: 80

Guerrero: 103

Hidalgo: 27

Jalisco: 58

Michoacán: 68

Morelos: 55

Nayarit: 6

Nuevo León: 55

Oaxaca: 91

Puebla: 81

Querétaro: 14

Quintana Roo: 33

San Luis Potosí: 15

Sinaloa: 53

Sonora: 35

Tabasco: 31

Tamaulipas: 16

Tlaxcala: 4

Veracruz: 97

Yucatán: 9

Zacatecas: 40

Es verdad que los números resultan punzantes, es casi aberrante convertir vidas en cifras pero, seamos honestos, es una manera para obtener las constantes del crimen. Veamos: de los 1,559 feminicidios, 485 mujeres permanecen en calidad de desconocidas; 95 están reservadas por las autoridades; 979 fueron identificadas y reclamadas por sus familias. Sin embargo, todos estos números tienen una historia, por lo que no deben permanecer invisibles para las autoridades y la sociedad. En algún momento alguien podría encontrarlas.

En cuanto a los responsables, sólo 293 agresores están detenidos y bajo proceso judicial. Tan sólo el 18.79 por ciento de los feminicidios en el país fueron "investigados"; 1,155 de éstos no tienen ni responsables ni detenidos; 76 presuntos culpables se encuentran prófugos y 35 se suicidaron después de asesinar a sus parejas o exparejas sobre las mujeres asesinadas.

La documentación que aquí presento la obtuve de las notas rojas, que no siempre proporcionan datos relevantes como la edad de las víctimas. A continuación, algunas cifras e información alarmantes sobre las mujeres asesinadas:

- ✋ 398 mujeres "sin edad".
- ✋ 249 se encuentran en el rango de 40 a 59 años, las cuales fueron dejadas en calles o asesinadas a manos de sus parejas o exparejas.
- ✋ 24 permanecen en calidad de desconocidas.
- ✋ 85 entre 60 y 90 años fueron asesinadas en supuestos asaltos o en manos de hijos o nietos y 9 de ellas permanecen en calidad de desconocidas.
- ✋ 275 entre 30 y 39 años fueron asesinadas por parejas o exparejas, sin embargo, en la mayoría se desconoce al agresor y 73 de ellas permanecen como desconocidas.
- ✋ 341 de 20 a 29 años fueron asesinadas por desconocidos (o no hay datos de sospechosos) y 61 siguen desconocidas.
- ✋ 49 entre 18 y 19 años fueron asesinadas, en su mayoría, por parejas o familiares. De muchas se desconoce al agresor y 6 permanecen sin identificar.
- ✋ 115 son menores entre 11 y 17 años, y 13 de ellas permanecen sin identificar. La constante en este rango de edad es que son violadas o asesinadas en casa con sus madres y, en la mayoría de los casos, sigue sin conocerse al asesino.
- ✋ De 3 a 5 años sumaron 11, con la misma constante: asesinadas por familiares, padrastros o vecinos; 5 fueron violadas, asesinadas, abandonadas en canales o terrenos.

☝ 11 pequeñitas entre 1 y 2 años fueron asesinadas a golpes o asfixiadas por su padre o su madre. ¿Las causas? Porque no dejaban de llorar, porque les estorbaban. El tema es el poder que los adultos ejercen contra las niñas.

☝ Bebés de 0 a 11 meses: 12 bebitas asesinadas a golpes por sus padres o madres; reportadas desaparecidas y encontradas muertas. Los responsables son quienes debieron cuidarlas y protegerlas. Sólo uno de estos espeluznantes casos presentó violación: el 26 de mayo de 2016 una pequeña de 9 meses fue violada y asesinada por su padre y su tío en contubernio con la madre; esto sucedió en Baja California.

☝ 47 de 0 a 10 años: los nombres de 14 de ellas fueron reservados; 4 desconocidas y 3 recién nacidas; 26 de ellas fueron reclamadas por familiares.

☝ 9 a 10 años: 6 fueron asesinadas, en su mayoría, con sus madres; asesinadas por sus padrastros, violadas por conocidos o sus abuelos. Esto no sólo sucede en México, ya que América Latina se cimbró con el caso de Yuliana Andrea Samboní, de 7 años, violada y asesinada a golpes en Colombia, en diciembre de 2016. En México la indignación se sumó al resto del continente.[1]

¿Por qué nos solidarizamos con casos tan terribles en otros países cuando en México tenemos de sobra? María Julieta Borroel Montolla, de 8 años, salió de su casa a la tienda. Jesús Cruz la llevó a su casa, la violó y la asesinó a golpes. Esto sucedió el 4 de mayo de 2016, en el estado de Jalisco.

Podría pensarse que plasmar fríamente los números de los feminicidios es amarillista, pero tiene la intención de que tomemos

---

[1] http://www.bbc.com/mundo/noticias-america-latina-38215299.

conciencia de que todos los días nuestras mujeres son asesinadas y desaparecidas. Los datos son alarmantes y las preguntas siguen siendo las mismas: ¿Por qué nuestra sociedad tolera y calla los feminicidios?, ¿por qué nos mantenemos alejados del tema?, ¿por qué es tan difícil ponerse en el lugar de los familiares de estas mujeres?

Es indignante saber que en México el feminicidio no se investiga y que muy pocas personas lo toman en serio. No obstante, algunas voces tratan de hacer visibles a las mujeres: quiénes son, el vacío que dejaron, los sentimientos que muchas familias enfrentan. Otro factor es confrontar a las autoridades que poco hacen por dar respuesta a las familias, ya que se muestran indolentes y no tienen ningún interés por solucionar los crímenes.

Ejemplo de ello es que a la fecha ya han sido asesinadas 1,658 mujeres: 1,322 feminicidios (crimen de odio contra la mujer por conductas y creencias machistas. Violencia de género, con base en la discriminación. Matar a una mujer por el hecho de ser mujer. Fenómeno sociocultural surgido de la misoginia; afirma Marcela Lagarde: "El feminicidio es el genocidio contra mujeres y sucede cuando las condiciones históricas generan prácticas sociales que permiten atentados violentos contra la integridad, la salud, las libertades y la vida de niñas y mujeres. Hay condiciones para el feminicidio cuando el Estado —o algunas de sus instituciones— no da las suficientes garantías a las niñas y mujeres, no crea condiciones de seguridad que garanticen sus vidas en la comunidad, en la casa, ni en los espacios de trabajo, de tránsito o de esparcimiento. Más aún, cuando las autoridades no realizan con eficiencia sus funciones. Cuando el Estado es parte estructural del problema por su signo patriarcal y por su preservación de dicho orden, el feminicidio es un crimen de Estado." 336 homicidios de mujeres (asesinato de una persona sin importar su género. Atentar contra la vida de una persona de forma indistinta). ¿Cuántas más necesitamos para tomar en serio el feminicidio en México? Todos los días nos están asesinando, entendámoslo: el #Feminicidio es #EmergenciaNacional.

ALERTA DE VIOLENCIA DE GÉNERO

Para entender el fenómeno del feminicidio, debemos establecer la diferencia entre homicidio y feminicidio. De acuerdo con Marcela Lagarde y de los Ríos, antropóloga feminista quien acuñó el término en México en 1994, "el femicidio es una voz homóloga a homicidio y sólo significa asesinato de mujeres". Por eso, para diferenciarlo, prefirió el término feminicidio y denominar, así, al conjunto de violaciones a los derechos humanos de las mujeres que contienen los crímenes y las desapariciones de éstas, y que fueran identificados como crímenes de lesa humanidad. El feminicidio es el genocidio contra mujeres y sucede cuando las condiciones históricas generan prácticas sociales que permiten atentados violentos contra la integridad, la salud, las libertades y la vida de niñas y mujeres.

En México, este tema adquirió relevancia a partir de 1993, año en que se registró una cantidad importante de mujeres desaparecidas o asesinadas en Ciudad Juárez, Chihuahua. Sin embargo, fue hasta 2013 que se acuñó el vocablo de feminicidio y ganó más espacio, debido a los hechos aludidos de Ciudad Juárez.

En nuestro país son asesinadas apróximadamente entre 7 a 8 mujeres todos los días y la saña con la que las exterminan es cada vez mayor: mujeres dejadas en desagües, canales de aguas negras, en lotes baldíos, en matorrales, encobijadas, enmaletadas, en bolsas de plástico, quemadas, descuartizadas, violadas, y también asesinadas en el único lugar seguro que tienen: sus hogares, asesinadas por parejas, exparejas, amigos, padres, hermanos o desconocidos.

Citando nuevamente a Marcela Lagarde, "el feminicidio es un crimen de Estado" y al Estado mexicano lo único que le interesa es negar las cifras, negar las historias, justificar a través de medios de comunicación afines al gobierno de Enrique Peña

Nieto, los feminicidios, con frases tan triviales como: "Ella se lo buscó", "estaba metida con la delincuencia organizada", o "son asuntos privados".

La Organización de Naciones Unidas (ONU) muestra que la violencia contra la mujer se caracteriza por tres rasgos:

- Invisibilidad: producto de pautas culturales que priman en nuestra sociedad. Entre estos casos está la violencia intrafamiliar o de pareja y abusos sexuales de conocidos, familiares o desconocidos. Además de la marginación de la persona por parte de la sociedad misma, incluso por parte de las autoridades.
- Normalidad: cuando la violencia es continua, se llega a un punto en donde la agresión es justificada o normalizada viéndose como una autorización para realizar las violaciones a los derechos y la integridad de la mujer.
- Impunidad: la impunidad de la violencia que se da entre las parejas es justificada como "natural" o como "asunto privado", no es juzgada como violación a ningún derecho y, por lo tanto, no es sancionable.

En el Artículo 325, el Código Penal Federal señala:

Comete el delito de feminicidio quien prive de la vida a una mujer por razones de género. Se considera que existen razones de género cuando concurra alguna de las siguientes circunstancias:

I. La víctima presente signos de violencia sexual de cualquier tipo;

II. A la víctima se le hayan infligido lesiones o mutilaciones infamantes o degradantes, previas o posteriores a la privación de la vida o actos de necrofilia;

III. Existan antecedentes o datos de cualquier tipo de violencia en el ámbito familiar, laboral o escolar, del sujeto activo en contra de la víctima;

IV. Haya existido entre el activo y la víctima una relación sentimental, afectiva o de confianza;

V. Existan datos que establezcan que hubo amenazas relacionadas con el hecho delictuoso, acoso o lesiones del sujeto activo en contra de la víctima;

VI. La víctima haya sido incomunicada, cualquiera que sea el tiempo previo a la privación de la vida;

VII. El cuerpo de la víctima sea expuesto o exhibido en un lugar público.

A quien cometa el delito de feminicidio se le impondrán de cuarenta a sesenta años de prisión y de quinientos a mil días de multa.

En cada uno de los códigos penales estales se lee exactamente el mismo artículo, sin embargo, los protocolos locales los califican bajo preceptos diferentes, por lo que la mayoría de los feminicidios son catalogados como "homicidios dolosos".

El 28 de abril de 2016, Miguel Ángel Osorio Chong, secretario de Gobernación, declaró e hizo el siguiente llamado desde Coahuila:

Es urgente homologar el feminicidio de acuerdo al Código Penal Federal y prohibir la conciliación en casos de violencia familiar, pues con frecuencia las mujeres víctimas otorgan el perdón por amenazas de sus agresores y con ello se pierde la oportunidad de hacer justicia y evitar que estas circunstancias se repitan. Después de una conciliación hay un acto de violencia más delicado que a veces termina con la vida de las mujeres. Es necesario garantizar que los códigos civiles brinden trato igualitario en derechos y obligaciones entre cónyuges, pues cada día que pasa se pone en riesgo a muchas mujeres.[2]

Lamentablemente queda en eso: en discursos, campañas inservibles como "Nosotros por Ellas", acciones que mantienen vulnerables las vidas de cada una de nosotras.

La negación gubernamental sobre el tema se ve reflejada en el discurso y en la realidad de los hechos, el feminicidio. De esta forma, no sólo es perpetrado por un agresor cercano a la víctima; curiosamente como bien se cita en el último apartado del Código Penal Federal, se considera feminicidio el acto de exponer y exhibir el cuerpo de la víctima en un lugar público; aspecto en el que también se comete una falta, ya que la mayoría de las mujeres son abandonadas en las calles de México (registrado en la base de datos que existe en el blog FridaGuerrera).

Es importante señalar la relevancia en los medios de comunicación, ya que se mediatizan sólo algunos de los cientos de casos que hay en el país, como sucedió recientemente con el caso de Mara Fernanda Castilla Miranda. Desaparecida el 7 de septiembre de 2017 en Puebla, cuando abordó un taxi de la empresa Cabify y fue encontrada violada y asesinada el 15 del mismo mes. El caso generó marchas e indignación en redes sociales y, paradójicamente, dejó invisible el resto de los feminicidios. El trato que algunas notas periodísticas les dan a los feminicidios denigra en sí, el hecho, con el señalamiento constante de: "Se dedicaba a la prostitución", o "tenía relación con algún líder de la delincuencia organizada", para "justificar" el feminicidio ante la sociedad, concluyendo "si te matan es porque te lo buscaste". No hay nada más falso en México que el supuesto de que las mujeres asesinadas

---

[2] Leopoldo Ramos, "Urgente homologar leyes contra el feminicidio: Osorio Chong", *La Jornada*, 28 de abril de 2016.

sean únicamente de un sector o grupo; pertenecen a todos los niveles sociales, por lo que ninguna mujer está exenta.

Ahora bien, la Alerta de Violencia de Género contra las Mujeres (AVGM) es el conjunto de acciones de emergencia implementadas por un gobierno para enfrentar y acabar con la violencia feminicida. Examina desde protocolos de investigación sobre feminicidios, hasta programas de prevención y reformas para eliminar la desigualdad en la legislación y política pública que atentan contra los derechos humanos de mujeres y niñas. Por desgracia, en la práctica, tales alertas no funcionan. Parece que únicamente sirven para que los gobernantes digan en sus discursos que están tomando medidas para evitar la violencia intrafamiliar o social en la que estamos las mujeres, o bien, lo hacen para que algunos funcionarios se llenen los bolsillos con los millones de pesos que el gobierno otorga a los estados que obtuvieron dicha alerta. Y lo digo con pruebas: los números de vidas arrancadas son alarmantes. De acuerdo con las estadísticas, las alertas de violencia de género no han dado los resultados esperados pues, más bien, actúan como mecanismos de simulación ante la ineficacia de los funcionarios y gobernantes.

Hasta la fecha van 1,322 mujeres asesinadas (hasta agosto/ septiembre de 2017). Estas cifras son muy alarmantes. No podemos mantenernos indiferentes ante este contexto tan desolador. Discursos van y vienen, campañas nulas, alertas de género (AVG) en los diferentes municipios de estados como: Veracruz (11), Chiapas (26), Estado de México (11), Michoacán (14), Colima (5), San Luis Potosí (6), Sinaloa (5), Guerrero (8), Morelos (8), Nayarit (5 municipios), Nuevo León (5) y, a pesar de todo ello, no se ha podido contener esa barbarie.

¿Seremos capaces de detener los feminicidios en México?, ¿dejaremos de contabilizar muertes de mujeres todos los días?, ¿dejaremos de ser testigos silenciosos de este fenómeno?, ¿algún día podremos dormir tranquilos, confiando en que nuestras hijas, hermanas, madres, amigas están a salvo?, ¿cuándo entenderemos que no es un tema sólo de pobres, que centenares de mujeres son asesinadas en todos los ámbitos sociales?, ¿qué necesitamos ver para no ignorar que tanto bebés como mujeres de la tercera edad son asesinadas todos los días, y que pocas son las voces que exigen o hacen algo por detener este horror?

Por todas estas interrogantes es que considero una necesidad urgente visualizar, denunciar, investigar y, sobre todo, prevenir el feminicidio. Para iniciar este camino debemos estar conscientes de que no es que las alertas de violencia de género fallen más bien son las autoridades las que no sirven.

La violencia, usos y costumbres

Durante décadas, en la mayoría de los estados de México la violencia hacia las mujeres siempre se ha visto como algo normal. Por tal motivo, cuando hablé con una mujer indígena acerca del feminicidio, para ella el tema no representa absolutamente nada, no tiene cabida en su contexto de vida. "Así es el pueblo", me contestó una mujer. A esto me refiero cuando digo que esas acciones son parte de los usos y costumbres.

En una ocasión tuve la oportunidad de conversar sobre el tema con Inés, la mujer que por años se ha encargado de la limpieza de mi casa. Cuando yo le hacía preguntas sobre su entorno y los posibles eventos de agresión física y psicológica, ella no podía entender que todo lo que le pasó dentro de su comunidad, en general, y en su matrimonio, en particular, no era normal, que eran manifestaciones de violencia de género.

Mientras Inés y yo hablábamos de esta terrible historia, ella se sinceró:

—Allá, en mi pueblo, asesinaron a una muchacha que se quedó viuda. El hermano del difunto la cortejó y ella al principio le dijo que sí, después le dijo que no, y entonces él la mató frente a sus hijas.

—¿Y qué le hicieron al asesino?

—Nada, la autoridad nomás le entregó el cuerpo a su familia para que lo enterraran. Él sigue ahí en el pueblo, las hijas de ella están en Oaxaca, una ya se casó.

—Ninguna mujer debe permitir que la lastimen. El crimen no es normal, el asesinato de una mujer se conoce como feminicidio.

Cuando lo "normal"
te lastima de por vida

A raíz de nuestra conversación, por primera vez, Inés tuvo el valor de contarme su propia historia. Ella nació el 22 de agosto de 1965, sus primeros años fueron como los de cualquier niña de Santa Catarina Xanaguía, una localidad en el municipio de San Juan Ozolotepec, en la Sierra Sur del estado de Oaxaca. Su casa, construida de carrizos, era muy humilde, como la mayoría de las viviendas en las regiones apartadas de Oaxaca. Aun con la pobreza, contaba con un techo para sobrevivir, sólo para eso.

Inés es la quinta hija de un matrimonio casado por lo civil, una familia que nació igual que ella, sin saber por qué. De niña, todos los días se levantaba a las cuatro de la mañana porque tenía que trabajar desde temprano. Su madre la levantaba a gritos para que cumpliera con su obligación: hacer las tortillas. Inés ni conoció ni sintió el amor de su madre. Pero eso es "normal" en muchas comunidades indígenas; no existe "la costumbre" de manifestar cariño a los hijos. Bajo el sol, la marginación y el hambre no hay lugar para el afecto.

No obstante, Inés guarda un bello tesoro: el recuerdo de que su padre sí la quiso mucho. Con todo el amor posible él la llamaba "Morena" porque Inés no tenía la piel "blanquita" como sus hermanas y hermanos. La pequeña no podía entender cómo el color de piel podía generar tanto enojo en su madre. Esa mínima diferencia la afectaba en lo más profundo de su alma, pero ahí estaba su papá que la defendía del rechazo materno.

Tristemente, esa protección se desvaneció muy pronto. Él murió cuando Inés cumplió 8 años; no supo de qué falleció, nada más un día ya no despertó. La única persona que conocía que la amaba había muerto; ya no había nadie más que la quisiera. Eso le dolió muchísimo.

Ante la falta del padre, el trabajo se incrementó tanto en la casa como en la pequeña tierra. A los 12 años fue prometida en matrimonio a un hombre que ayudaba a su madre a sembrar para obtener alimentos. Inés no quería casarse, sin embargo, sabía que no tenían dinero para pagarle a ese hombre, y ella fue el pago. Eso era "normal" en Santa Catarina Xanaguía.

Ya en la adolescencia, uno de sus hermanos mayores intentó violarla, situación que ella, por suerte, pudo evitar. Sabía que, aunque en el pueblo era común ese tipo de historias, a ella no le pareció que un ataque sexual fuera "normal". Ese día, Inés le contó a su madre, pero las palabras que ésta le dijo le cayeron como balde de agua fría:

—No digas eso, tu hermano no haría nada así. Tú eres la puta, tú, morena fea.

La vida de Inés transcurría entre grandes cerros llenos de árboles y el cielo más azul que ha visto en su vida, lo que le regalaba un poco de alegría —o lo que ella supone que es la alegría—, porque hasta ahora no está segura de si la conoce en realidad. Como cualquier adolescente, le encantaba platicabar con los muchachos, divertirse.

Durante el tiempo en que estaban haciendo las obras para construir la carretera que llegaría a su pueblo, Inés empezó a entablar una amistad con un hombre de la obra, lo cual no era bien visto en la comunidad; sin embargo, a ella le gustaba conocer a otras personas, platicar con ellas, saber del mundo. Ese ingeniero le platicaba lo bella que era la capital oaxaqueña y cómo se vivía allá. Había algo más fuera de la fortaleza de árboles que rodeaban Santa Catarina. El ingeniero era el "puente" para conocer lo que había más allá de esa sierra, pero esa inocente relación de amistad enfureció al hermano y a su prometido, que decidieron "tomar medidas correctivas" por su comportamiento.

Primero, su hermano, el que había intentado violarla, encaró al desconocido. Después, tomó con fuerza a Inés y la llevó arrastrando por el pueblo. En casa la esperaba el juicio familiar. El delito por el que la juzgaron fue: la curiosidad. La máxima autoridad, su madre —quien no la bajó de puta y morena fea— la ofendió con sus hermanos y prometido hasta convencerla por completo de que su comportamiento no era "normal", que había sido muy malo. Para ellos, Inés era una cualquiera, había perdido su valor como mujer, por lo tanto, sería difícil que alguien la respetara. Ésa fue la sentencia.

Al prometido no le bastó con el desprecio, también se dedicó a divulgar rumores repecto a la mala conducta de Inés. No obstante, se casaría con ella para hacerle "el favor" y que no quedara deshonrada. Ella intentó defenderse, quiso que entendieran que únicamente había sido amiga de ese joven, que seguía siendo casta, pura, buena… pero nadie le creía, nadie le daba la oportunidad de hablar, su credibilidad estaba en duda. Después de intentarlo todo, Inés se cansó y su deseo de luchar se desvaneció totalmente. Ante los insultos y las humillaciones, ella misma dudaba de su valor como mujer. Así, la joven perdió la batalla contra Santa Catarina.

Llegó su boda. Se casó con dicho hombre —mucho mayor que ella—, sin haber estado enamorada jamás —ni de él ni de nadie. No se puso vestido blanco porque, para el pueblo, ella estaba deshonrada y no valía nada. Su matrimonio fue vía civil. A pesar de su inocencia, sabía perfectamente que su vida sería igual que siempre: mucho trabajo y malos tratos.

La pareja salió de Santa Catarina Xanaguía para mudarse a la ciudad de Oaxaca para ganar más dinero y vivir mejor. De esto han pasado más de veinte años. En la actualidad, Inés trabaja de sol a sol; todos los días busca dónde hacer limpieza. No sabe lo que son unas vacaciones, nunca ha vivido lo que es despertar y sentirse tranquila. No puede enfermarse porque, si eso pasa, no alcanza el dinero. Y lo más importante y doloroso: desconoce la felicidad, dice que nunca ha pensado en qué significa ser feliz.

En lo que se refiere a la maternidad, tampoco vivió muchas satisfacciones. De diez embarazos, siete fueron abortos y tres se lograron. Nacieron tres pequeñas, una murió bebé —tal vez de muerte de cuna, no sabe—; la segunda murió a los tres años por causas relacionadas directamente con la pobreza, ya que no tenían dinero para llevarla al médico y en el Centro de Salud le dijeron "que nada más le diera dulces, pues tenía hepatitis". Únicamente sobrevivió una, quien ahora tiene 24 años y es madre de dos hijos, los nietos de Inés, que son los que la hacen sonreír.

A lo largo de su vida Inés ha recibido, pocas veces, un abrazo afectuoso, una caricia sincera. Después de treinta años de matrimonio su esposo la seguía acusando de "ser puta". Sin embargo, esta situación tuvo un giro positivo. Ellos se separaron por iniciativa de Inés, quien mejor decidió alejarse. No obstante, dice que en ocasiones se siente sola porque él era su única compañía; aunque no la ayudara con los gastos de la casa, porque que él no trabajaba.

La pobreza en la que vive es dolorosa. Un cuarto por donde se mete el frío, la lluvia, los mosquitos. No le alcanza para comprar gas, por lo que cocina con leña, y si llueve, no puede cocinar. Lo que gana lo usa para pagar precios muy altos en tiendas de préstamos por lo que ha pedido fiado para construir su casa; para que el frío y la lluvia no afecten a sus nietos. Su mayor preocupación es que ellos se encuentren bien.

Inés es de las mujeres a las que no se les enseña a pensar en ellas mismas. No sabe que tiene un gran valor por el solo hecho de ser una persona. Y por eso aguantó los malos tratos de su esposo. Nadie le enseñó que la violencia no se debe soportar jamás. Desconoce que hay una procuraduría donde pudo denunciar la violencia física y verbal que su familia y marido ejercieron sobre ella. Nadie le enseñó que debe descansar para seguir luchando. Es una mujer como muchas indígenas trabajadoras, que viven siempre luchando en el anonimato.

A pesar de los miedos, del trabajo extenuante, de la soledad y de la ignorancia, Inés ha demostrado que es una mujer que no se ha dado por vencida; una mujer que trabaja todos los días, que lucha para lograr su objetivo de terminar de construir un cuartito en un terreno ubicado cerca de la capital de Oaxaca, para tener donde "meterse".

Un factor que desata la violencia es la pobreza. La situación de economía precaria que viven muchos indígenas mexicanos es más grave que la del resto de la población. Según el Consejo Nacional de Evaluación de la Política de Desarrollo Social (CONEVAL) y, a partir de los datos proporcionados por la Comisión Nacional de los Derechos Humanos (CNDH), desde 2014, en México, hay por lo menos 8.1 millones de mujeres indígenas que viven en condiciones de violencia intrafamiliar. Sufren de abusos, agresiones físicas y morales; además de que no tienen acceso a los servicios de salud y educación.[3] Y ni siquiera saben el significado o propósito de estos datos, sólo los viven y los padecen. Nacen, crecen y mueren pensando que el mundo es así, que toda esa violencia es normal.

Inés aún sigue trabajando a diario, pero ya se permite tomar uno o dos días de descanso. Se mantiene alejada de su esposo, pero todavía no inicia el trámite de divorcio. Está por terminar

---

[3] http://www.coneval.org.mx/InformesPublicaciones/Documentos/Informe-pobreza-Mexico-2014.pdf

su casa. Sonríe más y su vida es un poco diferente. Aprendió que los asesinatos de mujeres se llaman feminicidios, está consciente de que esos delitos no deben pasar inadvertidos; que no significa que alguien "se murió" y ya. Entendió que exhibir a las mujeres cuando "se portan mal" es violencia, y que una comunidad no puede castigar a nadie haciéndolo cargar botes llenos de grava por todo el pueblo. ¡Todo eso es violencia!

Ahora Inés sabe que tiene derechos y que no va a permitir ser violentada de nuevo. Su seguridad me hace sentir satisfecha. Es cierto que no puedo salvarlas a todas, pero ya ayudé a una que puede contarles a sus amigas lo que es la violencia. Acércate a la mujer que hace la limpieza en tu casa, en la oficina, la que vende dulces, la que vende tortillas, a la que ves y al mismo tiempo niegas, para que no te duela conocerla. No esperemos hasta que asesinen a todas esas mujeres que ignoramos para exigir justicia. Detente un momento y salva una vida, salva a una mujer. Inicia esa cadena de ayuda.

Escapar de la violencia

SILVANA: EL AMOR NO ES VIOLENCIA

Silvana Ornelas Tapia es una joven mexiquense de 21 años, durante dos años y medio fue víctima de violencia física y psicológica. En 2011 comenzó un noviazgo que al paso del tiempo se volvió insoportable. Tardó dos años y seis meses para terminar su relación y eso la llevó a entender que no quería que ninguna joven, ninguna mujer viviera lo mismo que ella.

Tras terminar su relación, comenzó a investigar y a buscar respuestas sobre qué es la violencia en el noviazgo y a qué están expuestas las mujeres cuando son violentadas. Esta clase de violencia está documentada por la Encuesta Nacional de Violencia en el Noviazgo (ENVINOV, 2007) y medida por el Violentómetro, creado por la Unidad de Género del Instituto Politécnico Nacional (IPN).

Esa relación fallida es el motivo por el que quiso convertirse en activista. Silvana ha encontrado el apoyo de organizaciones, familias y espacios en foros públicos. Ha participado en *performances*, movilizaciones, documentales y ha aparecido en medios de comunicación nacionales e internacionales como: *El Universal*, *Proceso*, *El Gráfico*, *Fusión*, *Desinformémonos*, *Tv Venezuela*, entre otros.

También ha colaborado en la investigación y difusión de materiales sobre violencia, lo que ha dado como resultado la localización de varias jóvenes con vida, entre ellas, Syama Sakhi Paz Lemus. Y el 17 de mayo de 2016 recibió el galardón "México, en tus manos", otorgado por la fundación Basilio Alonso A.C., en la Cámara de Diputados.

Actualmente es presidenta y fundadora de la Fundación Amor No Es Violencia, la primera en tratar exclusivamente el tema de violencia en noviazgo, enfocada en orientar y apoyar a personas que vivan algún tipo de violencia en esta clase de relaciones.

Ella asegura que "la mejor forma de conocer sus historias es a través de ellas mismas".

Así que conozcamos, a través de su narrativa, lo que nos tiene que compartir para evitar que una mujer caiga en una situación parecida. "Para que ninguna mujer viva lo que ella vivió."

Si los lugares pudieran hablar, contarían esta historia mejor de lo que lo hago yo. Contarían cómo lo que comenzó como una historia de amor se transformó en una pesadilla de terror, y que pasó mucho tiempo para que yo me diera cuenta de eso.

Conocí a Jorge Luis cuando tenía 16 años, en 2011. Antes de él, mi vida era diferente: era una alumna destacada, estaba en la escolta, era jefa de grupo. Sin embargo, cuando él llegó a mi vida, todo cambió por completo.

Al principio nuestra relación era normal. No faltaban los celos, las peleas y los gritos. El peor insulto que me había dicho era "piruja", pero yo no lo veía mal. Con el tiempo todo se volvió un terminar, llorar y regresar, se generó una dependencia muy fuerte entre los dos. Al cumplir un año, cambió la intensidad, me decía que era una puta por haber saludado a un amigo en una fiesta. A partir de ese momento, los amigos se terminaron para mí.

Como discutíamos mucho, para evitar más peleas dejé de tener amigos, me tenía prohibido hablar con los hombres en redes sociales. No importaba que fueran de la escuela. Pero emocionalmente estaba tan desgastada, que accedí a todas sus presiones.

En ese tiempo yo estaba en la prepa y me detectaron un quiste en el ovario, lo que derivó en una operación. Un amigo me había dicho que después de la operación quería ir a visitarme. Jorge Luis leyó ese mensaje y me dijo que, si no tenía nada con él, "se lo pusiera", así que yo accedí. Lo citamos en un parque cerca de su casa, mientras mi amigo y yo hablábamos, mi novio llegó con tres amigos y lo golpeó. Se acercó una patrulla y yo corrí a su casa. Ahí me obligó a llamarle por teléfono a mi amigo y decirle que no quería volverlo a ver. Y lo hice.

Curiosamente puedo recordar la primera y la segunda vez que me golpeó, pero no estoy segura de cuántas veces más lo hizo, a la fecha me quedaron cicatrices de sus ataques. Luego de muchas discusiones y prohibiciones se dio la primera pelea en la que me golpeó.

Era diciembre de 2012. Estábamos en su casa, empezó a revisarme el celular y, aunque no tenía nada malo, él sintió que le escondía algo. Me insultó, me arrebató el celular y lo lanzó al piso. A mí me aventó contra la pared e intentó asfixiarme. Me caí al piso y ahí me pateó. No conforme con tanta violencia me corrió de su casa, pero cuando quise salir, me arrastró del cabello a su recámara, donde me siguió insultando. Estaba fuera de sí. Me aventaba lo que encontraba a su paso, mientras me gritaba: "¿Por qué me haces esto?, yo te amo. Eres una zorra despreciable." Su mamá intervino, le dijo que se calmara y a mí me pidió que me fuera. Salí a la calle y tomé un taxi, creí que todo había terminado. Ese día lo desconocí.

Mi mamá me llevó a interponer una denuncia, que se levantó como administrativa, y durante un mes no tuvimos contacto. Mi familia inmediata lo supo, me prohibieron cualquier acercamiento con él. Un amigo de mi mamá llevó el acta a casa de Jorge Luis. Sus papás le dijeron que yo sólo le causaba problemas a su hijo, que ellos querían que él se alejara de mí porque yo era la del problema.

Una de las medidas que mi familia tomó fue llevarme a un grupo de neuróticos, codependientes y adictos; lo que no imaginé fue que él iría a buscarme a ese lugar. Nuestros amigos en común me decían que me extrañaba, que estaba arrepentido, que él no era así. Yo estaba destruida emocionalmente y al paso de ese mes, en Navidad, me buscó y me pidió perdón. Y le creí, pensé que todo había sido una tontería, y que mi amor por él era más fuerte que una pelea sin importancia. Así que regresamos a escondidas de todos, nos decíamos que había sido una mala racha, que nos íbamos a casar y que a la distancia lo veríamos como una tontería.

En ese tiempo pude reanudar mis estudios. Todos los días iba a la salida por mí, lo malo era que si me veía hablando con alguien, insultaba o amenazaba a mis amigos, así que prefería irme de pinta todos los días con él. Perdí el ciclo escolar; me quedé sin escuela, sin amigos y sin familia, pero en ese momento eso era lo de menos, pues lo único que me importaba en la vida era estar a su lado.

Estaba realmente sola, él se volvió mi todo. Pero los malos tratos y las discusiones regresaron. Me acusaba de infidelidades con todos y el 14 de febrero le dije que ya no quería estar con él, que me lastimaba. Para entonces había pedido mi baja de la escuela y me sentía muy deprimida, ya no tenía ganas de nada. Él me fue a buscar a mi casa, se hincó y me preguntó furioso:

—¿Estás segura de lo que haces?

—Sí.

—No quiero volver a saber de ti —y me propinó un puñetazo en la cara.

Entré a trabajar y un par de semanas después él se apareció, me pidió que lo entendiera, y como en ese momento me encontraba tan mal e indefensa, sentí que era mi culpa que no pudiéramos estar bien, así que regresamos. Ese día me dijo que era lo que más quería en su vida, que era lo único que quería en serio. Por la noche hablamos por teléfono:

—Mi mamá me preguntó si te vi, dice que sólo cuando te veo a ti sonrío así.

A partir de entonces ya no encontraba sentido tener una vida sin él, me sentía perdida si él se iba porque, para mí, era la única persona que me quería. Decidimos intentarlo de nuevo y esa decisión trajo más insultos, más golpes, más ofensas.

Comenzó una etapa de control muy fuerte: si me pedía que faltara a trabajar, lo obedecía; cuando me llamaba para saber qué estaba haciendo, tenía que reportarme, decirle todo. Usaba mi hora de comida para hablar con él. A la salida del trabajo, primero iba a su casa a esperar a que su papá llegara para que le prestara el coche y pudiera llevarme a casa. No importaba si yo tenía que llegar a una hora determinada. Mi tiempo era suyo, al igual que las contraseñas de mis redes sociales, incluso la forma en que me vestía. Además, seguía obsesionado con la idea de que yo lo engañaba con alguien más. ¿¡CÓMO!? Si no tenía fuerzas para eso, tenía que obedecerlo para ya no tener problemas.

Si discutíamos en la calle, sabía que al llegar a un lugar privado me golpearía. Alguna vez me pidió que me hincara y le pidiera perdón. Él ya nunca más me pidió perdón. Siempre que me pegaba, yo sólo cerraba los ojos y me quitaba los lentes, me hacía bolita y esperaba a que los golpes pararan, ya no tenía caso defenderme como al principio. Mi familia no sabía nada. Sus papás sabían que habíamos regresado.

Tuve que dejar mi trabajo porque según él me acostaba con todos. Discutíamos horas encerrados en su recámara, después lo solucionábamos teniendo relaciones. Muchas de las cuales, mientras sucedían, él me decía al oído que "era una mierda, que no servía para nada, que por qué no me moría". Después me decía que era una broma, que no fuera tan dramática. Cuando él apretaba la mandíbula, sabía que me iba a golpear.

Su violencia empezó a adquirir niveles más altos. Un día dejó de importarle y mientras íbamos caminando, me metió un puñetazo en el estómago y me tiró. Una señora se acercó, pero él le dijo: "Usted no se meta, vieja pendeja, es mi novia", y como si nada me levantó, tomamos un taxi y en el camino me regañó: "Ves lo que provocas, por tu culpa me pongo así."

Una vez me pegó en la cara y comencé a sangrar. Me tiró, me arrastró del cabello por toda la sala y me dijo que era lo mínimo que me merecía, después me aventó a la calle y me dijo:

—Te aviento como la basura que eres, cada cabello que te arranco es un insulto menos, ¿qué prefieres?

—Prefiero que me pegues a que me insultes —fue mi respuesta.

En otra ocasión fuimos a un concierto, ahí me acusó de andar de puta porque saludé a un amigo. Me sacó a empujones del estadio, me subió al coche y empezó a aventar mi cara contra el cristal: "Tú me arruinas la vida, si te matas será lo mejor para los dos." Al día siguiente lloramos y prometimos que ésa sería la última vez. Por increíble que parezca, sus papás ya presenciaban las discusiones, su mamá era la que siempre me lo quitaba de encima, ella me decía que lo entendiera, que él sólo se enojaba.

Un día él quedo de ir a una fiesta con sus amigos, yo le dije que no quería ir y me puso el ojo morado. Minutos después llegó su papá, y su mamá le dijo que me había caído, Jorge Luis aprovechó para irse y les dijo: "Llévenla a su casa, anda de chillona." Y así lo hicieron ellos. En el camino su papá me dijo: "Silvana, ¿Luis te está pegando?" Y yo no pude contestar.

Alguna vez nos estábamos bañando en su casa, yo le dije que estaría bien tener una bata de baño, él me dijo que a quién se la había visto, me sacó de la regadera y me empezó a patear. Así como estaba, desnuda, me bajó por las escaleras y me amenazó con aventarme a la calle si no le decía en ese momento a quién le había visto esa bata. Después me obligó a tener relaciones para demostrarle que no andaba con nadie más.

Una vez, él tenía cita con el dentista y yo llegué tarde.

—¿No te importa mi salud? —me dijo.

Recuerdo que ese día estaba lloviendo, hizo que me mojara y que lo esperara empapada afuera del consultorio durante una hora. Cuando llegamos a su casa me hizo un chocolate caliente, me acostó en su cama, me prestó unos calcetines y me abrazó.

Al principio de la relación, me escribía cartas, poemas o canciones, me regalaba peluches y rosas. Después dejó de hacerlo, y por cada discusión yo le daba regalos o manualidades; entre más me agredía, más me esforzaba por no irritarlo.

También yo le revisaba el celular, una vez encontré mensajes con otra chava, pero me dijo que era mi culpa, que yo ya no servía para nada, que me iba a dejar por ella. Comencé a cortarme, en realidad no quería morir, pero mi dolor era tan profundo que no sabía de qué manera sacarlo.

Me fui a vivir con él a casa de sus padres, sólo era cuestión de tiempo. Tenía que hacer la limpieza de la recámara y esperar a que saliera de la escuela para ir por él, cocinar lo que le gustaba. Un día no había tocino y me aventó contra un mueble que tenía vasos de cristal; me esguincé el cuello.

Nos metimos al gimnasio para que, según él, "ya no estuviera tan culera", pero no podía ni quitarme la sudadera: "No quiero que nadie te vea, eres sólo mía, no andes de zorra, no me hables aquí, me da pena", eran sus frases favoritas.

También recuerdo que discutimos, le aventé mi celular y le pegué en la boca; lo recogió y lo lanzó al techo de otra casa, me puso contra la pared y empezó a azotarme la cabeza, a torcerme los brazos. Y para desquitar su ira, soltó un fuerte puñetazo a la pared. Ese golpe le fracturó la mano, a la fecha le quedó mal. Sus papás no se metían en nuestras peleas, sólo nos decían que ya no discutiéramos tanto.

Ya no podía seguir así, por eso regresé a vivir a mi casa. No tenía ganas de nada, porque mientras vivíamos juntos él mantenía otra relación y me lo confesó. Me quedaba sola, encerrada a la espera de que regresara. Él me decía que si yo era una mujer de verdad y lo suficientemente buena, él regresaría conmigo.

El parque frente a su casa fue testigo de las golpizas que me dio. Los puentes fueron testigo de amenazas como: "Si te aviento, nadie te va a extrañar." Aprendí a caminar rápido porque él mide 1.92m y yo, 1.53m.

Me llamaba en la madrugada para confirmar que estaba en mi casa y que no me había salido a prostituir. Si yo quería salir a la tienda, tenía que pedirle permiso y él me contaba el tiempo, tenía que mandarle la foto de lo que había comprado. A ese grado de control llegamos.

Para ese Año Nuevo le dije a mi papá que estaría con mi mamá y a ella que me iría con mi papá, para estar con Luis. Quedé embarazada, y cuando se lo dije se emocionó:

—Es una manera en que Dios nos dice: "Ya ven, no se querían separar, ahí les va." Quiero tocar tu pancita, hablarle al bebé. Voy a ser muy cariñoso.

—Por favor, Luis, ya no me pegues.

—Ya no lo voy a hacer.

Me llevó a mi casa, discutimos y me aventó el carro, me dio una cachetada:

—Más te vale que seas una buena madre —fue su despedida.

Un par de semanas después le dio un arranque de furia y me aventó al suelo:

—Prefiero tener un hijo con una puta de la Merced —y comenzó a azotarme la cabeza en el piso.

En ese momento sentí que me iba a morir, apreté con fuerza un dije de cruz y le pedí a Dios que no me abandonara. La sangre salía de mi boca. Él me levantó y me dijo:

—Si alguien va a matar a este bebé, no voy a ser yo.

Me escupió, me insultó de una manera que nunca voy a olvidar. Salí corriendo y decidí que ésa no era la vida que quería, decidí no tenerlo. Unos días después Luis me buscó.

—¿Por qué lo hiciste? Vamos a intentarlo, sé que va a funcionar.

—Perdí al bebé.

—No importa, más adelante él va a regresar a nuestras vidas y seremos buenos padres.

Días después lo operaron de la mano en un hospital de la Ciudad de México y lo fui a ver. Estaba muy reciente la pérdida del bebé. Me dijo que tuviéramos relaciones, pero no accedí. Me aventó a la cama, cerré los ojos y ésa fue una de las muchas veces en que actuó así. "Vamos a intentarlo durante un mes, después de eso decidimos si estar o no juntos. Los días en que estamos bien hacen que quiera estar contigo para siempre."

Hubo un cumpleaños familiar, ahí me presentó a todos. Un primo suyo me sonrió, Luis me sacó de la reunión y me cacheteó. Nadie se dio cuenta, o simplemente, nadie dijo nada. Días después discutimos y él enfureció. Tomó un cuchillo de cocina y lo puso en mi cuello, comenzó a jugar con él y me lo clavó en la pierna. Grité del dolor, él me dijo que no exagerara.

Cuando teníamos relaciones, me grababa, me fotografiaba con ambos celulares para que no hubiera duda de que estábamos juntos.

Dejé mi teléfono en su casa, y me llamaron de un restaurante donde había dejado una solicitud de trabajo, porque ahí trabajaba una amiga de él y podía vigilarme, así que cuando contestó y escuchó la voz de un hombre, salió hacia mi casa. En el camino me marcó, cuando escuché su voz del otro lado del teléfono, mis manos comenzaron a temblar porque no sabía la razón de que estuviera tan molesto. Al llegar a mi casa me jaló del cabello, me escupió y violentamente me subió al carro. "Marca, a ver quién es", pero al escuchar que se trataba del trabajo, me dijo que era mi culpa que él se pusiera así, que lo entendiera, que mejor me pusiera feliz porque ya iba a tener trabajo. Estuve con él todo el día, lavamos el coche de su papá, él me mojaba con la manguera y decía que era una broma.

A sus amigos les decía que el secreto para traer muertas a las mujeres es tratarlas mal. Estábamos cenando cuando un amigo suyo le dijo: "¿Oye, te acuerdas cuando te besaste con esa chava?" Yo bajé la mirada y él me dijo: Preguntas y te rompo la madre ahorita mismo."

Si iba con él, tenía que caminar con la cara abajo porque sabía que me pegaría por ver a alguien. Aprendí a maquillar mis moretones y a esconder el dolor. Estaba muerta en vida, porque cada que intentaba terminar la relación, me acusaba de andar con otros. Ya no tenía apetito, pesaba 43 kilos. La última vez que me golpeó, me dio un cabezazo en la cara y me reventó el labio, aún conservo una cicatriz.

Para el 14 de febrero todo estaba mal, ya no podíamos vernos, si estábamos juntos nos insultábamos, me pegaba por todo, en la calle o donde fuera. En este punto, ya ni siquiera podía estar en pie por mí misma, no tenía fuerza para nada. Unos amigos suyos me marcaron y me dijeron que Luis estaba con otra, y horas antes él me había dicho que no saliera de casa, que iría por mí. Le reclamé y me amenazó. Mi mamá ya sabía que algo no estaba bien, así que levantamos una segunda denuncia, la cual tampoco procedió.

Unos días más tarde me dijo que nuestra relación estaba muy mal, que nos diéramos un tiempo: "Si estuviéramos bien, hubiera hecho de tu cumpleaños el más bonito. No salgas", y en la noche me dijo: "Ay, tu cumpleaños no es nada importante, no perdería mi tarde contigo."

—Quiero que nos demos un mes. Yo te voy a buscar y todo va a estar bien, no voy a permitir que todo lo que vivimos se vaya a la basura, porque te amo.

Me quiso dar un beso y me volteé.

—Sé que es la última vez, lo siento en el alma —alcancé a decirle.

—Silvana, no sirves ni para pensar, siempre te equivocas, siempre dices lo mismo. Vamos a terminar regresando.

Lo vi subirse a la combi y supe que era la última vez.

Llegué a mi casa y me di cuenta de que me había bloqueado de todas las redes sociales. Durante una semana no me pude parar de la cama, recordaba sus palabras diciéndome "inútil", "fea", "pendeja", "burra". Las veces que me siguió por la calle mientras me decía "estúpida, no sirves para nada", "tus lágrimas me alimentan", "te vas a morir amándome".

Una mañana vi una llamada perdida de número desconocido, agregué el teléfono y era él, ahora estaba con otra chava. Le llamé y me dijo que todo estaba terminado, que me matara y lo dejara ser feliz. Me salí de mi casa y me quise aventar de un puente. Le llamé a mi mamá y le pedí que me ayudara, que lo que pasaba con él era peor de lo que ella sabía.

Mi mamá me llevó a un anexo porque no supo adónde más recurrir para ayudar a su niña. Ella me salvó, me llevó a ese lugar y poco a poco comencé a soltar el dolor. Terminar con él no fue fácil. Hay eventos que mi memoria bloqueó y a veces sólo llegan. Antes me daba ansiedad si pensaba en eso. Los lugares me traían recuerdos y me hacían llorar. Estar sin él no fue difícil, lo difícil fue perdonarme y aprender a encontrarme. Entender que había vivido la peor forma de amor. Por un tiempo dejé de buscar respuestas.

Estuve aislada por tres meses en un lugar donde nadie me entendía y hasta se burlaban, por eso no hablaba de lo que había vivido. Me daba pena admitir lo que había pasado. Cuando salí, traté de empezar de nuevo. Fue difícil porque me mandaba mensajes, así que lo bloqueé de Facebook, cambié mi número y mi rutina. Eliminé todo rastro de él. Incluso busqué un nuevo trabajo.

El reto más grande era no llorar y no lastimarme. Un día estaba en el trabajo y él llegó. Se paró frente a mí y me dio un ataque de pánico, nunca me sentí como esa vez. Es horrible recordar esa sensación en las manos. No podía hablar, me desvanecí. Fue cuando pedí una orden de restricción que no procedió.

Un año después me lo encontré en la calle y ya no tuve miedo, sabía que él no me iba a hacer daño si no se lo permitía. La última vez que lo vi le dije:

—Ya no te tengo miedo, no eres lo que crees, jamás vas a encontrar a esa niña débil.

—Perdóname, antes de olvidarnos fuimos felices, recuérdalo siempre que me olvides.

Hay muchas cosas que no tengo el valor de decir, con lo poco que he contado hasta ahora basta para demostrar que todo lo que viví fue terrorífico.

Ahora sé que ninguna canción arregla un moretón y que los recuerdos se distorsionan y nos engañan. Ahora sé que en mi relación el amor coqueteaba con la muerte. En mi relación con Luis no había amor y ahora sé que, como yo, muchas mujeres viven estas situaciones, por eso empecé mi historia con esta frase: "Para que ninguna mujer viva lo que yo viví", porque el #AmorNoEsViolencia.

LUPITA: EL AMOR ES EL INFIERNO

Bienvenida al infierno. Encadenada a una cama. Golpeada con un tubo. La locura. Amenazada u obligada a regresar. Celos, desesperación, culpa. Sensación de estar en un remolino. Arrinconada en un lugar en casa, preguntándote por qué no puedes salir, por qué, cada vez que intentas alejarte, él te vuelve a buscar, a hostigarte, a jurarte que jamás lo volverá a hacer, que va a cambiar, que te ama, pero que tú lo haces enojar.

La cabeza se llena de preguntas y de gritos silenciosos, ¿por qué no entienden que salir de esto no es sencillo?, ¿por qué la gente juzga?, ¿por qué no logran comprender que cada vez que intentas salir, los insultos, los golpes y las amenazas te llenan de terror? Piensas en tus hijos, en tu familia, en la frustración de no haber formado una familia funcional. Parecería que las familias felices son posibles para pocas mujeres, las guapas, soberbias, cabronas. Las preguntas se agolpan como un montón de piedras: ¿Será que no soy inteligente?, ¿tal vez él tenga razón y yo soy tonta, fea? No, seguro esto me pasa por inmadura, dependiente, estúpida…, así como dicen de mí las demás mujeres.

Lupita es una mujer de 33 años, con tres hijas de 8, 13 y 16 años de edad. Es originaria del Estado de México. Durante 15 años ha vivido en un mundo de control, manipulación, humillaciones, amenazas contra su familia y ella misma. En pocas palabras: sumergida en la violencia.

El 6 de abril de 2017 recibí un mensaje de Lupita vía *messenger*:

"A mí me gustaría que me ayudaras a difundir el abuso que sufrí a manos de mi expareja, un policía de investigación ministerial. Cada vez que voy a denunciarlo, le avisan."

De inmediato me puse en contacto vía telefónica con ella. Del otro lado del teléfono escuché una voz que suplicaba ayuda.

—Tú eres mi última puerta, la última esperanza.

Llegué a la casa de esta mujer desesperada. La noche anterior a nuestro encuentro, Lupita le hizo un buen nudo a una cuerda para suicidarse y terminar ella misma con la violencia, la impunidad y el tráfico de influencias que rodeaba su relación con I.C.D., su peor pesadilla.

Nos recibió una pequeña de mirada lejana, paralizada por nuestra presencia. A su lado estaba una mujer delgada que temblaba como gelatina. El lugar donde viven Lupita y su hija es una casa en obra negra, es el refugio que utiliza para esconderse de su agresor. Al inicio de su relación, él era encantador, la hacía sentir

segura. Pero conforme pasaba el tiempo, esa felicidad se transformó en un remolino que la fue atrapando avasalladoramente en
una espiral de violencia.

"Nunca me había sentido tan bien con alguien como con él",
así comenzó su historia.

En 2001, I.C.D. llegó a la vida de Lupita. Él trabajaba en un
gimnasio. Con un embarazo de una relación anterior y 19 años,
ella se enamoró de él. Así iniciaron una relación. Lupita tenía una
hija y él la adoptó como suya. Todo parecía marchar bien.

A los dos años, Lupita quedó embarazada. Sin embargo,
I.C.D. no era el mismo de antes. Los fines de semana regresaba a
casa alcoholizado y le propinaba severas golpizas. Ella comenzó
a sufrir ataques de pánico. Y por el embarazo, preeclampsia. Él
le prohibía llorar. Retener el llanto provocaba que le faltara aire
y otros síntomas más que ocasionaron que el parto se adelantara.
Rumbo al hospital, a dos cuadras de su casa, nació su segunda
hija, a los seis meses y medio de gestación. Cinco años después
nació la más pequeña.

—¿Por qué te quedaste?

—Ni siquiera me di cuenta. Me fue aislando de todo. Cuando
me embaracé de mi segunda hija, él ya revisaba mi celular, checaba
mis mensajes, mi Facebook. En ese entonces, yo trabajaba en la
Plaza de la Computación. Al comenzar a vivir juntos, en alguna
ocasión me llegó un mensaje y él lo leyó, era de un cliente al que le
arreglé una computadora. Por sus celos, hizo que una de sus amigas
le llamará a mi cliente haciéndose pasar por mí. Fue la primera vez
que me dijo: "Eres una puta", porque supuso que me iba a acostar
con ese señor. Obviamente después de eso dejé de trabajar.

Pese a los golpes y la violencia psicológica que I.C.D. ejercía
sobre Lupita, ella continuó con él. En 2008, él empezó a trabajar como maestro de inglés en la Academia de Policía, ubicada
en el Bordo de Xochiaca, entró recomendado por la magistrada
Rocío Alonso Ríos, quien actualmente labora en el Tribunal de

lo Contencioso Administrativo del Estado de México y es muy cercana a Eruviel Ávila, el gobernador priista.

Ni su pasado delictuoso en sus años de universitario, ni la detención por portación de armas y violencia intrafamiliar contra su mamá que lo llevaron a estar preso en el Reclusorio Norte, le impidieron formar parte del honorable cuerpo de policía. Es más, por extraño que parezca, sus antecedentes penales desaparecieron para siempre.

En 2009, cuando el tortudador se desempeñaba como instructor, un comandante lo ayudó a ingresar a la Policía Judicial, ahora llamada Policía de Investigación. Su carrera iba en ascenso mientras la vida de Lupita descendía al infierno.

El prepotente agresor salía cada fin de semana a emborracharse. Se desaparecía por días y al regresar violentaba a Lupita. La lastimaba, la humillaba, la sobajaba diciéndole que ella no era nadie, que no valía nada. La obligaba a sostener relaciones sexuales y después le pedía perdón. En una ocasión, la encerró en su casa. En otra, la golpeó con la cacha de la pistola, le reventó el pómulo derecho de la cara y la arrojó contra una puerta, provocándole una herida de casi diez centímetros.

Luego de tantas agresiones, Lupita salió de su casa con la firme intención de levantar una denuncia ante las autoridades de Nezahualcóyotl, Estado de México. Pese a ir ensangrentada y lastimada, en el Ministerio Público no le levantaron la denuncia con el argumento de que el médico legista en turno no estaba disponible. Sin la denuncia, Lupita no podría parar la violencia de I.C.D. En la actualidad recuerda sus palabras y cómo tantas veces se jactó de que ella jamás podría hacer algo en su contra. La ley estaba del lado equivocado.

No obstante, Lupita regresó a casa, tomó a sus niñas, recogió sus cosas y, con la firmeza de dejarlo, se refugió en casa de sus padres. Ante esa situación, I.C.D. utilizó el factor económico para presionarla. En vez de darle dinero para la manutención de sus hijas, la amenazó diciéndole que, si no regresaba con él, le sembraría drogas a su familia. Así que pronto se instaló en casa de la familia de Lupita. Sus padres se dieron cuenta de cómo su hija era maltratada por su esposo, quien la acusaba de puta y de acostarse con todos; incluso con su propio hermano.

Era 2014, año en que I.C.D. empezó a colaborar en el equipo de un comandate de apellido Olivares. En una ocasión, al regresar a casa, la insultó y la denigró. "Yo puedo tener a la mujer que quiera, no sé qué hago contigo." Más ofensas y humillaciones se inscribían en el expediente de vida de Lupita.

Mientras conversábamos, Lupita aceptó con vergüenza que estaba atrapada en un círculo vicioso del que no podía salir por más que quisiera; cada vez que intentaba pedir ayuda a su familia, ellos le recriminaban. "Para qué, si al rato regresas con él." Todo eso la fue aislando de su familia y de sus amistades.

Entonces se armó de valor y le exigió que se fuera de casa. Sorpresivamente, lo hizo. Parecía que todo iba a cambiar, sus familiares empezaron a frecuentarla. En una fiesta con sus primos, quienes tocan en un grupo musical, ella se tomó varías fotos con ellos y sus amigos. I.C.D. se dio cuenta de esto y la buscó. La convenció de verlo y, sin que se diera cuenta, le robó su celular. A las 4 de la mañana llegó a casa de Lupita, portaba su arma de cargo. "Eres una puta, te voy a destruir, no sabes con quién te has metido."

La presencia de I.C.D. se convirtió en un peligro hasta para los vecinos. Cada vez que lo veían agresivo, llamaban a la policía y cuando ésta llegaba, en lugar de intervenir y llevárselo, lo saludaban cordialmente: "¡Qué pasó, jefe!" Si Lupita les insistía que lo detuvieran, le respondían: "No, jefecita, mire, si ahorita nos lo cargamos, va a perder tiempo, ni le van a hacer nada, es pura pérdida de tiempo." Más bien, el comandante a cargo intervenía, tomaba del brazo al ofensivo y lo subía a su Hummer para que se fuera.

Aunque I.C.D. ya no se aparecía por su casa, la molestaba por teléfono, le mandaba mensajes intimidatorios y ofensivos para que regresara con él, ya que, de no hacerlo, acusaría a alguien de su familia por posesión de drogas o por robo y los consignaría con las autoridades para que pisaran la cárcel.

Por si tales amenazas fueran poco, en 2015 el agresor utilizó a Rogelio García Cotero, su "brazo izquierdo", para amedrentarla. Rogelio comenzó a vigilarla, incluso intentó llevarse a las niñas de la escuela donde estudiaban en ese entonces. Lupita ya no soportó más y comenzó una demanda civil por la pensión alimenticia. Durante las audiencias, las autoridades le cuestionaron cómo es que tenía una camioneta Hummer y una camioneta BMW con un sueldo de funcionario público. Pero I.C.D. argumentó que se dedicaba a la compra y venta de autos. Asimismo, el juez encargado de la denuncia civil le preguntó que cuándo podía ver a sus hijas. Él le respondió que no sabía con certeza qué días, porque no tenía descansos fijos, pues su trabajo como policía investigador era impredecible. De modo que el juez determinó que podía verlas una vez al mes o cada quince días, pero que debía avisarle a la madre dos días antes. Obviamente, a él la ley le importa un comino y decidió no cumplir. Lo que sí aceptó fue la cesión de la guarda y custodia de las niñas. Primera victoria (o eso imaginó Lupita).

Un día llegó sin avisar, le exigió que lo dejara ver a las niñas, que se las comunicara por teléfono. "El juez dijo que me avisaras con tiempo." "Pásame a las niñas, a mí me vale madre todo eso, me lo paso por huevos. Además, a mí nunca me van a hacer nada", —le decía a Lupita. Ella intentó persuadirlo, le dijo que las niñas estaban muy alteradas y no querían salir con él. Todo eso lo enfureció nuevamente. De vuelta al infierno.

Debido a su agresividad, Lupita comenzó a grabarlo, pero él le arrebató el celular y le jaló el cabello. Con un rápido movimiento, sacó la pistola que guardaba debajo del asiento y le pegó fuertemente con el arma. Ella logró zafarse y le quitó la pistola y el celular.

Tras la agresión, fue al Palacio Municipal. Lastimada, golpeada por la pistola, raspada de las piernas, intentó denunciarlo de nuevo. El Ministerio Público la ignoró una vez más. Decidió grabar con el celular cómo I.C.D. negociaba con los sujetos para que nada ocurriera. Desesperada, salió del lugar sin percatarse de que él iba detrás suyo para hacerle daño. Intentó subirla a un auto, pero ella pudo escapar. Segunda victoria (aunque no por mucho tiempo).

Las cosas no quedaron así. Un nuevo episodio de violencia la obligó a huir. Un amigo le rentó una casa en Tecámac, Estado de México. Se mudó ahí, pero poco después I.C.D. la localizó, se presentó en el lugar y volvió a agredirla. En esa ocasión, le arrancó la blusa y la tiró a la cama. "Ahorita te lo voy a hacer como te lo hacen", fueron sus palabras. Después, la golpeó salvajemente, le escupió, la insultó y la violó. Así, I.C.D. volvía a ser "el hombre de la casa", el dueño de su libertad.

A principios de 2017, la violencia en la pareja continuaba cada vez peor. "Estás muy vieja, no vales nada", eran los comentarios habituales que recibía Lupita día tras día. Una vez la tomó del brazo y con un movimiento brusco le cortó la respiración; a raíz de esto aparecieron derrames en los ojos por la falta de oxígeno. Después de tan lamentable episodio, Lupita se cortó la muñeca, ya no quería saber nada, no había manera de salir de ese círculo de violencia. Como si estuviera en una película de terror, él empezó a grabarla y a burlarse de ella: "Ya estas morida", "ya te moriste". Justo en ese momento, el agresor recibió una llamada de la inmobiliaria donde había comprado una casa cuyo valor ascendía a los dos millones de pesos. Esa llamada sirvió para interrumpir la humillante situación:

—Limpia todo tu desmadre, cuando regrese no quiero ver este pinche desastre.

Ese día Lupita limpió su propia sangre. I.C.D. llegó a casa, la jaloneó para sacarla, así como estaba, herida y, sobre todo, con la impotencia de no librarse de él. Mareada, con una palidez preocupante en toda la piel y la herida infectada, él la llevó al médico, quién sorprendido preguntó qué le había pasado: "Ella se cortó", I.C.D. se adelantó rápidamente a contestar. El doctor ya no le preguntó nada a él, quien portaba ostentosamente la placa de policía en el pecho.

Durante un mes Lupita intentó recuperarse, todo parecía que volvía a la normalidad: las niñas volvieron a la escuela pero la violencia no cesaba. Era el pan de cada día. Insultos, golpes, robos. Aunque él no necesitaba el dinero, le quitó la tarjeta donde le depositaban la pensión alimenticia de sus hijas, donde dejó que se acumularan quincenas y llevó a Lupita al banco.

—Casi como secuestrada, hasta el cajero me veía y me preguntaba si llamaba a la policía. I.C.D. no me dejó contestar, él se adelantó: "Venimos a reponer una tarjeta y a recoger el dinero", con la placa en el pecho como de costumbre, así que al cajero no le quedó nada más que obedecer.

Para la realización de esta entrevista, en una ocasión pasamos cerca del Hotel Villa Verde, localizado en avenida Vía Morelos, kilómetro 11.5, en San Miguel Xalostoc, Ecatepec de Morelos, Estado de México; es decir, a medio kilómetro de la Fiscalía de Xalostoc, donde él trabajaba en 2015. Al pasar, Lupita quiso detenerse para tomar unas fotos de dicho lugar; la hija pequeña, que siempre acompañaba a su mamá, de inmediato se paralizó y, con un susurro, expresó:

—Ya recuerdo aquí, no, mamá, no quiero estar aquí.

El terror se apoderó de ella, como si se hubiera transportado a aquel instante. Al respecto, Lupita nos confió:

—Cuando interpuse la demanda de pensión alimenticia, él fue por las niñas y empezó a discutir conmigo: "Quiero que tú también vayas", las niñas estaban frente a mí. Dejarlas con él me daba desconfianza, pero accedí. Al llegar al hotel, me obligó a ir a la habitación: "Quiero que veas algunas cosas de las niñas." Subimos los cuatro, encerró a las niñas en el baño, empezó a discutir conmigo, me empezó a pegar y me violó. Salí con la ropa desgarrada, no pensaba en otra cosa que denunciarlo, y cuando iba en camino a la fiscalía, recordé que mis hijas se habían quedado encerradas en el baño del hotel. Regresé por ellas. Le supliqué que me dejara entrar. Ese día viví una espantosa experiencia: mis hijas estaban pálidas, engarrotadas de terror, fue una de mis peores pesadillas.

Las hijas de Lupita, pero sobre todo la de 13 años era testigo de las agresiones a su mamá, incluso en el último evento de agresión, ocurrido en enero de 2017, I.C.D. se dirigió a la mayor: "Tu mamá es una puta, ¿sabes cuántos güeyes se acuestan con tu mamá? Y tú eres la que le tapas todas las puterías. Eres igual de puta que ella." Lupita no soportó más e intentó proteger a sus pequeñas de las ofensas propinadas en su contra. Para evitar que ellas estuvieran presentes, las metió a la recámara. En ese momento, el prepotente policía la amenazó:

—Ahorita le voy a hablar a mi amiga del DIF porque eso que estás haciendo es un delito.

—No, no, sólo las estoy protegiendo para que no te escuchen —contestó la madre temerosa.

Lupita las mantuvo ahí de jueves a martes.

Mientras tanto, una vecina que escuchó el altercado le dijo que no esperara más, que lo denunciara. "Si necesitas cualquier cosa, las niñas pueden irse a mi casa." Lupita no tenía dinero ni para comer. Decidió llamar a la Línea de Protección a la Mujer, donde le pidieron que se calmara. Y también llamó a Locatel. Buscó en Facebook y por esa vía en la página del gobernador Eruviel Ávila pidió ayuda. Ahí intervinieron empleados de contraloría y de gestión del Gobierno, quienes le dieron más números de atención. Ella les hizo saber del temor que tenía porque nadie la ayudaba, les dijo que estaba encerrada; incluso les contó todo lo que el agresor poseía ilícitamente: drogas, objetos de valor, un coche robado con todo y factura. Y les aclaró que vivía amenazada de que si se iba, la acusaría de que ella se había robado el Renault Fluence Privilege. Mientras, él le gritaba: "Muerta de hambre, ratera, te voy a meter a la cárcel."

El 28 de febrero de 2017 Lupita se armó de valor. Antes de salir de casa, les dijo a sus hijas que guardaran ropa, que estuvieran preparadas porque iba a denunciar a su papá. Para ello acudió a la agencia que le correspondía en el municipio de Tecámac. Cuando llegó, les explicó su situación:

—Quiero poner una denuncia por violencia intrafamiliar, tengo una rodilla dislocada. Salí de mi casa para salvar mi vida y la de mis hijas. Mi nombre es Lupita y el de mi esposo: I.C.D., policía de investigación.

—Tome asiento, por favor.

—Siempre me dicen que tome asiento y no levantan la denuncia.

—No se preocupe, ahorita le tomamos la denuncia.

Pero la hicieron esperar más de media hora.

De pronto recibió una llamada de su hija más pequeña:

—Mamá, mi papá ya está aquí, está sacando las cosas de la bolsa, está aventando todo y dice que vengas, que si te fuiste de puta.

—Mi hija me acaba de llamar por teléfono, dice que mi esposo llegó muy violento.

—Vaya a su casa y regrese.

—No, si me salgo así él me va a acusar de algo —dijo insistente.

—No, no le va a pasar nada.

Antes de que ella llegara, el bravucón tomó un horno de microondas que ella había comprado con la pensión para sus hijas, lo metió al auto robado, subió cremas, perfumes y armas que se robaba de operativos que realizaba. Empezó a amenazar a las niñas:

—Márcale a tu mamá, dile que regrese o ahorita las llevo a un orfanato; y si no, voy a meter a tu mamá al reclusorio.

A Lupita no le quedaba otra opción que regresar a su casa lo antes posible para ver si sus hijas estaban bien. Cuando llegó, él la esperaba afuera, enfurecido. "Déjalas en paz", Lupita se atrevió a gritarle. Pero pronto el dominador la amedrentó acusándola de haberle robado un arma. Y la única salida que encontró fue ir a buscar el apoyo de la policía, pero ésta nunca llegó a su auxilio.

—Aquí los puedo esperar, yo me los paso por la verga, a mí no me van a hacer ni madres, yo soy el chingón, tú no sabes con qué tipo de gente estás, si quiero te desaparezco, y aunque te vayas, te voy a buscar y te voy a meter a la cárcel, yo te puedo acusar de lo que quiera —concluyó I.C.D., prepotente y cínico.

Más tarde, Lupita intentó poner la denuncia, pero la respuesta que le dieron en la Agencia del Ministerio Público fue que no había sistema. Ella, desesperada, les dijo:

—¡Pero no entiende que me van a matar!

—No le va a pasar nada, venga mañana y le tomo la denuncia.

Ante la negativa y absurda indiferencia, Lupita, con sus pequeñas, tomó ropa, artículos personales, la *laptop* de su hija mayor, una lavadora, tres sillas y una bicicleta —sus únicas propiedades— para salirse de la casa inmediatamente.

El 2 marzo regresó a la agencia para continuar con la denuncia truncada, pero la respuesta de la Ministerio Público fue igualmente absurda y contundente:

—Ya no la puede poner, porque pasaron más de 24 horas, además, ya se salió del domicilio.

—Entonces quiero poner una denuncia para que él no se acerque a mí —reviró Lupita.

Pero lo que escuchó fue la misma respuesta estúpida e indolente de la representante de la autoridad y de la ley en México:

—Váyase a Neza porque allá vive.

Decidió, desesperadamente ir para el municipio de Nezahualcóyotl, pero tampoco quisieron tomarle sus datos para la denuncia:

—No se le puede tomar, hasta que él vaya a su domicilio y le haga un escándalo.

Se sintió profundamente lastimada por la negligencia de las autoridades y pensó que lo único que le quedaba era regresar a la casa que sus padres tenían desocupada. Ahí se instaló pero no dormía, le daba miedo salir a la calle, vivía en constante zozobra. Y, por segunda vez, intentó suicidarse sin éxito, afortunadamente.

—Me sentía inservible para mis hijas, creía que nunca recuperaría mi vida.

Como si todo lo ocurrido no fuera suficiente, I.C.D. comenzó a extender su violencia hacia las niñas. Un día le envió a la mayor un video pornográfico a su celular. La niña estaba tan estresada y enferma de los nervios que se fue a vivir a casa de sus abuelos. Ella hablaba con su mamá todos los días y le insistía en que quería denunciar a su papá. Así que Lupita empezó a buscar otras opciones para que alguien por fin la ayudara para salir de ese infierno.

En medio de todo ese ambiente de desolación, Lupita encontró a una persona que, de momento, la ayudó: Carmen Zamora. Esta mujer la acompañó a varias agencias del Ministerio Público: la de San Agustín, la de Ecatepec, hasta que llegaron a la de Toluca. En ese lugar estaban la maestra Dilcya Samantha García Espinoza de los Monteros, subprocuradora para la Atención de Delitos Vinculados a la Violencia de Género, y la licenciada Irma Millán, fiscal de Feminicidios en el Estado de México; quienes la escucharon, le dijeron que no se preocupara, que se encargarían de protegerla y, además, le prometieron total discreción: "Vas a ver, cuándo este cabrón se dé cuenta, es porque lo van a estar deteniendo. Confía en nosotras, te vamos a ayudar."

Luego de tanta lucha y de tocar muchas puertas, le tomaron la denuncia el 20 de abril de 2017 en Toluca y dieron comienzo los peritajes. Sorpresivamente, después de semanas sin molestarla, el agresor empezó a llamarla por teléfono. Ella no le contestaba hasta que una vez, confiando en que estaba a salvo y que las cosas por fin se resolverían y él sería aprehendido, le contestó la llamada y él le comento que "estaba enterado de todo", de la denuncia, su búsqueda, etcétera. Tuvo acceso a la carpeta después de que la subprocuradora Dilcya se lo comunicara a sus superiores. He aquí una muestra más de la impunidad que viven a diario las mujeres en México.

—¿Volviste a hacer tus chingaderas? Jamás vas a hacerme nada, porque mi jefe me protege.

En consecuencia, un día alrededor de las 9 de la noche, Lupita fue sacada de su casa. Fue expuesta por Carmen Zamora, quien "la ayudaba" a encontrar justicia. Con su pequeña de 8 años tuvo que trasladarse, por órdenes de Zamora, a la casa de otra víctima para ser enlazada vía telefónica con Irma Millán y la subprocuradora Dilcya, quienes le respondieron:

—Cálmate, Lupita. ¡Para qué le contestaste! No te va a pasar nada, total, cuando te toca, pues te toca…

En la desolada víctima volvieron a surgir, con mucha fuerza, los sentimientos de vulnerabilidad, desamparo, desesperación y desconsuelo.

Lamentablemente, la mujer encargada de resguardar la integridad de las mujeres en la capital del feminicidio, Dilcya Samantha García Espinoza de los Monteros, se lo confirmó:

—Sí, él ya sabe, yo hablé con su jefe (Iván) al otro día de que te conocí. Además, él tenía derecho a la carpeta y a saber de esto.

No cabe duda de que Lupita ya no podía confiar en nadie. Hasta la fecha no ha logrado que su proceso de denuncia concluya. El intocable padre de sus hijas continúa amedrentándola como siempre. El último contacto que hubo entre ellos fue el 11 de junio de 2017, cuando el susodicho se presentó en su casa. Le entregó un celular que ella había perdido poco antes y le advirtió que ya tenía una denuncia por robo en su contra y que, finalmente, la metería a la cárcel. Eso fue lo que motivó a Lupita a salir a la luz, a contar su historia.

El 14 de junio realizamos la denuncia en vivo, contamos todo lo que ha vivido con el policía estatal que ha sido —y sigue siendo— protegido por autoridades del Estado de México. Actualmente, con el gobernador Alfredo del Mazo, aún continúa la protección indebida de sujetos como I.C.D. Y tanto la vida de Lupita, como la de muchas otras, continúan en constante zozobra.

Cuando conocí a Lupita, no la juzgué. Más bien me comprometí a no permitir que fuera parte de las vidas arrancadas. Quise resguardarla de un gobierno corrupto, que protege más al culpable que a la víctima. Un sistema lleno de ministerios públicos coludidos con el crimen. Ella es una mujer muy valiente que quiere salvar su vida, a pesar del sistema. Y aunque sea una batalla difícil de lograr, la esperanza y la lucha siguen.

Lupita es una mujer de un espíritu incansable que está dispuesta a seguir adelante con su contienda para no ser un número más en la macabra lista.

MIRIAM Y EL DESEO DE SOBREVIVIR AL INFIERNO

Todos tenemos una herida marcada cuando una mujer es violentada.
ANÓNIMO

Miriam es una mujer de 27 años. El día que la conocí vestía un traje blanco, llevaba su cabello delicadamente recogido con una cola de caballo, sus ojos maquillados de manera tal que no mostraban las huellas del infierno que vivió cuatro meses atrás. Madre de dos pequeñas, de 4 y un año de edad, es técnica en enfermería. Le gusta su trabajo, es independiente económicamente hablando y siempre lo ha sido. Paradójicamente trabaja con mujeres violentadas; es perito en heridas producidas por violencia intrafamiliar. Además de hacer su trabajo de peritaje, ella las escucha, las abraza y entiende su dolor. Nunca imaginó que también lo viviría en carne propia.

Mientras hablamos, sus manos no dejaron de moverse, se abrazaban una a la otra. Su voz, por momentos, se quebraba.

Hace tres años conoció a Jonathan. Ni siquiera notó cuando se enamoró de él. De hecho, al principio no le gustaba y de pronto, ya estaba saliendo con él.

—Simplemente sucedió, me enamoré y creo que ni siquiera me di cuenta. Lo había elegido a él, sólo a él. Lamentablemente, Jonathan nunca lo creyó. Las cosas se dieron muy rápido. Era posesivo y celoso, no dejaba que me arreglara y muchos detalles más. Pero yo siempre minimizaba todo, para mí era "normal". Nunca interpreté como violencia lo que ejerció desde el primer día de nuestra relación.

Jonathan no terminó la primaria. Cuando trabajaba, lo hacía en un rastro de borregos, en el Estado de México. Por lo mismo, siempre se sintió inferior a Miriam, porque ella sí estaba preparada y además tenía un buen trabajo. Ella mantenía la casa. Cuando se conocieron, ella ya tenía una niña pequeña.

—¿Por qué no te casaste con el papá de tu nena mayor?

—Siempre quise mi vida como mamá soltera de una niña, me veía trabajando y con mi pequeña.

Las palabras de Miriam son contundentes: ella eligió ser independiente, escogió qué quería hacer de su vida. Pero, por desgracia, se enamoró de Jonathan, un hombre que constantemente la lastimaba. Y, erróneamente eligió tener una segunda hija con él.

La primera vez que él la agredió físicamente fue el 6 de enero de 2014. Lo hizo porque no había llevado rosca de reyes para toda la familia de él. Se enojó tanto que la golpeó y le lastimó dos vértebras que provocan, de vez en cuando, un dolor en la espalda baja.

Miriam acudió al Ministerio Público en Nezahualcóyotl, Estado de México, a levantar la denuncia. Pero, para variar, la respuesta que las autoridades le dieron fue: "Son problemas de pareja, arréglelo usted con su esposo, hable primero con él y si no funciona, entonces viene." Tenía el ojo cerrado de la hinchazón y ni así los funcionarios públicos levantaron la denuncia. Desilusionada, regresó a su casa.

Entre días buenos y malos, la vida continuaba para Miriam. Sin embargo, se mantenía trabajando, cuidando a sus pequeñas y soportando la manipulación que Jonathan ejercía sobre ella.

Con el rostro desencajado, recuerda que ese viernes 14 de octubre de 2016, por la mañana, su infierno comenzó en la pequeña casa que habitaba con Jonathan. Cada viernes Miriam se levantaba, dejaba a las niñas con su mamá, que la apoyaba para cuidarlas, arreglaba su ropa y se iba a trabajar. Pero ese día la rutina se rompió. Jonathan se había ido a trabajar a un taller mecánico. Así que ella se puso a recoger unas cosas en la recámara, cuando encontró debajo de la cama una caja con objetos que parecían robados. Eso no le gustó nada. Sacó la caja y la puso en la mesa de la cocina. Después se metió a bañar, sin imaginar que Jonathan regresaría. Cuando entró, vio la caja en la mesa y Miriam lo interrogó sobre la procedencia de los objetos:

—Te vale madre de dónde salga el dinero, mientras tengas para tragar.

—No. Sí me importa. Por poco o mucho que sea mi sueldo, yo nunca robaría ni un frijol.

—No es tu asunto, mejor calmémonos, no hay que pelear.

Este tipo de sujetos como Jonathan suelen ser manipuladores. Esa noche él había decidido no salir y le sugirió a Miriam que se quedaran en casa a tomar. Ella se negó porque al día siguiente trabajaba y él se enojó. Ella le dijo que si no le gustaba, que mejor que se fuera de la casa; pero él respondió con empujones. Finalmente, Miriam fue quien decidió salirse. Pensaba irse a casa de su mamá. Pero justo en ese momento, Jonathan la jaló del cabello y empezó a golpearla con el puño en la cara. Ya no dejó que saliera, ni que recogiera a sus hijas.

El día que ella y yo nos conocimos había un raro cielo azul en la Ciudad de México. Recuerdo que Miriam se sentó frente a mí. Nos citamos en el Monumento a la Revolución para que me contara su historia. El lugar estaba lleno de gente que patinaba, se reía, disfrutaba. Nadie imaginaba que Miriam, esa mujer tímidamente sentada a mi lado, había logrado escapar de un asesino.

Cuando comenzó a contar su historia la voz se le cortó. Tuvo que inhalar y exhalar varias ocasiones para tener la fuerza necesaria y seguir con su relato. Le llena de vergüenza contarme lo que pasó ese día que la muerte quiso invitarla a bailar.

Luego de unos minutos de silencio, con sus grandes ojos llenos de lágrimas me relató, con mucho trabajo, sus terribles vivencias:

—El día que descubrí que estaba robando y que intentó sacarme de la casa, se fue a casa de uno de sus amigos por una pistola. Ya me había golpeado demasiado. Me quitó el celular y las llaves. Me puso cinta de embalaje en las manos, boca y piernas. Cuando regresó me dijo que "como ya sabía que yo lo iba a denunciar, mejor me mataba, para no correr riesgos".

—No lo hago ahorita porque las niñas están con tu mamá y sé que tu mamá no me va a dar a mis hijas si tú no vas conmigo. Que te quede claro que sólo estás viva porque las niñas están allá.

Mientras permanecía inmovilizada, Jonathan la violó.

Como no llegaba por las niñas, la madre de Miriam pensaba que su hija se había retrasado porque estaba trabajando con las mujeres que son violentadas. Ignoraba todo lo que su hija estaba sufriendo, jamás imaginó que estaba viviendo el mismo infierno que esas mujeres a las que Miriam tanto apoyaba.

En cuanto llegaba de trabajar, Miriam solía llamarle a su mamá para que se quedara tranquila y pudiera pasar por las niñas. Pero ese 15 de octubre de 2016 no hubo ninguna llamada. Así que la madre decidió comunicarse y saber si no pasaba nada malo. Para su sorpresa, del otro lado del teléfono estaba Jonathan:

—Miriam no está, deje de estar chingando.

Por casi dos días Miriam estuvo maniatada, sin comer, amenazada de muerte. Jonathan le ponía la pistola en la sien o en la frente, amedrentándola, haciéndola sentir que la asesinaría. La madrugada del domingo, Jonathan le ordenó que llamara a su mamá para decirle que pasarían por las niñas. Cuando le soltó las manos para salir, le reiteró que, aunque intentara protegerse, la bala la atravesaría y la mataría. "Ya se armó el desmadre", indicó Jonathan. Y le puso muy en claro que en cualquier intento de huida, las mataría a todas; a ella, a su mamá y a su hermana.

No obstante, Jonathan se fue a echar disparos a casa de su suegra y luego regresó por Miriam. Tal era la situación, que los vecinos de la madre llamaron a la policía, que estuvo haciendo rondines en la colonia. Cuando llegaron por las niñas, la madre de Miriam jamás abrió la puerta, aún sabiendo el peligro que su hija corría. Miriam se lo agradece infinitamente; porque salvó sus vidas.

Sin embargo, ella seguía en manos de Jonathan. Iba a ser asesinada en alguna de las calles de Netzahualcóyotl.

—Ya valió madres —le dijo. ¿De qué lado quieres? —le preguntó enfurecido, poniéndole la pistola de un lado y del otro.

Los policías la encontraron justo con la pistola en la cabeza, pero Jonathan alcanzó a salir huyendo del lugar.

—No lo detuvieron, ahí estaba, vieron cómo me tenía encañonada y se fue, se les escapó, o lo dejaron ir —Miriam recordó con asombro e indignación.

La vida de Miriam dio un giro que no esperaba; cobró conciencia de que esa relación la destruiría si no hacía algo al respecto.

—Es como si una losa se cayera encima de ti, una losa que por más que intentas quitar, es más pesada.

Lamentablemente, el caso de Miriam aún está impune. Logró hacer una denuncia en la Procuraduría de la Ciudad de México. Se presentó varias veces con Carmen Zamora a declarar y, paradójicamente, por ir cada vez que era requerida, la despidieron de su trabajo.

A pesar de todo espera estudiar una licenciatura y pagar las deudas que él le dejó. Después tiene planeado ahorrar para comprar un terreno y construir una casa para sus hijas. Afortunadamente, Jonathan ya no está en su vida, pero se la destruyó.

Y Miriam aún está tratando de reconstruirse. Está buscando que se haga justicia; quiere que Jonathan sea detenido por violación y tentativa de feminicidio. Espera que las autoridades del Gobierno del Estado de México hagan su trabajo y no esperen a que él la asesine.

Desaparecidas, la antesala del feminicidio

EL CASO DE ANA PATRICIA

Cuando tienes una desaparecida, no eres ni de aquí ni de allá, porque no puedes acusar a nadie de haberla dañado, no tienes un cuerpo que lo asegure.
ISELA, HERMANA DE ANA PATRICIA

Ana, de 33 años, vivía en Tecámac, Estado de México. El 30 de enero de 2017 salió de su domicilio, se dirigía a casa de sus padres en Ecatepec. Más tarde iría a trabajar y a comprar algunos productos de belleza que vendía para ayudar a la economía familiar. Es la tercera hija de cuatro: tres mujeres y un hombre, del matrimonio conformado por Hilario García Santes y Guadalupe Rivero Díaz.

Fui contactada por Gustavo, hermano mayor de Ana Patricia. Acudí a la casa de don Hilario y doña Lupita. Me recibió don Hilario, amablemente me invitó a pasar. Es una casa humilde pero reconfortante. Dentro se encontraba Rosa Isela, hermana menor de Ana, quien nos dio la bienvenida con la misma sonrisa que su papá. Doña Lupita, madre de Ana, se incorporó minutos después. Sentados frente a frente en el comedor de la casa, doña Lupita, don Hilario y Rosa Isela iniciaron su historia.

—Ana Patricia venía a la casa, había quedado de pasar a vernos, de vez en cuando venía a visitarnos. Ese día pasaría rápido para irse a trabajar, ella trabajaba en un *call center* en la Ciudad de México. La última vez que la vieron fue en Boulevard Ojo de Agua, desde entonces no sabemos nada de ella —comenzó Isela, serena.

Hasta ahora, la respuesta de las instituciones ha sido buena, detalló Isela. Están investigando, pero hay muchas deficiencias en el proceso.

—Nos hemos dado cuenta de la cantidad de mujeres, niños y hombres que desaparecen a diario. Por lo mismo, los investigadores están rebasados de trabajo. Todos quisiéramos que nuestra desaparecida fuera investigada primero, pero debemos entender que son demasiadas. Buscamos a Ana Patricia por todos lados, recorrimos el camino que transitó.

La familia no tiene idea de qué pudo haber pasado, las autoridades preguntaron si ella podría haberse ido por su voluntad, la respuesta de Isela fue tajante:

—No pudo ser, ella tenía proyectos, estaba estudiando ingeniería geofísica en el Instituto Politécnico Nacional, se había dado de baja por carencias económicas, pero estaba por retomarlo.

El 31 de enero de 2017, la familia de Ana Patricia se enteró de que ella no había llegado a casa ni fue a trabajar. Tampoco acudió a casa de sus padres. Así que dieron inicio a la investigación, jamás imaginaron que esto les pasaría.

—De todas mis hijas, Ana era la más alegre, atrabancada, carismática, se la pasaba haciendo reír a la familia. Nació el 2 de enero de 1984, era muy desinhibida.

—Era muy sensible y ayudaba mucho a la gente, les daba de comer a quienes necesitaban. Su adoración es su hijo de tres años, él la necesita. No entendemos quién pudo haberla querido desaparecer —cuenta Isela con el corazón destrozado.

—Quisiera ir a buscarla, saber dónde está, pero no se puede, no sabemos qué pasó. Tengo mucha preocupación, el corazón me dice que está con vida. Pero otras veces siento que ya no. Me daría consuelo encontrarla, como sea, pero verla —me dijo doña Lupita con una enorme tristeza.

Don Hilario, hombre fuerte, oriundo de Veracruz, empieza a hablar con tono enérgico pero conforme avanza el dolor lo deja sin voz. En ese momento entendí por qué se distraía con la televisión, el daño que le ha causado la desaparición de su hija es enorme.

—Mi papá estaba enfermo, tuve que ir a Veracruz a cuidarlo. Él falleció cuando mi hija desapareció. Me duele en el alma no saber cómo se encuentra, es insoportable. La hemos buscado por todos lados, y no hay nada.

Tuve ante mis ojos la desesperación, la impotencia de un padre de familia que lo único que tiene son preguntas sin respuesta; un padre que quisiera regresar el tiempo para proteger a su hija.

El sufrimiento abraza a la familia de Ana, quienes sólo quieren saber qué pasó, dónde está, quién pudo llevársela. No se puede hablar de un secuestro por dinero porque ni ella ni la familia lo tiene. Don Hilario y doña Lupita criaron hijos de bien, todos profesionistas, ¿quién pudo tramar un daño de esa magnitud?

Un altar con las fotos de Ana adorna la sala comedor, un crucifijo, la Virgen de Guadalupe, iluminadas por una decena de veladoras; imágenes de santos a quienes, con seguridad, les piden ayuda para encontrar a su hija.

—Queremos encontrarla como sea, viva o muerta, pero saber dónde está. Tal vez hasta entonces tengamos un poco de consuelo —me dijo don Hilario con lágrimas en los ojos.

Las autoridades del Estado de México no han logrado dar con el paradero de Ana, ni siquiera tienen indicios de dónde desapareció exactamente. Las cámaras cercanas al lugar no sirven. Las investigaciones las realizan las familias, las autoridades esperan a que les entreguen las pesquisas y hacen como que trabajan, sin dar resultados.

La extraña desaparición de Nancy

No sabemos expresar el dolor, nos hicieron
fríos, sólo lloramos aislados. Sé que un
día la encontraremos, Frida, y le hablaré de ti.
Elena, hermana menor de Nancy

Nancy tenía 32 años cuando desapareció. Delgada, de cabello chino, tez blanca, ojos grandes, boca pequeña. Le gustaba mantenerse sana. Es madre de tres pequeños y pareja de Israel Jácome desde hace 15 años. Nancy nació el 20 de diciembre de 1983, en el Estado de México. Es la mayor de 8 hermanos, tres pares de gemelos y un hermano más, quienes la recuerdan sonrientes.

—Cada vez que había algo que te incomodara o te pusiera mal, ella tenía la palabra correcta y te sacaba de ese tipo de cosas.

—Yo me tuve que dedicar a trabajar para sacarlos adelante a todos, ella tomó el lugar de segunda madre, cuidaba a sus hermanos y hermanas, les hacía de comer. Fue un gran apoyo para mí. Eso la llevó desde muy pequeña, como a los 14 años, a meterse a trabajar. Trabajó como demostradora y edecán, y terminó trabajando como modelo en varias agencias. La prioridad de Nancy era ayudar a sus hermanos, les compraba ropa, compraba la comida, cooperaba para que estudiaran —cuenta Bellarmina García, madre de Nancy.

Esta familia tenía muchas dificultades, pero se mantenían juntos. Nancy y su mamá trabajaban y los chicos y chicas estudiaban. Todo cambió cuando Nancy conoció a Israel.

En 2001 se enamoró de él y decidieron vivir juntos. En 2002, a los 17 años, tuvo a su primera hija, la segunda falleció a los tres años, nació con una discapacidad. Este episodio en la vida de Nancy fue muy difícil para ella. Se caracterizaba por ser una excelente madre, cuidadosa con sus hijas, siempre estaba al pendiente de las terapias de la bebé, por lo que su fallecimiento la dejó muy triste. Más adelante, tuvo a otros dos pequeños, y recuperó la alegría de vivir.

—Al principio de su relación, Nancy venía a vernos cada domingo y algunas veces entre semana. Pero al pasar los años se alejó mucho de nosotros.

—¿Qué crees que pasó, él era celoso?

—Sí, era muy celoso, mi hija fue muy bonita. Me llegó a comentar que él le controlaba todo: teléfono, amistades, no la dejaba salir sola. Algo pasó, los últimos años cuando llegaba a venir, Israel la traía, pero la apresuraba molesto.

—¿Nancy se encerró, se aisló?

—De nosotros y de algunas amistades sí, pero algo que es muy reconocible en mi hija es que aun con las molestias y los enojos de su pareja, ella siguió preparándose. En 2016 se graduó como asesora de imagen, su pasión. Acaba de abrir su estética, por eso no entiendo ni creo que ella sólo se haya ido.

—¿Qué pasó el sábado 20 de agosto de 2016?

—Un día antes, en la noche, estuvimos mensajeando, me comentó que se habían molestado Israel y ella, pero me dijo que estaba tranquila. El sábado por la mañana seguimos mensajeando; como a las 10:30 de la mañana me mandó el último mensaje. Me dijo que tenía mucho trabajo, fue el último mensaje que recibí de ella.

Como a las seis de ese sábado me llamó Israel, a moco tendido me dijo: "Suegra, Nancy no aparece, ya le llamé varias veces y no me contesta, algo le pasó." A mí me pareció extraño, porque él jamás me decía "suegra" ni se dirigía a mí como "doña"; me parecía excesivo que estuviera llorando y se mostrara inquieto porque Nancy no había contestado el teléfono en un par de horas.

Bellarmina le pidió que se calmará y le preguntó si se habían peleado:

—Me contestó como loco, me dijo: "No, Nancy salió a hacer compras para la estética al Centro, todavía a las dos de la tarde nos mandamos mensajes, después ya no me contestó."

A Bellarmina le pareció extraño, le dijo que tenía mucho trabajo, nunca le mencionó que fuera a salir.

—Durante la tarde y noche, él insistía en que algo le había pasado. El 21 de agosto me volvió a llamar por la mañana para decirme que ella no había llegado, yo ya preocupada le dije que fuéramos a buscarla a donde decía que había ido. Anduvimos por el centro de la Ciudad de México, por las calles donde venden productos de salón. Nada de mi hija, nadie la vio. Entonces, a pesar de que me había dicho que ya había interpuesto una denuncia por desaparición en San Cristóbal, Ecatepec de Morelos, yo decidí poner una en la delegación Cuauhtémoc.

Los hermanos de Nancy, desesperados, se reunieron en casa para ir a buscarla el 22 de agosto, pero Israel ya no los acompañó. El martes 23, tampoco. Eso les pareció más extraño.

—El 24 de agosto mis hijos hombres decidieron ir a la casa de Israel y exigieron revisar algunas de las bodegas propiedades de la familia de Israel. En una de estas bodegas, en una cubeta llena de agua estaba el celular de mi hija. Él se puso agresivo con ellos, les sacó una pistola, se puso fuera de sí. Desde entonces no sabemos nada de él.

El 19 de agosto de 2016, Nancy estuvo con su hermana Eva, fue la última vez que alguien de la familia la vio. El día que encontraron el celular de Nancy, Israel desapareció. Su familia dice que sí lo pueden localizar, pero no contesta las llamadas de su suegra. Bellarmina no puede ver a sus nietos porque la familia de Israel no lo permite; ella está segura de que él sabe qué fue lo que le sucedió a Nancy. Ella nunca salió de casa.

—Él me mintió —afirma contundente Bellarmina.

Bellarmina y su familia siguieron investigando. Meses después obtuvieron nueva información que hizo sospechar aún más del papel que tuvo Israel en la desaparición.

—Pude ver las cámaras del C4, en la Ciudad de México. Ahí corroboré lo que ya sabía: Nancy jamás estuvo en la Ciudad, los videos en la calle de la casa de Nancy mostraron que mi hija no salió de su casa, sólo se ve movimiento de Israel. Las llamadas del celular de mi Nancy mostraron que los últimos mensajes que ella envió fueron para mí, no para él. Nancy nunca estuvo en la Ciudad de México. La última vez que Nancy fue vista fue en Ecatepec, en su casa.

Bellarmina finalmente supo que Israel jamás levantó el acta por la desaparición de Nancy, sino que lo hizo su hermano.

—Los días son largos, las noches son peores, se juntan con el día. Tengo mucho miedo de lo que pueda estar sufriendo o de que algo peor le haya pasado. No como ni duermo, obviamente tenemos que seguir la vida, trabajar, pero también buscarla para saber qué pasó. ¿Quién, si no Israel sabe dónde está Nancy? Mi nieta no cree que su padre sepa el paradero de su mamá, y esto ha generado que se aleje de nosotros.

—¿Qué dicen las autoridades del Estado de México?

—Las autoridades no dicen nada, no hay avances; ellos saben que Nancy no desapareció de la calle, ellos saben que mi hija nunca salió de su casa. Lo que pedimos es que investiguen qué fue lo que pasó, eso es lo que quiero, que trabajen, que hagan justicia, ya he solicitado muchas veces que el gobernador Eruviel Ávila me reciba, pero nada. Esto es como si ya todo fuera normal. Al normalizar las desapariciones, las autoridades ya no le dan prioridad a nada.

Bellarmina tiene el corazón destruido. No sabe qué sigue, ha pasado más de un año sin saber nada de Nancy. Bellarmina tiene que trabajar y atender a su familia. Pero sigue sufriendo, no puede ver a sus nietos. La zozobra le carcome el alma. Añora verla, abrazarla, hacerle saber que, aunque con 33 años, con tres hijos y una vida hecha, para ella siempre será su bebé, su primera hija, la que no la dejó sola, la que la apoyó siempre, la hija que se sacrificó por sus hermanos y hermanas, la madre que jamás habría abandonado a sus tres pequeños.

—Quisiera verte una vez más a los ojos para decirte cuánto te amo. Por desgracia, cuando creciste dejé de decírtelo, y no sabes cuánto lo lamento. Sé lo mucho que te extrañan tus amigos, tu hijo, tu hija, tus hermanas y hermanos, y yo. Todos extrañamos tu amor, tu protección, tus sonrisas, tu alegría por la vida. No sé dónde estás, dónde te busco, dónde te lloro. A quién acudo para que entienda el dolor de no saberte cerca, de no saberte bien. Quién se tocará el corazón y unirá su voz a la mía para gritar muy fuerte tu nombre; para decirte que hasta que tus brazos vuelvan a abrazarme, hasta que de tu boca escuche decir cuánto me amas; hasta que vuelva a ver el brillo de tus ojos. Ese día dejaré de buscarte.

LA LUZ QUE NO SE APAGA

"Hoy, hace dos meses regresaste a nosotros. El dolor es grande, pero estamos tranquilos porque tuvimos la dicha de recuperar tu cuerpo. En los días previos estábamos en un estado emocional muy malo por no saber nada de ti. Ahora estás con nosotros y, aunque tu ausencia es insuperable, es mejor recordar cómo viviste y no cómo moriste. Eres nuestra nena, nuestra luz, nuestra guía, nuestro gran amor, nuestra fortaleza. TE AMAMOS.

Fuiste hermosa interna y externamente; una gran amante y protectora de los animales. Tu viejito Porter, Scrapy, Burbu, Bellota, La Vaca, León, Chanoc, te extrañan; cuando entran a tu recamara lloran y se duermen un rato en ella. Zanahoria y Lechuguita, tus cuyos, deben de estar en tus brazos llenos de amor y alegría, como sólo tú sabías dar. Así que a recordar cómo viviste. TE AMAMOS."

WENDY VÁZQUEZ, MADRE DE LUZ ADRIANA

El 31 de marzo de 2017, Alan, Wendy y César —padre, madre y hermano de Luz Adriana Castillo Vázquez— salieron a trabajar como todos los días. Ese día a la nena, como le decía su familia, le tocaba levantar la mesa y lavar los platos. En la mesa le dejaron noventa pesos, por si necesitaba comprar algo. Entrada la noche llegaron a casa, la mesa seguía sin levantar, los trastes sucios y el dinero tal como lo habían dejado. Luz Adriana se esfumó.

El 1º de abril de 2017 Wendy acudió al Centro de Atención de Personas Extraviadas o Ausentes (CAPEA).

—Me di cuenta de que para las pinches autoridades somos nada, sólo cifras; a ellos no les importa el dolor, el miedo, la angustia de no saber dónde estaba mi nena.

—¿Qué hicieron primero?

—Llamé a Locatel para reportarla. Me dieron un número, me indicaron que tenía que llamar cada dos horas, para saber si había algo. CAPEA es la misma pinche atención fría; me dijeron que ni debería de preocuparme, igual mi niña "andaba de luna de miel" con el novio.

Wendy les explicó que todo estaba raro: lo del dinero, lo de los platos, pero a CAPEA no le importó nada de eso.

Por su cuenta, la familia investigó: aquel día la nena había ido a comer a la casa de su novio, con quien llevaba casi dos años de relación. Él aseguró que Luz había estado ahí, pero tuvieron una pelea y ella se fue.

—Lo único que yo quería saber era dónde estaba mi niña.

—¿Qué más hicieron las autoridades por ustedes?

—Nada, nada, Frida. Nosotras, mis hermanas, mi hijo, mi esposo y yo, empezamos a investigar qué pudo haber pasado. Les decía a las autoridades todo lo que sabíamos y a partir de eso ellos se movían, pero porque nosotros trabajamos, no ellos.

—¿Qué investigó la autoridad acerca de su novio?

—No hicieron nada. Por ejemplo, había cámaras de seguridad cerca de la casa de él, de una estación del metro cercana. Se supone que en el metro guardan las grabaciones por siete días, y en alta definición, cuatro o cinco días. Yo no lo sabía. No tenía por qué saberlo. Pero, ¿por qué CAPEA no envió el oficio en tiempo y forma? Ya no se pudo rescatar información.

A lo largo de 19 días, la familia Castillo Vázquez no sabía nada de Luz Adriana; era como si, en medio de la nada, hubiera desaparecido…

—No dormía, entraba a su cuarto para revisar qué más encontraba, buscaba indicios. Curiosamente, el 31 de marzo, a las 11 de la noche, en su cuenta de Instagram alguien subió su foto. Ahí estaba la blusa que Luz llevaba en esa fotografía, lo cual indicaba que esa foto ni siquiera había sido tomada el día que desapareció. Era posible que alguien la hubiera publicado para desviar la atención, para denostarla, para que no la buscáramos y supusiéramos que se había ido de fiesta. Lo más probable es que para cuando el desconocido subiera esa foto, Luz ya hubiera sido asesinada.

Luz Adriana nació en la Ciudad de México el 10 de septiembre de 1997. Fue la primera hija de Alan Castillo y Wendy Vázquez, quienes en 1995 decidieron casarse y formar un hogar. Primero la soñaron, después la planearon. El embarazo fue hermoso, sin achaques, Wendy le hablaba, su papá le cantaba y la acariciaba. A los nueve meses llegó Luz Adriana a sus vidas para llenarlas de felicidad.

La nena –como le decían cariñosamente— acababa de cumplir 19 años, y como toda jovencita, tenía novio. Además amaba a los animales, iba a estudiar veterinaria, tenía seis perros, un gato, dos cuyos…

—No trajo más animales porque no la dejé —recuerda triste su mamá.

Luz Adriana es recordada como una niña llena de luz, de ahí su nombre. Ella simplemente brillaba. Cuando nació su hermano menor, se puso muy celosa, pero a pesar de eso lo amaba; lo protegía mucho, parecía su mamá. Incluso le decían: "Mamá chiquita", comenta Wendy.

El 31 de marzo de 2017, Luz Adriana desapareció. Lo último que se sabe es que estuvo en casa de su novio, que pelearon y que ella se fue de ahí. Ya no volvieron a vera. Así empezó el suplicio. Poner la denuncia, buscarla, imaginar mil cosas, si comía, si la estaban prostituyendo, drogándola, violándola.

—No saber si está bien te acaba la vida.

Wendy no dormía, cerraba los ojos e imaginaba a la nena, "me dolía el corazón, la incertidumbre de no saber de ella me volvía loca". Así pasaron los días, Wendy acudía a CAPEA para esperar noticias de ella.

—En una ocasión me dijeron que estaba el cuerpo de una chica que habían encontrado en Amecameca, Estado de México. Pobrecita, calcinada, se veía jovencita, entré a verla, hasta la besé para saber si era mi Luz, pero no, no era ella. Me dolió mucho esa chica.

César, el hermano de Luz, la recuerda siempre, echa de menos los buenos detalles de su hermana. A él también la incertidumbre de la desaparición lo tiene desesperanzado.

—Era muy burlona, peleábamos como todos los hermanos, sobre todo por sus perros, que siempre me decía que me los heredaría. Cuando salía al negocio de mi mamá, me preguntaba: "¿Quieres algo?", yo era más importante para ella que ella misma.

El 7 de abril de 2017, las autoridades de la Ciudad de México encontraron un cuerpo; la prensa local no tenía registro de ningún hallazgo en la Ciudad por esos días. El tormento continuaba para la familia Castillo Vázquez que ya estaba desecha. El 27 de abril de 2017, las autoridades de la Ciudad de México tuvieron el poco profesionalismo de avisarles que 19 días atrás habían encontrado en las calles un cuerpo, al que, por cierto, iban a meter a la fosa común al día siguiente.

Wendy acudió acompañada de una de sus hermanas, necesitaba el apoyo de alguien querido para intentar —aun con lo doloroso que resultaba— reconocerla y estar segura de que al fin la encontraron. Las autoridades recomendaron que no la vieran, que se esperaran a los resultados de las pruebas de ADN, así sabrían si se trataba de Luz Adriana o no. Wendy se negó y pidió verla.

—Ahí estaba en la plancha, no olía a lo que ellos decían era "alto grado de descomposición". Pedí que abrieran su boca; así supe que sí era mi nena.

Una radiografía dental y las pruebas de ADN confirmaron que se trataba de Luz Adriana.

—No me dejaron abrazarla por el alto grado de descomposición. Cuando Alan la vio, la reconoció por sus manos, sólo repetía: "Eres tú, mi hijita, son tus manos, te amo, te amo, nunca te voy a olvidar."

Para entonces, Nena había presentado exámenes de admisión para la Universidad Nacional Autónoma de México (UNAM), para la Universidad Autónoma Metropolitana (UAM), e iba a entrar a un curso para hacer el examen en el Instituto Politécnico Nacional, porque quería ser veterinaria. Cuando desapareció, algunos medios locales informaron que se había ido de fiesta, pero no fue así.

—Nena nunca nos hubiera mentido, Luz Adriana tenía muchos planes para dignificar la vida de los animales, no le hacía mal a nadie.

—¿Sospecha de alguien? ¿Luz tenía enemigos?

—No, no sé quién pudo haberle hecho tanto daño a mi niña, dejarla ahí tirada como si fuera basura. Ella tenía muchos amigos y amigas que la querían mucho. El día que la sepultamos vino mucha gente a la que le dolió su feminicidio. Espero que un día sepamos qué sucedió, qué le pasó a mi nena, quién la asesinó, y verlos pagar tras las rejas.

—Descansé, Frida, cuando la enterramos, dentro del dolor sentí mucha calma, al fin supe dónde estaba mi pequeña. "¿Cuántas familias nunca saben dónde están sus hijas?", fue mi pensamiento —nos cuenta Wendy, reflexiva, con los ojos llenos de lágrimas y la voz entrecortada.

—Me duele saber que para las autoridades somos números nada más, a ellos no les importa el dolor.

Después de que la sepultaron, las tías de Luz les propusieron a Wendy, Alán y César ir de día de campo para encontrar un poco de paz y calma. En el lugar, Wendy lloró mucho, tuvo una crisis muy fuerte. Poco a poco comprendió que Luz iba a ser su luz toda la vida. Cuando le tomaron una foto y sonrió, se reveló una gran nube en forma de ángel posándose arriba de ella: sin duda era un mensaje de Nena.

—Buscaré justicia, ella está conmigo, su luz es mi luz, voy a encontrar justicia para mi nena, para mi Luz.

Fui contactada vía Facebook por César; de inmediato le pedí que me diera un número para hablar con su mamá. Nos entrevistamos el 3 de junio de 2017. Frente a mí había una madre con el corazón destrozado, las manos crispadas de impotencia, pero al mismo tiempo la vi dispuesta a no permitir que el caso de su hija quedara sin justicia. Un joven de 18 años que con todo y su resistencia a hablar estaba preocupado por cuidar a su mamá, estaba contenta. Me abrieron su corazón y me compartieron el daño que les causaron. César no entiende cómo en este mundo puede existir gente que haya lastimado a su hermana. Sus ojos están llenos de rabia, impotencia y desesperación. Él sabe que su hermana no se lo buscó, que en este país asesinan porque pueden, porque nadie hace nada para detenerlo. Quiere justicia.

Hasta el momento, las investigaciones siguen, aún no se logra dar con los responsables de la desaparición y feminicidio de Luz Adriana, a quien su papá escribió las siguientes palabras:

"Hijita, desde el primer día que te conocí llenaste mi corazón de amor y siempre lo seguirás llenando. Ahora que no estás físicamente tengo que ser una mejor persona para estar reunido contigo y disfrutar de todas las cosas maravillosas que Dios nos dará. Estoy seguro de que ahora estás bien y eres un lindo ángel, como siempre lo fuiste. Hijita, te amo y siempre tendré fe de que hay una vida eterna que nos espera. TE AMO."

Feminicidio infantil

Niñez asesinada

La violencia está destruyendo la sociedad en la que estamos viviendo.
Los niños, niñas y los adolescentes nos sentimos muy tristes
y sin ganas de seguir viviendo.[4]
INFORME DE AMÉRICA LATINA EN EL MARCO
DEL ESTUDIO MUNDIAL DE LAS NACIONES UNIDAS, 2006

La guerra que día a día vivimos las mujeres es imparable, no hay autoridad que tome en cuenta los hechos. Campañas políticas van y vienen y la sensación de abandono es cada vez mayor. Ni Miguel Ángel Osorio Chong, secretario de Gobernación, ni Enrique Peña Nieto, presidente de la República, ni gobernador alguno toman en serio las miles de vidas de mujeres arrebatadas.

¿Qué está sucediendo? Sujetos violando pequeñas; madres y padres matando a quienes deberían proteger del peligro; hombres y mujeres frustrados descargando su ira en quienes dependen al cien por ciento de ellos; sin entender por qué, las lastiman.

---

[4] http://www.eird.org/herramientas/videos/plan/Estudio.pdf

¿Quién puede tener la sangre fría para violar a una pequeña, llena de pavor, de sufrimiento, que ni siquiera tiene idea de la maldad del ser que tiene enfrente y que le está ocasionado dolor? ¿Cuál es la condición humana que lleva a una madre a golpear de manera bestial a quien tuvo durante nueve meses en su vientre, respirando de ella, comiendo de ella, sintiéndola latir dentro de su ser?

Esta imagen me impactó: una pequeña de casi dos años, con los bracitos levantados y sus piernas estiradas; vestida con un pantalón de mezclilla azul, calcetines y suetercito rosas. La encontraron al lado de una mujer adulta, completamente desnuda. Con el rictus de muerte en sus rostros, estaban abandonadas en una playa.

Los últimos meses, las imágenes de niños, mujeres y hombres en playas de Europa nos han conmovido e indignado por la indiferencia de las autoridades y la sociedad. Seres humanos queriendo salvar sus vidas ante la guerra que se vive contra ellos. Pero la imagen que describí no proviene de Europa, es en México, en específico, de una playa en Veracruz.

Ambas mujeres fueron encontradas el 15 de noviembre de 2016: no muertas, sino ASESINADAS. Ellas no huían de una guerra, huían de una persona sin corazón que las asesinó. Según los diarios locales, las víctimas tenían heridas de arma blanca. Su verdugo fue Miguel Ángel Ortega Aguilar, miembro de la Marina y pareja de la ahora fallecida Edith, de 21 años, y padre de Yareli, de ocho meses. Las asesinó porque no quería proporcionar pensión alimenticia para la pequeña.

ENTERRAR A TU HIJA: EL FEMINICIDIO EN EL EDOMEX

Conocí la desaparición de Valeria justo el día de los hechos: el 9 de junio de 2017. A partir de entonces comencé a seguir puntualmente el caso en medios como *La Jornada* o *Proceso*. Otros, como

CNN o *El País* dieron visibilidad al caso después de que la niña fue encontrada violada y asesinada en una combi de transporte público.

Seguí la pista de Valeria desde el primer momento hasta el día que la enterraron; no publiqué más información por respetar el dolor que la familia estaba —y continúa— viviendo. El caso de Vale muestra el deleznable estado de la justicia que impera en nuestro país. Ésta es su historia:

Ese día, Valeria Teresa Gutiérrez Ortiz tenía que estar en casa de su papá. Sus padres estaban divorciados, por lo que ese fin de semana, como muchos otros, su papá fue por ella a casa de su mamá. La niña de 11 años salió con una mochila en la que llevaba artículos personales, útiles escolares y mudas de ropa, entre ellas, su uniforme.

El jueves 9 de junio de 2017, por la mañana, la niña fue a la escuela y, al terminar sus clases, Sergio Gutiérrez, su padre, pasó por ella en una bicicleta. Eran aproximadamente las 5 de la tarde. Empezó llover. Para protegerla, Sergio le dijo que la subiría a una combi (el transporte público en Nezahualcóyotl, Estado de México) para que no se mojara y no se enfermara.

Detuvieron la unidad de la Ruta 40, con número económico 278, en la calle Mañanitas. Valeria se despidió y subió a la combi. La lluvia era intensa. Sergio pedaleó como pudo detrás de la unidad, pero ésta aceleró y la perdió de vista. Pensó que encontraría a su hija en el punto de destino. Pero no fue así, cuando llegó al lugar, Valeria no estaba.

Vale —como le decían de cariño— tenía que haber bajado de la unidad en la esquina de Escalerillas, hacia la calle Ixtapan, unas diez cuadras después de donde abordó la combi. Pero no lo hizo.

De inmediato, Sergio detuvo a un policía de tránsito del municipio de Nezahualcóyotl, quien trató de seguir el rastro del transporte, pero fue inútil. Desesperados, él y la mamá de Valeria acudieron a la agencia correspondiente y, como suele pasar en este país, no les hicieron caso, porque "estaban ocupados con lo de las elecciones", según denunció en redes sociales Jaqueline Ortiz, la madre de Valeria.

Y no sólo eso, el personal de la Procuraduría les aconsejó "que le hablaran a su novio", pues era probable se hubiera ido con él... Por cinco horas ni una sola patrulla buscó a Valeria y los agentes se negaron a levantar la denuncia para activar la Alerta Amber. La recomendación era que la buscaran o que acudieran al CAPEA de la Ciudad de México; ahí rápidamente lanzaron la ficha de su desaparición. Sin embargo, ya habían perdido mucho tiempo.

La Alerta Amber salió hasta el 10 de junio de 2017, a las 10 de la mañana. Familia y amigos la buscaron toda la noche, sin éxito. Casi a la 1 de la tarde del viernes, vecinos de la calle Zandunga 158, entre las calles Cielito Lindo y Amanecer Ranchero, reportaron que la noche del 9 de junio alguien había dejado una combi en el lugar, pero no se les ocurrió denunciar el hallazgo porque muy cerca de ahí hay un taller mecánico donde la mayoría de los choferes llevan a reparar sus vehículos.

Fue hasta que uno de los vecinos se asomó al interior de la combi, cuando notaron el cuerpo de una niña, vestida con un uniforme de escuela. Autoridades municipales llegaron al lugar para constatar que se encontraba el cadáver de una menor. Poco después, las autoridades confirmaron a la familia de Valeria que ella había sido encontrada. La hallaron sin vida: había sido asesinada.

El mundo se le vino encima a la familia, quienes por más de 24 horas, con los vecinos de la colonia Benito Juárez y colonias aledañas, esperaron el cuerpo de Valeria, hasta que llegó al otro día en la madrugada a la funeraria Jardines de Oriente.

Cuando me enteré del suceso, me trasladé con Manuel Vázquez, periodista de A Fondo EdoMex —un día antes él fue amenazado por policías con ser detenido en el momento que documentaba el hallazgo del cuerpo de Valeria—, a la funeraria para conocer con más profundidad el caso de la pequeña.

A nuestra llegada, ambos padres salieron de la sala donde era velada, para platicar con nosotros. Nos expresaron la falta de interés de las autoridades municipales para tomar la denuncia y el dolor que les generó saber lo que sufrió la pequeña Valeria, a quien le truncaron el sueño de convertirse en una doctora.

Con rabia e indignación recrearon cada uno de los pasos en que las autoridades del Estado de México fueron negligentes. Cómo los funcionarios se negaron a tomar la denuncia de desaparición a tiempo; cómo no lanzaron la Alerta Amber ni boletinaron la combi; cómo perdieron tiempo crucial para localizarla con vida.

El dolor se respiraba en la pequeña sala funeraria. Poco a poco, familiares, amigos, vecinos, inundaron el lugar con flores blancas. Una de las tías de Vale se acercó y nos mostró la fotografía de un sujeto que fue detenido por el crimen atroz.

Nadie lo creía. Un día antes había sido publicada la credencial de José Octavio Sánchez Razo, de 24 años, quien según algunos medios de comunicación era el dueño de la combi. Aunque la fotografía del sujeto detenido no correspondía con la edad de quien aparecía en el carnet de identidad, fue identificado por otros choferes que se encontraban a las afueras del Palacio Municipal de Nezahualcóyotl, retenidos por algunos vecinos que se manifestaban por el crimen de Valeria. Ante la situación, la Fiscalía del Estado de México se vio obligada a publicar un boletín de prensa, donde ratificó la detención del presunto responsable, el mismo sujeto que aparecía en la foto de la credencial, como dueño de la unidad de transporte público.

Pero esa mínima acción no calmó a los vecinos. Continuaron manifestándose, cansados de vivir todos los días en un lugar donde desaparecen a mujeres y niñas a plena luz del día; un sitio que es germen de la corrupción y la delincuencia organizada, incrustadas en todos los niveles del gobierno.

Manuel y yo acudimos a la funeraria. Había muchas flores, blancas y de muchos colores, rosas, tulipanes y alcatraces. Debido a la gravedad del asunto, Sergio y Jaquie, los padres de Vale, nos pidieron espacio para organizar la misa y el traslado del cuerpo de Vale al panteón Jardines de Oriente, en Texcoco, Estado de México. La misa se llevó a cabo. El apoyo de familiares y amigos que formaron parte del cortejo fúnebre hasta el panteón se hizo presente. De pronto, una marcha de vecinos sorprendió a los medios de comunicación y familiares de Vale.

Encabezados por niños vestidos de blanco, los vecinos se unieron al sufrimiento de la familia y gritaron al unísono estas consignas: "Justicia para Valeria." "No están solos." "A la bio a la bao, a la bim bom bam, Valeria, Valeria, ra ra ra." Azul, niña de 9 años, leyó una carta escrita por Monserrat Castillo:

Ayer me mataron. Me negué a que me tocaran, pero sólo tenía 11 años, ¿cómo defenderme de ellos? Me violaron y después me mataron. Horas después me encontraron. Pero peor que la muerte fue la humillación que vino después.

Desde el momento que tuvieron mi cuerpo inerte nadie se preguntó dónde estaba el hijo de puta que acabó con mis sueños, mis esperanzas, mi vida. No, más bien empezaron a hacerme preguntas inútiles. A mí, ¿se imaginan?, una muerta que no puede hablar, que no puede defenderse: "¿Qué ropa tenías?", "¿por qué andabas sola?", "te metiste en un barrio peligroso, ¿qué esperabas?"

Cuestionaron a mis padres por dejarme sola. ¿Quién se imaginaría que me harían eso? Sólo me protegía de la lluvia…

Y muerta entendí que no, que para el mundo no soy igual a un hombre. Que morir fue mi culpa, que siempre va a ser. Que si los muertos fueran dos hombres jóvenes viajeros, la gente estaría comentando sus condolencias y con su falso e hipócrita discurso de doble moral pedirían una pena mayor para los asesinos.

Pero como soy mujer, se minimiza. Es menos grave, porque, claro, yo me lo busqué. Tan sólo era una niña que tomó una combi para trasladarse a su hogar. Por eso y mucho más, me condenaron.

Y me duele, porque ya no estoy aquí. Pero tú sí estás. Y eres mujer. Y tienes que seguir escuchando el mismo discurso de "hacerte respetar", "es tu culpa que te griten", que te quieran tocar/lamer/chupar alguno de tus genitales en la calle por llevar unos *shorts* con 40 grados de calor. Si viajas sola, eres una loca, si te pasó algo, si pisotearon tus derechos, seguramente tú te lo buscaste.

Te pido que por mí y por todas las mujeres y niñas a quienes nos callaron, nos silenciaron, nos cagaron la vida y los sueños, levantes la voz. Vamos a pelear, yo estaré a tu lado, en espíritu. Te prometo que un día vamos a ser tantas, que no habrá bolsas suficientes para callarnos a todas.

Hagamos viral esta noticia, que se haga justicia. NO MÁS NIÑAS VIOLADAS NI ASESINADAS. Esto ocurrió en Nezahualcóyotl, pero pasa a diario, no importa la hora o el lugar. Justicia para Valeria, de tan sólo 11 años.

Hagamos presión mediática, comparte esta publicación. Hoy fue Valeria, mañana podrías ser tú, tu hija, tu hermana. Basta, ¡NO MÁS FEMINICIDIOS!

El llanto de la familia se fundió con la voz de Azul. Trasladaron el cuerpo de Valeria a las 2 de la tarde con nueve minutos en una camioneta blanca, propiedad de la funeraria. Autobuses, automóviles particulares, vehículos de prensa —incluido el nuestro— siguieron el cortejo que llevaría el cuerpo de la pequeña de 11 años que sería doctora, una niña brillante con buenas calificaciones, que apenas había terminado la primaria.

El cortejo fue escoltado por elementos de tránsito de la Policía Municipal y una camioneta de la Fiscalía de Atención a Víctimas de Violencia de Género hasta la avenida Bordo de Xochiaca. Entre los asistentes surgió la misma pregunta: "¿Ya para qué?", se pudo evitar esta tragedia cuando los padres acudieron a interponer la denuncia y solicitud de Alerta Amber, que les fueron negadas. Parecía que únicamente se aseguraban de que el cuerpo de la niña llegará al panteón; seguridad que no le brindaron al reportarla desaparecida, en ese momento estaba la posibilidad de encontrarla viva.

Antes de salir de la funeraria, los padres de Vale fueron muy claros con los medios de comunicación.

—Tienen las puertas de mi casa abiertas, puedo dar todas las entrevistas que gusten, pero por ahora no, por favor. Hagan las tomas que necesiten, pero en el panteón les pedimos discreción —aclaró Jaquie.

En el panteón hicimos algunas tomas del cortejo que se dirigía al terreno mortuorio entre el sonido de cantos, "vivas", llanto, reclamos y muchas preguntas sin respuesta. Tras la despedida, en el cielo azul que poco se ve en el Estado de México, volaron globos rosas y blancos que fueron liberados para acompañar el espíritu de la pequeña Valeria. Así nos retiramos del lugar, quisimos dejar un espacio para la familia y amigos.

Valeria Teresa Gutiérrez Ortiz pudo haber sido salvada por las autoridades. No tenía por qué sufrir ninguna vejación, ni el sufrimiento que padeció. Debió ser rescatada a tiempo. El responsable ahora está muerto (se suicidó). Pero, al igual que en otros casos, las autoridades podían haber evitado ese crimen y no lo hicieron. Al redactar estas líneas, la cabeza y el corazón se me llenan de interminables, inquietud ¿por qué si podían evitarlo, no lo hicieron?

El asesinato de una niña que tiene menos de 14 años de edad, cometido por un hombre en el contexto de una relación de responsabilidad, confianza o poder que le otorga su situación adulta sobre la minoría de edad de la niña, es considerado feminicidio infantil.

La violencia contra niñas menores de edad es sistémica, se produce y se reproduce en relaciones diferenciadas de poder entre hombres y mujeres, entre adultos y menores. El hombre la ejerce mayoritariamente con consecuencias fatales.

DEMOS NOMBRE Y APELLIDO A LOS DELITOS COMETIDOS CONTRA MENORES

Cabe destacar que en el listado que ofrezco a continuación, no sólo hay feminicidios. Es decir, algunos también pueden ser catalogados como homicidios, porque son crímenes que pueden ser indistintos en lo que al sexo de la víctima se refiere. Por ejemplo: hay asesinatos contra bebés cuyo motivo fue sólo: "Porque no dejaban de llorar." O sea, en algunos casos, hubiera dado igual que fueran niños que niñas. Todo depende de la mentalidad, conducta y creencias del asesino. Hay algunos misóginos que no soportan el llanto de las niñas por el solo hecho de ser féminas; pero sí el de los varones. Y hay otros que les resulta igual que hubiera sido niña que niño. Así que depende de cada caso.

Por lo que se debe evaluar cada situación con base en la conducta, creencias e intenciones del asesino. Enseguida muestro una serie de casos de crímenes contra féminas menores y mayores de edad que, en su mayoría son, sin duda, feminicidios. Pero existen algunos que pueden entrar en una u otra categoría (homicidio/feminicidio). Algunos son más explícitos que otros en lo que respecta a los motivos. Por lo general, los culpables son cercanos o conocidos de la familia y ubican bien a sus "presas".

Son asesinatos cometidos con toda premeditación o alevosía y apuntan mucho más al feminicidio como tal, por una historia de maltrato previa. Es decir, generalmente hay ya antecedentes que prueban que se habían presentado abusos físicos y sexuales. Aunque esto no sucede en todos los casos. Como se puede constatar a continuación:

El 4 de enero de 2016, en Durango, Susana Jiménez Domínguez asfixió a su hija, Sofía Enriqueta, de 15 meses de edad, porque el papá de su niña no quería darle dinero. Tiró a la nena en un basurero. Fue encontrada atada de pies y manos. La madre se encuentra presa.

El 7 de enero de 2016, Jennifer Bautista Antonio, de 13 años, no llegó a casa. Seis días después de su desaparición, fue encontrada violada, asesinada y abandonada, en calles de Naucalpan, Estado de México. Hasta la fecha no hay responsables.

El 13 de enero de 2016, Ruth Esmeralda Noh González, de 7 años, fue violada y asesinada en su casa. La niña fue víctima de su padre, quien se encuentra detenido y en proceso, en Cancún, Quintana Roo.

El 7 de febrero de 2016, Natalia Rodríguez de los Santos, de 3 años, fue asfixiada, al igual que su madre. Las encontraron sin vida en su propia casa. Hasta ahora no hay responsable por estos feminicidios en Villahermosa, Tabasco.

El 14 de febrero de 2016, Esther Ariana, de 5 años, fue sustraída de su casa, violada, asesinada y enterrada. El responsable fue detenido y se encuentra en proceso, en San Luis Río Colorado, Sonora.

El 21 de marzo de 2016, una niña de 12 años fue estrangulada y acuchillada. Encontraron su cuerpo en un barranco. Se desconoce quién fue el autor —o autores— de tan doloroso feminicidio acaecido en Tarímbaro, Michoacán.

El 1° de abril de 2016, en Tlaquepaque, Jalisco, Ana Karina Floriano Pérez asesinó a golpes a su hija Dayana, de 2 años "porque no dejaba de llorar". La Fiscalía del Estado consignó a la madre por el delito de feminicidio.

El 12 de abril de 2016, en Cholula, Puebla, Esteban Vargas asesinó a la pequeña Valentina de 15 días de nacida. A muchos les pareció un padre filicida y lo catalogaron como feminicidio. La tragedia sí tuvo justicia. El padre está preso y sentenciado por feminicidio.

El 26 de abril de 2016, en Reynosa, Tamaulipas, Sergio Oros Sánchez violó y asesinó a su hijastra de 4 años. Fue detenido y puesto en prisión; pero seis días después fue asesinado en la cárcel por otro reo. ¿Se hizo justicia?

El 27 de abril de 2016, Victoria Berenice de 4 años, fue violada y asesinada por su padrastro; el feminicida fue detenido y asesinado en la cárcel, en Tampico, Tamaulipas.

El 29 de abril de 2016, en Ciudad Juárez, Chihuahua, Claudia Edith López Domínguez, fue detenida luego de propinarle una golpiza a Aylin Yamileth, su hija de 15 meses de edad; la cual, según investigaciones oficiales, sufría maltrato y golpizas por parte de la madre desde febrero. El 30 de abril de 2016 Aylin murió. La madre se encuentra presa por el delito de feminicidio.

El 4 de mayo de 2016 en Monterrey, Nuevo León, Johny Jeremy Martínez Martínez, padre de la pequeña Milagros Esperanza, de 7 meses de edad, la asesinó a pisotones porque lloró durante una reunión de vecinos. Hasta el momento el sujeto se encuentra prófugo.

En esa misma fecha, María Julieta salió a la tienda cercana a su casa, y ya no regresó. Al ver que no volvía, sus padres salieron a buscarla; la encontraron gracias a una cámara de seguridad en la casa de un vecino, violada y asesinada, a punto de ser introducida a una maleta para ser abandonada. El feminicida fue detenido y se encuentra en proceso, en Jalostitlán, Jalisco.

El 15 de mayo de 2016, V. M. G., de 5 años, acudió con su familia a una fiesta patronal en su pueblo. La pequeña desapareció repentinamente, al buscarla fue encontrada violada y asesinada a golpes y con piedras, junto a una nopalera. El feminicida es su abuelo materno, quien se encuentra detenido y ya fue sentenciado, en Pachuca de Soto, Hidalgo.

El 17 de junio de 2016, una niña de 2 años fue encontrada asesinada, junto a su mamá; la menor fue asesinada a golpes. Las primeras indagatorias señalan a la expareja de la mujer, en Caborca, Sonora.

El 23 de junio de 2016, Diana Mía, de 5 años, fue hallada en un canal de aguas negras. En su cuello tenía una piedra, en los pies la tapa de un inodoro; estaba encobijada. Fue violada y asesinada; los feminicidas son el padrastro y la madre de Diana Mía, quienes están detenidos y en proceso en Mexicali, Baja California Norte.

El 25 de junio de 2016, una pequeña de 2 años fue asesinada a golpes por su padrastro "porque no dejaba de llorar". El feminicida se encuentra detenido y en proceso, en Parras de la Fuente, Coahuila.

El 28 de junio de 2016, una niña de 5 años fue asesinada a balazos junto a su mamá por dos sujetos desconocidos, en una calle de Cuernavaca, Morelos. Hasta el momento no hay responsables.

El 10 de julio de 2016, una pequeña de 3 años, que sigue en calidad de desconocida, fue encontrada asesinada en el basurero municipal de Oaxaca de Juárez. Hasta el momento no hay sospechosos ni ha sido identificada en Villas de Zaachila, Oaxaca.

El 14 de julio de 2016, una niña de 11 años fue asesinada a golpes. El principal sospechoso: su padrastro, se encuentra detenido y en proceso en Ciudad Juárez, Chihuahua.

El 6 de agosto de 2016, Paola M. C., de 10 años fue encontrada colgada de un árbol, en Namiquipa, Chihuahua. Los responsables —su hermano y una amiguita de éste, ambos de 12 años— no pueden ser procesados por el nuevo Sistema de Justicia Penal para Adolescentes.

El 11 de agosto de 2016, Aracelí García Blas, una niña otomí, fue encontrada violada y asesinada en Amealco, Querétaro. Los vecinos señalan como responsable a un conocido de la comunidad. Sin embargo, nadie ha sido castigado por este feminicidio.

El 9 de octubre de 2016, en un arranque de furia, un hombre impactó su vehículo contra el auto de su exesposa. La asesinó con su pequeña hija de un año de edad, en Ecatepec, Estado de México.

El 15 de octubre de 2016, una niña de 10 años fue asesinada en su casa, junto a su mamá. Ambas fueron estranguladas, hasta el momento se desconoce quién fue el responsable de estos feminicidios en Ecatepec de Morelos, Estado de México.

El 30 de octubre de 2016, Mayra Judith Márquez Hernández, de 9 años, fue violada y asesinada con su hermano por su padrastro. Está detenido y en proceso en Ciudad Juárez, Chihuahua.

El 31 de octubre de 2016, a las 10 de la mañana, Evelyn, de 10 años, salió rumbo a su escuela. Había torneo de futbol. Ese deporte le fascinaba. No regresó a casa. Ese mismo día en la tarde fue encontrada muerta a cuadra y media de su casa. Hasta la fecha no hay sospechosos ni responsables en Naucalpan de Juárez, Estado de México.

El 1º de noviembre de 2016, Aylín Alejandra fue asesinada a golpes y abandonada en la calle dentro de una bolsa en Villagrán, Guanajuato. Los responsables —la madre y su pareja— se encuentran detenidos y en proceso.

El 9 de noviembre de 2016, Daysi Clarivel, de un año y nueve meses fue internada en el hospital, luego de que su padrastro la llevara porque se estaba ahogando. La necropsia arrojó que Daysi era violada y maltratada. El responsable se encuentra detenido y en proceso legal en Nogales, Sonora.

El 13 de noviembre de 2016, una pequeña de 4 años desapareció. La encontraron violada y asesinada en la casa de un familiar, quien se encuentra detenido en Cabo San Lucas, Baja California Sur.

El 15 de noviembre de 2016, encontraron a una pequeña de un año asesinada junto a su madre, en una playa de Veracruz. No hay más información.

El 12 de enero de 2017 una pequeña de aproximadamente 7 meses de edad, fue abandonada muerta en los baños de una plaza comercial en Tlalpan, Ciudad de México. Hasta el momento desconozco si alguien fue detenido.

El mismo día, Kenia Guerrero, de 13 años, fue asesinada a balazos y quemada junto a su mamá, en Guerrero. Hasta el momento no hay detenidos por el doble feminicidio.

El 19 de enero de 2017, Esmeralda, de 2 meses de edad, con síndrome de Down, fue asesinada a golpes por Daniel, su padre, porque no dejaba de llorar. El lamentable hecho se dio en Coahuila. El sujeto está detenido.

El 22 de enero de 2017, Danna Meraris, de 12 años, fue asfixiada en Veracruz, cuando dormía en la casa de su cuñada. Dos menores de edad fueron detenidas.

El 25 de enero de 2017, una niña de 14 años, la cual se encuentra en estatus de reservada, fue desaparecida y encontrada asesinada, en Veracruz. Hasta el momento no hay detenidos por el feminicidio.

El 27 de enero de 2017, la pequeña Nubia Celeste González Torres, de 9 años, fue asesinada en Baja California por su padrastro, quien le prohibía ir a la escuela "porque la educaba a su modo". La asesinó a golpes con tubos, el sujeto se encuentra detenido.

El 2 de febrero de 2017, una pequeña recién nacida fue encontrada sin vida por perros que merodeaban su cuerpo, la pequeñita sólo llevaba consigo un mameluco rosa y cobijas blancas. La criatura fue hallada en el Estado de México. Hasta el momento no hay ningún detenido.

El 3 de febrero de 2017, Memfis Marroquí de León, de 10 años, fue encontrada muerta a unas cuadras de su domicilio en Tijuana, Baja California. Había estado desaparecida desde noviembre de 2016. Aún se desconoce al responsable de los hechos.

El 4 de febrero de 2017, Benita, una pequeña de 9 años, fue encontrada cuando era trasladada en un taxi, en el Estado de México. Fue llevada a un hospital después de que detuvieran el vehículo en el que la llevaban porque la niña presentaba golpes, quemaduras y violencia sexual. Murió a consecuencia de los mismos. La niña fue rescatada por una tía de la madre biológica. Hasta el momento no hay detenidos.

El 6 de febrero de 2017, una pequeña recién nacida fue encontrada en el Estado de México cuando era devorada por un perro. Tampoco hay detenidos por este hecho.

El 9 de febrero de 2017, Arlet, una niña de 12 años, fue encontrada muerta. Estaba desaparecida desde el 24 de enero. Quince días después, su cuerpo fue encontrado en un río de la región mixteca, en Oaxaca. Las autoridades refirieron que la niña aún estaba viva cuando fue arrojada de un puente. Por el feminicidio se encuentran tres hombres detenidos.

El 17 de febrero, una pequeñita de aproximadamente un año fue encontrada en un basurero municipal en el estado de Chiapas.

El cuerpo estaba dentro de una "morraleta". Hasta el momento, la niña no ha sido reclamada ni identificada. En consecuencia, no hay detenidos.

El 21 de febrero, Lizbeth, de 11 años, se dirigía a la primaria donde cursaba el sexto grado, en Tamaulipas, cuando fue interceptada por "un vecino", quien la degolló. La pequeña fue trasladada al hospital. Lamentablemente, falleció. El sujeto hasta el momento se encuentra prófugo.

El 23 de febrero de 2017, una pequeña de aproximadamente 13 años, quien vestía pantalón rosa y blusa blanca con imágenes de Mickey Mouse, fue encontrada asesinada en la carretera Lerma—Tres Marías. Hasta el momento no tenemos reconocimiento de que haya sido identificada o reclamada, por lo que no hay registro de detenciones por este feminicidio. Uno más a la larga lista vergonzante del Estado de México.

El 3 de marzo de 2017, Betsaida Nicole Gaytan Magareno, de un año y tres meses, fue envenenada con ácido muriático, en Chihuahua. La responsable es la esposa de su abuelo, quien después de discutir con su esposo decidió envenenar a la nena. Está detenida y en proceso.

El 8 de marzo de 2017, Karla María, de 14 años, fue encontrada asesinada con un balazo en la cabeza en Michoacán. Hasta el momento no hay detenidos por este hecho.

El mismo día, una bebé recién nacida fue encontrada en bolsas de plástico en una jardinera de la delegación Cuauhtémoc, en la Ciudad de México. Hasta el momento no hay detenidos.

El 18 de marzo de 2017, en Nezahualcóyotl, el cuerpo de una menor entre 4 y 5 años fue hallado, después de ser violada y asesinada a golpes. La pequeña fue abandonada en Avenida Bordo de Xochiaca. Vestía unas calcetitas rojas y blusa verde agua. Esta periodista siguió el caso, la resolución se encuentra en este libro.

El 25 de marzo de 2017, Arturo "N" fue detenido en Chihuahua, después de asesinar a su pequeña recién nacida, porque no dejaba de llorar. La pequeña tenía 15 días de nacida.

El 31 de marzo de 2017, María Fernanda Ruiz Saturno, de un año de edad, fue asesinada a golpes en Baja California, por su padrastro, José. El sujeto está detenido.

El 14 de abril de 2017, Yoselín Sarahi Olaiz Castillo tenía 14 años cuando fue asesinada en Nuevo León, por una supuesta venganza. Dos sujetos le arrebataron la vida a balazos en su casa. No hay detenidos.

El mismo día la pequeña Joselyn Yareth Olivas Cabello, de tan sólo 4 meses de edad, fue asesinada a golpes por su madre. La criatura presentaba luxación de cadera y traumatismo craneoencefálico. Los hechos se dieron luego de que su progenitora la golpeara salvajemente. La asesina está detenida en Chihuahua.

El 19 de abril de 2017, Stephani Rubí, de 13 años, desapareció en Michoacán. Fue violada y estrangulada. Su cuerpo fue encontrado al día siguiente, entre los matorrales. La niña fue interceptada cuando acudía a trabajar, el responsable, quien era su jefe, está detenido.

El 4 de mayo de 2017, Hilda Herlinda Gutiérrez López fue degollada por un conocido en El Nayar, en Nayarit. La menor tenía 12 años. Hasta el momento el responsable se encuentra prófugo.

El 13 de mayo de 2017, una menor identificada con las iniciales A. P. R., de 14 años, fue encontrada violada y asesinada en su domicilio, en el estado de Veracruz. Hasta el momento no hay detenidos por el artero feminicidio.

El pasado 18 de mayo de 2017, Brisa Mayrin García Zamarripa, quien contaba con 8 años de edad, jugaba afuera de su casa en Jalisco, cuando su vecino la jaló y se la llevó a su domicilio para violarla y asesinarla. El sujeto ya está detenido y en proceso.

El 13 de mayo de 2017, Fernanda Paola Vega Blaine fue desaparecida en Guanajuato con una de sus amigas, quien logró escapar. La pequeña Paola fue encontrada muerta el 27 de mayo. Las menores iban a ser trasladadas al Estado de Hidalgo. Hay dos sujetos detenidos por los hechos.

El 30 de mayo de 2017, Reina, quien padecía esquizofrenia, fue envenenada por su madre, tenía 13 años de edad. Esto ocurrió en Coahuila. El hermano menor de Reina denunció a su madre, quien ya está detenida.

El 1° de junio de 2017, Yahaira fue detenida luego de que violara y asesinara a la pequeña Rocío de 6 años, en Coahuila. Yahaira era la madrastra de la pequeña, ya se encuentra en proceso.

El 4 de junio de 2017, en Nuevo Laredo, Tamaulipas, Sherlyn Armendáriz Flores fue asesinada a golpes por su madre. Lorena era la madre de la pequeña de 3 años, la mujer ya está detenida.

El 8 de junio de 2017, Aranza, de 6 años, y Regina, gemela de Aranza, fueron envenenadas por su madre Mireya, luego de que la progenitora perdiera la custodia porque su padre abusaba de las gemelas y de su hermano mayor. Los feminicidios se suscitaron en la Ciudad de México,

Entre el 9 y 11 de junio de 2017, Valeria Teresa Gutiérrez Ortiz, de 11 años, fue violada y asesinada en el Estado de México. El presunto responsable fue detenido y al día siguiente fue encontrado "suicidado" en la cárcel.

El 11 de junio de 2017, la pequeña Estefanía, de 5 años, fue invisible para los medios de comunicación. Su feminicidio se dio en Puebla. La inocente fue encontrada enterrada en su casa, asesinada por su padrastro en contubernio con la madre de ésta. La niña era violada por el sujeto, ambos se encuentran detenidos.

El 12 de junio de 2017, una pequeña de 5 años fue encontrada asesinada con escoriaciones en la piel, en Michoacán, luego de que su padrastro se la llevara a una "fiesta patronal". Hasta el momento el sujeto se encuentra prófugo.

El 22 de junio de 2017, un adolescente de 14 años fue detenido, en Nayarit, luego de que violara y lapidara a Fernanda Muñoz de la Cruz, de 13 años. Ella salía de una fiesta del Día del Padre en su comunidad El Nayar, cuando fue sorprendida por el sujeto.

El 27 de junio de 2017, dos menores de 12 y 14 años fallecieron después de ser quemadas junto a su madre por su hermano mayor, en Jalisco. El responsable ya está detenido.

El 27 de junio de 2017, la madre de una recién nacida fue detenida en Durango, luego de que arrojara a su difunta hija a la basura.

El 4 de julio de 2017, Anastasia fue asesinada a golpes. Su cuerpo fue encontrado en una camioneta en las inmediaciones de Morelos. Era de Puebla y como su padrastro la violentaba tiempo atrás, el sujeto fue detenido semanas después, al igual que la madre; quien argumentó que era amenazada por el responsable.

El 4 de julio de 2017, una madre deprimida llevó a la muerte a una pequeña de 2 años, en el Estado de Aguascalientes. Ambas fueron encontradas muertas en su casa. La responsable dejó una carta póstuma dirigida al padre de la niña.

El 18 de julio de 2017, Yuliana Rubí Hernández Barrera fue encontrada violada y asesinada en Coahuila. Estaba siendo acosada por un sujeto mayor. Aunque la madre de ésta ya había denunciado el hecho, las autoridades la ignoraron. La pequeña tenía 12 años y el responsable fue detenido días después.

El 18 de julio de 2017, una niña fue asesinada a golpes en Guanajuato. Aurelio, el responsable, no soportaba a su pequeña hija de 2 años de edad y la mató. El sujeto fue detenido y puesto a disposición de las autoridades.

El 19 de julio de 2017, Jaqueline fue asesinada a balazos. Tenía 14 años y era madre de dos niños en una comunidad de San Luis Potosí. Hasta el momento no hay detenidos.

El 19 de julio de 2017, una recién nacida fue abandonada en una casa deshabitada en Morelos. La pequeña ya se encontraba en estado de putrefacción cuando fue hallada. Hasta el momento no hay detenidos por el acontecimiento.

Por esas fechas, Emily Honey Martínez desapareció en el contexto de una fiesta familiar. Ocho días después, la pequeña de 11 años fue encontrada violada, asesinada y semicalcinada. Estaba enterrada en su casa en el Estado de México. Un familiar político está detenido.

El 4 de agosto de 2017, Adely Briyet Almazan Contreras fue llevada al hospital por su madre. La pequeña de 3 años presentaba golpes y quemaduras de cigarrillos. La madre y el padrastro fueron detenidos. Los lamentables hechos se vivieron en el Estado de Nuevo León.

El 14 de agosto de 2017, en Durango, Diana, de 5 años, murió luego de una semana de permanecer internada en el Hospital. La pequeña presentaba golpes contusos, hasta el momento se desconoce si hay detenidos por este hecho.

El 14 de agosto de 2017, en Baja California, Valentina, una pequeña de 11 meses de nacida, presentaba mordidas en diferentes partes del cuerpo, así como golpes que le rompieron los huesos. Falleció por muerte cerebral en un Hospital de Tijuana. Erika, su madre, fue detenida y liberada horas después, hasta el momento no hay detenidos por el crimen.

El 17 de agosto de 2017, Dayan Jazmín, de 14 años, fue reportada desaparecida por su padrastro. La menor fue encontrada horas después violada y asesinada con el uniforme del Cecyte, en donde estudiaba, en Quintana Roo. Su padrastro fue detenido por el crimen.

El 18 de agosto de 2017, Susana intentó hacerse pasar como enferma mental para evitar ser detenida, luego de que la pequeña de 5 años Ariadna Valentina, falleciera en el hospital. El feminicidio ocurrió en Aguascalientes. Susana, la madrastra de Ariadna, fue detenida. Sin embargo, su padre sigue prófugo.

El 22 de agosto de 2017, Fátima Paola, de 14 años, fue encontrada violada y lapidada debajo de un puente en Puerto Vallarta, Jalisco. No hay detenidos por el horrendo feminicidio.

El 27 de agosto de 2017, después de salir a comprar un helado a la tienda, Joana Lizbeth Colín Olalde, de 6 años, fue desaparecida y encontrada violada y asesinada en Guananjuato.

El 7 de septiembre de 2017, Kenia Naomi Gutiérrez García ingresó a la sala de emergencias del Hospital Civil, Doctor Juan I. Menchaca, en Guadalajara, Jalisco, con graves lesiones en el cuerpo; especialmente en la cabeza. Presentaba una fractura de cráneo. Falleció debido a los golpes. La familia paterna sospecha del padrastro en complicidad con la madre de Kenny. Ambos se encuentran prófugos.

Naama, no te quedes en la oscuridad

Éste es el caso de una chica de 15 años. ¿En qué nos hemos convertido?, ¿en qué momento pensamos que podemos hacer con nuestros hijos lo que se nos dé la gana? Quien me contó sobre esta niña no fueron sus padres: porque ellos son sus homicidas.

Feliciano, originario de una comunidad de San Pedro Pochutla y su esposa, Avesita, de Salina Cruz, decidieron dejar su lugar de origen para vivir en San Francisco Lachigoló, perteneciente a Tlacolula de Matamoros, a 18 kilómetros de la ciudad capital Oaxaca.

La pareja procreó a dos hijos. Los recién llegados parecían una familia más, como todas las que llegan. Nada extraño se veía en la familia. Su hija Naama Silva García, de quince años, estudiaba el segundo grado en la Secundaria Técnica número 147, en San Sebastián Abasolo, en Tlacolula de Matamoros. Era muy callada, no hablaba mucho con la gente, sus contactos con el exterior eran muy limitados. Su hermano menor de 12 años era igual de retraído que ella.

A los 15 años, los jóvenes ya estaban inmersos en tareas y responsabilidades no aptas para su edad.

¿Por qué Naama era una niña tan callada e introvertida?, ¿por qué sólo contestaba con un sí o un no, sin dar explicaciones? Tal vez porque constantemente padecía de dolores estomacales, fiebres, vómitos, y eso la mantenía insegura. No, lo que Naama vivía no podía contarse a nadie, era demasiado para que alguien lo creyera. Además, en casa le advertían: "Lo que pasa en casa, en casa se queda."

Cuando la niña tenía 10 u 11 años, Feliciano, su padre, empezó a violarla todos los días. Las violaciones eran vía vaginal, anal y oral. Las súplicas de Naama no importaban porque la tenía completamente amenazada: "Cuidadito con que tengas novio, si tienes novio o te veo de loca con algún chamaco, TE MATO."

¿Y Avesita? Tal vez el sujeto lo hacía cuando ella no estaba, pero sí estaba al tanto de lo ocurrido. Feliciano no trabajaba, Avesita sí —era prostituida por Feliciano— pero no hacía nada al respecto. Su propia hija era violada, mancillada, sobajada, mutilada emocional y psicológicamente por Feliciano.

¿Qué podía hacer una pequeña? Así pasaron 4 largos años en medio de la lascivia de su padre y la indiferencia de su madre. Naama cursaba el segundo grado de la secundaria y estaba sumergida en un mundo del cual no sabía cómo salir o a quién acudir, únicamente tenía a su hermano, 3 años menor. Pero los padres lo tenían amenazado también.

Los dolores de estómago, vómitos y demás malestares dieron como resultado una enfermedad intestinal grave. Le realizaron una colostomía o cirugía que consiste en dar salida al intestino a través de la pared abdominal, porque una parte de él estaba enredado. Tal vez eso le daría un poco de compasión a Feliciano y se detendría. Pero no fue así, sólo dejo de violarla analmente.

Para alejarse de la violencia que vivía en su hogar, buscó quién la amara realmente, así que se enamoró de un joven de 28 años de edad, casado y con una hija. Para ella no importaba, a él le podía platicar un poco lo que sentía, el abismo en el que sobrevivía.

Un domingo 12 de marzo, Naama se escapó un rato con su novio, pero Feliciano se dio cuenta. Eso desató su furia. Feliciano y Avecita quisieron obligar a Naama a denunciar a su novio por violación. Los abominables padres llegaron a la Fiscalía Especializada en Delitos Contra la Mujer y por Razón de Género, ubicada en el centro de la ciudad de Oaxaca, con el objetivo de denunciar al novio de Naama, el 13 de marzo de 2017.

Sin embargo, al día siguiente, una nota compartida en algunos medios electrónicos decía lo siguiente:

Martes, 14 de marzo de 2017
Quinceañera se suicida al interior de su casa en San Francisco Lachigoló
Una quinceañera se quitó la vida al interior de su domicilio, ubicado en la 2da privada de Lázaro Cárdenas en San Francisco Lachigoló.

En el lugar se está a la espera de los peritos del Estado para realizar las diligencias de ley y realizar el levantamiento del cadáver.

Los padres reportaron la muerte poco después de las 7 de la mañana. Notificaron a la policía que su hija se había suicidado con OKO (insecticida).

El cuerpo de Naama se encontraba envuelto en una cobija en la azotea de su casa, hasta donde llegaron los agentes de investigación de la policia del estado. Se realizó el levantamiento del cuerpo, sin saber todo lo que vivía esta joven; delgada por lo poco que comía y con una bolsa colgando por su colostomía. La necropsia de ley arrojó la verdad. Naama fue estrangulada por su padre, quien durante años la violó, la amenazó y le mutiló la vida, en contubernio con la madre. El 24 de marzo, los padres de Naama fueron detenidos después de que los agentes encontraron todos los elementos para que se diera la orden de aprehensión.

Ese mismo mes, en la sala A, en Ciudad Judicial en Reyes Mantecón, Oaxaca, Feliciano y Avesita fueron notificados de ser presuntos responsables del feminicidio de Naama. Como medida cautelar se otorgó prisión preventiva, fijando un plazo de 6 meses para el cierre de la investigación y entonces determinar el plazo para el debate de juicio.

LA NIÑA DE LAS CALCETITAS ROJAS

Por algo llegaste a mi vida, fuiste un regalo que el destino puso en mi camino, llegaste con hambre, con frío, llegaste careciendo amor, cariño, cosas que a tus 4 añitos no conocías.
Llegaste así, de repente, una tarde sin tocar la puerta entraste a la casa y te metiste en mi corazón para quedarte siempre.
Fuiste y serás una hija para mí, siempre seré tu papito, ese que tal vez no tuvo la dicha de verte nacer y verte crecer, pero corrí con la dicha de que me llamaras papá y de quererte.
Perdóname porque no te pude defender cuando más necesitaste de mí en ese momento que hubiera dado todo por tomarte de mi mano

y nunca soltarte, mucho menos permitir que sufrieras
y menos de la manera que te me fuiste mi niña, pero así como un día llegaste
y me pediste un taco, me pediste que te diera ropita porque tenías frío,
así como llegaste a mi vida y sólo bastó verte a los ojos y ver el sufrimiento,
la ternura, la nobleza que llevabas y sin que nadie te lo pidiera
me llamaste papá, ahora lucharé hasta el final para que se haga justicia
y nadie vuelva a sufrir lo que tú sufriste mi niña, mi Lupita,
siempre por siempre, seré tu papito donde quiera que estés mi niña.

MI NIÑA LUPITA
EDUARDO CASTRO

Calcetitas rojas, así le pusimos, era lo único que le dejaron puesto, con una sudadera color verde agua, unas botas negras arrojadas despectivamente junto a su cuerpo y una cobijita de ositos en su cabeza. Fue dejada ahí, en un terreno donde ahora, después de diez meses, está ocupado por montones de tierra como si quisiera sepultar el terrible crimen de quien cariñosamente llamé mi niña.

Todo empezó aquel 18 de marzo de 2017: documentando como lo hago a diario, encontré una imagen que desgarró mi ser como madre y persona. Una niña muerta, ultrajada, asesinada.

Sentí entonces la imperiosa necesidad de saber quién era, por qué había muerto así, merecía justicia y jamás el olvido o la indiferencia. Decidí averiguar la verdad. Quienes han seguido desde aquel 26 de abril de 2017 mis transmisiones diarias de #FeminicidioEmergenciaNacional donde solicitaba, ante la falta de un rostro, datos que me llevaran a encontrar quién era esta pequeña, día tras día, saben que pedimos el apoyo de miles de personas que nos han visto durante ocho meses.

El 27 de octubre logramos sacar ese primer rostro después de una ardua tarea: alguien se unió a la petición y llegó primero una imagen dolorosa que mostraba el rostro y el cuerpo severamente lastimado.

Muchos me decían que era imposible, que jamás encontraríamos a su familia ni conoceríamos su identidad, que se quedaría sólo como la niña de las calcetitas rojas; mucho menos sabríamos quiénes se habían atrevido a asesinarla, violarla, morderla y dejarla ahí tirada, como basura.

El primero de noviembre, luego de dar a conocer la primera columna y el rostro de la niña: "Calcetitas rojas, un feminicidio donde el dolor no cede." Supe que la pequeña había sido "sepultada por la Fiscalía en un panteón privado". Qué bien, pero nuevamente oculta, invisible, como si no hubiera existido, así como legalmente nunca existió.

La artista forense Rosa Alejandra Arce se unió a la necesidad de darle rostro e identidad a la niña, fue así que el 15 de noviembre de 2017 dimos a conocer la segunda imagen, después todo fue como una ola, me llegaban decenas de mensajes diciéndome que tal vez era una niña vista en tal lugar, otros de una chica que vio el cadáver de la pequeña en el Servicio Médico Forense (SEMEFO) en Nezahualcóyotl, cuando buscaba a su sobrina, afortunadamente para ella no era "su" niña, pero estaba segura de que era "mi" niña, después alguien más me dijo que era muy parecida a su sobrina…, a donde me llamaban acudía con el propósito de saber más de la pequeña y para que fuera reconocida.

El 25 de noviembre de 2017 recibí un mensaje vía Facebook, alguien me solicitó hablar conmigo respecto a la niña, le pedí un número telefónico y el 27 de noviembre de 2017 me comuniqué: era la tía Marina.

Todo pasó rápidamente desde entonces, ir a verlas, platicar con las dos tías que sospechaban que podría tratarse de la pequeña que yo buscaba, finalmente estaban más que convencidas de que sí era la niña.

El 14 de diciembre de 2017 recibí nuevamente un mensaje vía Facebook, en esta ocasión de un joven, Eduardo, quería hablarme de la niña, acudí a verlo el 15 de diciembre, una foto y un video de la niña en vida me convencieron, era ella en esa fotografía, tenía puestas las botitas que fueron dejadas cerca de su cuerpecito lastimado.

Miles de emociones se agolparon en mi cabeza lo primero que vi fueron las botitas, le grite a Daniel (mi pareja y colaborador), ¡es ella! No había dudas.

El 18 de diciembre todo se concretó, no tiene caso decir con detalle que toda la investigación se la entregué a la Fiscalía del Estado de México, ese día platiqué con los comandantes encargados para cerrar el caso, gracias a ellos y, sobre todo a Eduardo, se logró ubicar a los responsables, una denuncia anónima y listo, ya estaban, a pesar del cansancio de los agentes que llevaban más de 24 horas sin dormir, agentes que trabajan como pueden, incluso en ocasiones bajo las órdenes de jefes indiferentes a los que no les importa tener sólo algunos elementos, aun así los explotan, los cargan de trabajo y obligaciones, agentes habituados a tantos casos inhumanos, horribles, cuya sensibilidad parece a veces ausentarse: aun así concretaron la operación.

Lo que parecía imposible.

Lupita nació el 16 de enero de 2013, en Nezahualcóyotl, Estado de México, era la cuarta hija de Yadira Medina Pichardo, conocida por sus allegados como Monse. La historia de la pequeña es como la de muchas de nuestras niñas en este país: fue hija de una madre con problemas de drogadicción, sus pocos años los pasó en un mundo donde la pobreza y la indiferencia institucional se palpan a diario, donde no hay programas sociales que apoyen a la niñez ni atiendan sus problemas más elementales: alimentación, educación, salud.

Jeremy Guadalupe, como conocían a la pequeña personas cercanas a ella, no fue registrada cuando nació, vino al mundo gracias a una partera, aquellas personas que socorren a miles de mujeres que no cuentan con un servicio de salud.

Lupita nació bajo una protección no otorgada, mucha gente intentó hacerse cargo de ella, pero por alguna razón, nadie pudo lograrlo. Lupita, como el resto de los hijos de Monse, estaba en un lugar, después en otro, quienes intentaban ayudar eran rechazados por la madre de la niña. Sin buscar justificar a Monse, la madre de Lupita, nada se podía esperar de esta mujer, fue educada con muchas carencias y también pasó una niñez en el abandono, en pésimas condiciones de salud y hogar.

El 2 de diciembre de 2013, Monse fue recluida en el Reclusorio por robo, Lupita fue dejada en la casa de "alguien" de donde más tarde fue rescatada por la familia materna, estaba llena de piojos, sufrió de pediculosis; durante dos años la pequeña estaba entre la casa de su abuela y con "personas que la cuidaban", sin embargo, en esos tiempos sus tías, Marina y Luz, su abuela materna y personas que la conocían, intentaban rescatar a la niña, la inocente fue entregada a su madre el 2 de abril de 2016 cuando salió del penal.

Nuevamente Lupita deambuló en la calle y entre basureros, a lado de su mamá. En diciembre de 2016 Lupita llegó a casa de doña Rufina (nombre ficticio para proteger su identidad) en Lago Cuitzeo, muy cerca de la vecindad donde vivía con Karla, quien según la niña la quemaba con cigarrillos.

"Abuelita tengo hambre" le decía Lupita a doña Rufina, mientas la abrazaba de las piernas cuando la señora se encontraba parada en el lavadero, acostumbrada a trabajar todo el tiempo; una mujer igual de humilde que ella con un corazón gigante.

Eduardo la vio y sintió una gran ternura por la niña; doña Rufina es abuela de Lalo y cuando se quedaron con la pequeña la niña vestía un pantalón entre azul y verde con muchos agujeros, una playera rosa y zapatos negros muy desgastados, eran aproximadamente las cinco de la tarde de aquel 20 de diciembre de 2016. Lalo le dio una moneda para que comprara sus papas y su "coca", Lupita encontró en la casa de doña Rufina amor y un hogar, y desde entonces ya no quiso irse. Durante 15 días nadie fue a buscar a la pequeña: Rufina, Alondra y Eduardo, quienes se convirtieron en su abuela, mamá y papá, según lo dicho por la pequeña, trataron de educarla.

Lupita buscaba en los botes de basura comida para alimentarse, con lágrimas en los ojos doña Rufina decía que escondía los botes de basura para que la niña no hurgará en la mugre. Trataron de establecer horarios de comida: imposible; la pequeña todo el tiempo quería comer, cuando menos lo imaginaba Rufina, sorprendía a la niña comiendo con sus "tías" o "tíos" y su "papá": "Sólo es un taco, abuelita, ¿quieres taco?" Expresaba la pequeña.

Mi niña, tú niña, nuestra niña fue arrebatada de la familia de doña Rufina y Eduardo a mediados de febrero de 2017. Monse, su mamá, y Pablo, su padrastro, fueron por ella, sólo le dijeron a Rufina que se la llevarían.

"Yo qué podía hacer, ella era su mamá" me dice Rufina. Desde entonces nadie la volvió a ver, sólo la madre de Pablo, quien el 17 de marzo acudió al DIF en Neza para informar que la niña había sido severamente golpeada por Pablo y su mamá.

El 18 de marzo su cuerpo fue encontrado muy temprano, por la mañana: ahí estaba Lupita Yolloxochitzin, nuestra niña, violada salvajemente, asesinada y dejada como un pedazo de nada, de nadie, y permaneció hundida en el anonimato casi nueve meses.

Las autoridades poco hicieron por encontrarla o buscar quién era; sólo, orgullosamente, dijo la fiscal Irma Millán, sí, aquella fiscal que no respondió a mi intento de colaborar con ellos el 26 de abril de 2017 para buscar a Lupita, pero ya resuelto el caso expresó: "YO LA SEPULTÉ, LE HICE SU MISA Y NO HICE UN VIDEO PARA QUE SE SUPIERA." Entonces sí declaró, pero cuando la necesité para seguir la investigación no me atendió.

Ni Irma Millán, ni Alejandro Gómez, fiscal de feminicidios y Fiscal General del Estado, respectivamente, ni más nadie hizo algo por saber quién era esta pequeña. Cuando Marina y Luz María fueron aquel 27 de noviembre a preguntar a la Fiscalía de Nezahualcóyotl, primero les hicieron saber que la niña ya había sido reclamada por sus abuelos y esto era ya un caso cerrado:

"Hasta me mostraron fotos de los abuelos", detalla Marina. Cuando ya iban de salida las increparon, cuestionándoles por qué no habían ido antes a reclamar, por qué antes no la buscaron, la respuesta fue: "No habíamos visto nada, ni nadie nos buscó hasta que lo vimos con Frida."

Y ahora, cómo abrazar a Lupita…

El diario vivir con la familia de la niña me dio la oportunidad de conocer el contexto en que sobrevivió, conocer a sus dos hermanitos que afortunadamente están con una familia que los ama y los protege, a su hermana mayor que está con su tía que hace todo y mucho más para vencer cientos de problemas que se le han juntado después de hacer la denuncia.

El seis de enero de 2018 conocí a su hermanita, una nena que sólo le llevaba un año a Lupita. Cuando la tuve frente a mí, me desarmé, era ella, su misma cara, su misma voz, salió en su patín del diablo rosa con princesas de Disney, ahí en Neza, en la misma vecindad donde vivió alguna vez Lupita; tenía puesta un pijama rayada rosa con azul y blanco, su carita era la misma, salió y cuando me vio, sonrió, no pude más que arrodillarme ante ella, abrí mis brazos para recibirla con un fuerte: "¡Hola hermosa!" Ella me abrazó, solté un par de lágrimas, no podía dejar que todas esas emociones encontradas fluyeran en las incontrolables lagrimas que retuve frente a ella; con su vocecita me dijo: "Monse mató a Lupita, yo no quiero sentir feo aquí dentro -tocándose el corazón-, sólo quiero que Lupita, perdone a Monse, ella ahora está en el cielo, pero le he pedido a los reyes su muñeco Casimerito", el cual llegó a casa de su hermana.

La sensación aún permanece en mis brazos, en mi cabeza, sus brazos rodeándome el cuello, recostada en mi hombro, no quería soltarla, era como abrazar a Lupita, a Yolloxochitzin, a mi niña que por meses busqué, a una niña que está muerta, que no conocí viva pero que la convicción personal me llevó a encontrar, buscarla como a una aguja en un doloroso pajar.

Cuando detuvieron a Monse y a Pablo, no puede más que ver los rostros que por meses busqué, tener a Pablo y Monse frente a mí, el día 29 de diciembre, durante su audiencia de vinculación, fue como si la imagen de mi niña asesinada se mantuviera permanente en mí cabeza, después venía a mí su carita viva, inocente, miré su foto y expresé en mi mente: "Te lo dije mi niña, no podían dejarte tirada ahí y no pagar por tanto dolor."

En la madrugada del 19 de diciembre de 2017, Monse y Pablo fueron detenidos por delitos contra la salud, el 29 de diciembre de 2017 fueron vinculados a proceso por feminicidio, al cierre de este libro, en febrero de 2018, el caso está en el proceso de investigación, sin embargo, reflexiono: ¿Cuántas Lupitas no andarán en todos lados, cuantas tenemos cerca y las ignoramos, de cuántas podríamos evitar que pasaran por esto y por estar ensimismados en nuestros celulares o en nuestro entorno dejamos que suceda una y otra vez...?

¿Cuántos discursos más escucharemos del DIF hablando de protección cuando ni siquiera tienen un estimado del número de niñas y niños que viven bajo estas mismas situaciones? El 2 de agosto de 2017, el entonces Secretario de Gobernación, Miguel Ángel Osorio Chong, firmó en la Ciudad de México, con organizaciones nacionales e internacionales, el sector privado y Unicef, Save the Children, un convenio para erradicar la violencia contra la niñez, un acuerdo nombrado ALIANZA POR UNA NIÑEZ SIN VIOLENCIA, el eslogan es perfecto: "La crianza con ternura es uno de nuestros objetivos, ayúdanos a lograrlo." Suena muy bien, como todo discurso oficial, pero de ahí no pasa: para ese mes de agosto, la hermana mayor de Lupita estaba siendo ultrajada por Pablo, afortunadamente logró escapar con vida.

Es urgente detenernos, dejar de ser sólo meros espectadores, denunciar, gritar, hacernos "metiches" como antes que nos enterábamos de quien vivía a nuestro alrededor, cuando sabíamos quién era aquel y si escuchábamos el llamado de auxilio de alguien o gritos de los vecinos, nos metíamos, apoyábamos.

Hoy Lupita Yolloxochitzin está dando la vuelta al mundo por su asesinato. Después de 9 meses tiene rostro y no fue olvidada en el castillo apilado de carpetas de investigación de feminicidio en este país que evidencia la falta de interés de las autoridades, sin embargo, hay mucho más por entender de esta punzante historia.

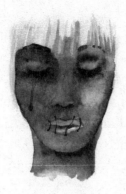

Apología de la violencia

EL CORAZÓN DE MÉXICO ESTÁ SANGRANDO

Somos herederos de una cultura que ha edificado una apología de la violencia, la cual, sin duda alguna, estamos heredando a las generaciones futuras. Ha aumentado exponencialmente el nivel de delitos en contra de las mujeres en este país de fosas, con ríos de sangre. Lo más desconcertante es que son los jóvenes asesinos los que han contribuido a incrementar las cifras.

Somos una sociedad cuya educación está basada en la permisividad y en la falta de valores, lo que ha traído como consecuencia niños y jóvenes con poca tolerancia a la frustración, entre otros muchos aspectos. Para la gente joven es más fácil responder violentamente que analizar las consecuencias de sus actos; por ello es necesario hacer un cambio radical e intentar infundir valores a nuestras familias.

El siguiente botón demuestra que el corazón de México está sangrando:

El 5 de agosto de 2016, Antonio, de 11 años, y su amiga Viviana, de 14, asesinaron a Paola, de 10. Los hechos ocurrieron en la localidad El Terrero, municipio de Namiquipa, Chihuahua.

Esta noticia debería desgarrarnos, sin embargo, casi pasó inadvertida por el grueso de la sociedad.

José, de 15 años se había molestado con Lorena, su mamá, y la única solución que encontró para desquitarse fue asesinar a su hermana, a su tía y a su madre.

El 7 de agosto de 2016, en Puerta Cañada, municipio de Cañada Morelos, Puebla, fueron encontrados los cuerpos de Lorena R., de 38 años, Jazmín P., de 25, y Perla Carmen, de 18. José intentó deshacerse de los cuerpos, para ello enterró a Jazmín y a Perla; a su madre la arrojó en un pozo.

¿Qué motiva a los menores a asesinar?, ¿qué han visto?, ¿qué les hemos enseñado?, ¿en qué los estamos convirtiendo?

Los niños aprenden del contexto en que se desarrollan, aprenden de lo que diario ven, de lo que escuchan. ¿Nos sorprende que niños y adolescentes asesinen? A cualquier hora que encendamos el televisor, podemos medir el grado de violencia ya sea en caricaturas, telenovelas y, por supuesto, en noticias locales y nacionales; las notas que predominan son de asesinatos.

¿QUÉ ES SER VIOLENTO?

Diana Lizeth Ramírez Estrada soñaba con ser maestra. Ella nació el 10 de septiembre de 2004, en Monclova, Coahuila. Quería enseñar que era posible construir un mundo mejor. Era una niña feliz, le gustaba peinarse, bailar, cantar y jugar con sus dos sobrinitos, hijos de Paloma, su hermana mayor.

Blanca Delia Estrada, la madre de la víctima, se había separado del padre de sus dos hijas:

—Prácticamente estábamos solas, yo tenía que salir a trabajar. Unas horas Dianita se quedaba esperándome; vivíamos ella y yo porque su hermana mayor ya se había casado.

—¿Te sientes responsable de lo que pasó?

—No, sé que no fue mi culpa; o tal vez en ocasiones, porque no la alejé a tiempo de ese chamaco. Recuerdo que en uno de sus mensajes de Facebook escribió: "Estoy triste porque mi novio se enojó y no me quiere hablar." Ese día le respondí: "¿Novio?, primero aprende a escribir bien tu nombre, ponte a estudiar, no eches a perder tu vida, no quieras correr cuando todavía no sabes ni gatear." En cuanto la vi, hablé con ella, le hice entender que no tenía edad para eso y mija lo entendió y lo dejó.

Pero Javier, el asesino, empezó a acosarla. La esperaba afuera de la escuela y la seguía. En una ocasión, él estaba en casa de Diana y se puso necio y agresivo porque "no quería irse", a pesar de que la joven se lo pidió varias veces. Blanca Delia llegó de trabajar y ella le dijo:

—Mami, vino El Demonio (apodo de Javier), y no se quería salir de la casa. Tengo miedo de él.

Después de platicar con su mamá, Diana se dio cuenta de que no tenía edad para tener novio, ya no quería estar con él. Esa conversación ocurrió unos días antes de su desgraciada muerte.

—Me fui a trabajar y ella, a la escuela. Como todos los días, Diana regresó caminando. Yo salgo a las 3 de la tarde y en lo que llego, dan las 4. Se me hizo raro que no me esperara en la piedra donde siempre nos reuníamos. Abrí la puerta de la casa y ahí estaba, al lado de la puerta principal, boca abajo, sobre un charco de sangre. Su cuerpo estaba golpeado, presentaba cortes de un arma blanca a la altura del cuello.

La pequeña de 11 años fue asesinada el jueves 21 de abril de 2016, un día "normal" en Monclova, Coahuila. Javier Olaguer le asestó 32 puñaladas, 10 de ellas mortales. La falta de tolerancia a recibir un NO como respuesta fue lo que lo empujó a asesinarla.

Javier fue detenido, encontraron rastros de sangre en su bicicleta y el cuchillo con el que asesinó a la menor. Quedó en libertad pues, de acuerdo con el Juez de control, Homero Salinas, no contaba con la edad penal requerida. Así son las leyes.

A petición de la madre del menor, Javier fue recluido en el Centro Estatal de Salud Mental (CESM), lugar en el que únicamente permaneció 10 meses. Después salió del lugar, gracias al Sistema de Justicia Penal, el cual no permite que menores de 13 años sean procesados como adultos.

El reporte del CESM indica que Javier no es violento y algunos medios locales mencionan que no tiene ningún problema mental.

—¿Dicen que no es violento? ¡Mató a mi niña de 32 puñaladas!, si eso no es violento, ¿qué es? —Blanca cuestiona desencajada—. Dicen que no hay pruebas suficientes, ¿y la ropa ensangrentada? Los tenis de él estaban ensangrentados también, el cuchillo, los pedales de la bicicleta? Él declaró que no estaba arrepentido. Entonces, ¿de qué hablan?, Que alguien me diga entonces: ¿Qué es ser violento?

Las leyes son claras: Javier no fue condenado porque no contaba con 14 años cuando asesinó a Diana, el 15 de febrero de 2017. Javier Olaguer sí fue declarado culpable por homicidio simple doloso, cometido en agravio de Dianita. En audiencia de juicio oral, el 20 de febrero de 2017 fue "condenado", y la sentencia fue la siguiente: "Estar en su casa sin salir, sólo podrá acudir al Centro de Rehabilitación y a la escuela, su mamá es la única que lo va a vigilar."

—Mucha gente me acusó de ser la responsable de lo que había pasado con mi niña. No se vale que, uno: las autoridades no den los castigos que merecen a quienes cometen estos actos tan crudos, porque van a salir y seguirán dañando. Y, dos: no se vale que la sociedad nos acuse a los padres de ser culpables.

Desde el 21 de abril, la vida de Blanca cambió por completo. Extraña a Dianita, anhela su vida con ella. Intenta reanimarse con sus nietos y su otra hija. Sin embargo, el dolor, la pérdida y la impotencia no son fáciles de superar. Todos los días sube una foto de Dianita o hace un comentario en Faceboock de cuánto la necesita. Su mirada cambió, de ser una mujer sonriente y feliz, ahora, aunque sonría, su mirada es triste, desolada, vacía.

—¿Qué te deja este terrible hecho?

—Me duele que en ningún momento vi arrepentido al asesino de mi hija. Creo que las autoridades deben revisar qué pasa con el Sistema Integral de Justicia Penal para Adolescentes. Deben endurecer las penas para los menores que cometan delitos de adultos, como en el caso de mi hija. Era una niña; debieron dictar por lo menos 30 años de cárcel. Pero como él es menor, no se pudo. En este país, los derechos de los asesinos están por encima de las víctimas.

El 23 de agosto de 2017, *El Demonio*, Javier Olaguer, fue detenido por la policía municipal de Monclova, Coahuila, cuando bebía, se drogaba y amenazaba a los habitantes de ese lugar, fue acusado de intentar asesinar a un policía local. Fue liberado horas después, con custodia solicitada por su madre, Alicia Hernández, quien señaló a los medios que tenía miedo de que su hijo fuera lastimado.

Diana era una niña muy alegre, le gustaba mucho la música, le gustaba bailar, hacerse peinados y verse linda. Le gustaba mucho pasar tiempo con su única hermana 7 años mayor que ella y jugar con sus sobrinitos.

Era una niña muy inteligente, una buena hija, una buena hermana, llena de sueños e ilusiones.

—Su asesinato dejó un gran vacío en mi corazón, en mi alma y en mi familia. Mi vida dio un giro de 180 grados, nunca imaginé que esta horrible experiencia pudiera pasarme a mí.

Mi gran error fue que confiaba en las personas sin conocerlas y mi más grande error fue no estar al pendiente de ella. Yo tenía que trabajar, pues sólo éramos mis hijas y yo, su papá nunca se hizo responsable de ellas, ni cuando estaban chiquitas. Siempre tuve que sacarlas adelante sola, para darles una vida digna y honrada. Y así lo hice. Compré una vivienda por medio de Infonavit para no andar de casa en casa y vivir sin otra preocupación más que trabajar y subsistir. He logrado sobrevivir gracias, primeramente, a Dios, Nuestro Señor, porque sé con exactitud que fue él quien me mandó a un maravilloso hombre: mi pareja actual. Sé que fue él quien cruzó nuestros caminos para que fuera uno solo, y fue él quien me llevó a conocerlo. Él ha sido una gran pareja, me ha ayudado a salir de la depresión más oscura y terrible en la que pude caer.

Dios es tan misericordioso que nunca me ha olvidado y nunca me soltará de su mano, confió plenamente en él y en su justicia divina. Todo en esta vida se paga de una u otra forma y el asesinato de mi niña no quedará impune. Eso es lo único certero que tengo en esta vida.

Su único error fue confiar

Daniela Jiménez Covarrubias nació el 20 de diciembre de 2000, en Nuevo León. Fue la primera hija del matrimonio conformado por Aroldo Jiménez y Mirna Covarrubias. Danny se encontraba en la plenitud de la vida, tenía 15 años. Sus padres la describen como una chica soñadora, que defendía sus ideas y convicciones; una niña analítica, destacada por sus buenas calificaciones, perfeccionista y competitiva. Danny amaba las galletas y comer mucho picante, aunque se enchilara. A Danny le gustaba tocar el piano, que aprendió a interpretar desde los 5 años.

—Desde muy pequeña, Danny sentía con las manos, la vista y el olfato no eran suficientes para ella. Aprendió el lenguaje de señas, cuando descubrió este lenguaje, se enamoró de él. Este interés la llevó a ser miembro fundador del Ministerio de los sordos, en Montemorelos, Nuevo León. Impartía clases de lenguaje de señas a personas que, como ella, tuvieran el interés de integrar a los sordomudos a la sociedad. Era muy comprensiva con las personas con alguna discapacidad. Danny quería ser psicóloga para ayudar especialmente a los niños. Era muy observadora, lo que le permitía imitar a las personas en su modo de hablar, caminar o actuar; esta misma característica la hacía percibir el estado de ánimo de los que la rodeaban, de tal modo que era muy solidaria.

Tenía un gran corazón, amaba a los animales, no le importaba que estuvieran sucios, era capaz de cargarlos y acariciarlos. Amaba estar con sus amigas y amigos, pero también disfrutaba de la soledad en su cuarto. Amaba a su familia y se sentía segura de que era el centro de atención de toda su familia.

Daniela estudiaba el primer año de preparatoria en una escuela privada de Montemorelos. El 6 de octubre 2016 todo lo hermoso que tenía en casa cambió. Aprendió que no todas las personas eran buenas, conoció el mundo de la intolerancia a través de un sujeto que le mostró lo que es el terror.

La hora de salida de la escuela era a las 7 de la noche con diez minutos, pero Daniela tenía permiso de llegar a casa a más tardar a las 8 de la noche. Tras 20 minutos de retraso, sus padres empezaron a preocuparse, pues Danny siempre fue responsable y, algo no estaba bien porque no contestaba el celular.

A las 9 de la noche recibieron una llamada del director de la escuela. Ésa fue la primera alerta. El administrativo les informó que Diego, compañero de Danny, estaba herido y la menor estaba con él. Diego le dijo al director que los habían asaltado.

Con la frialdad que sólo un asesino puede tener, Diego, acompañado de la policía municipal, los condujo al lugar donde supuestamente los habían atacado. No había rastro de Danny ni de su auto.

"Danny, Danny", se escucha la voz desgarrada de sus padres, caminando por un paraje escondido. Los gritos retumban en el lugar. La policía les pide que se retiren. A las 10 de la noche el corazón se les "detuvo". Ahí estaba su pequeña, asesinada. Todas las pertenencias de Danny estaban en su carro, no había sido un asalto.

Luego del interrogatorio, Diego confesó su crimen. La asesinó con un cúter: la hirió en el cuello, le cortó la arteria carótida, le dio cinco puñaladas en el rostro y la golpeó salvajemente para someterla. Quería ir más allá de lo que Danny permitió, situación que no toleró, por eso la mató.

La Fiscalía Especializada en Delitos de Adolescentes lo vinculó al proceso por el delito de homicidio doloso: feminicidio. El 23 de febrero de 2017, a 10 días para que se venciera el plazo de internamiento preventivo, la Fiscalía y la defensa del menor llegaron a un acuerdo para llevar a cabo un procedimiento abreviado, ya que se cumplían las condiciones —y se iba a ahorrar el juicio oral—, por lo que el juez le dictó sentencia de 2 años en el Tutelar de Menores.

Querida Danny:

El 6 de octubre de 2016 fue el día más terrible de nuestra vida, tú, nuestra hija, nuestro precioso tesoro, Daniela Jiménez Covarrubias, jovencita, adolescente de 15 años de edad, no llegaste a casa después de la escuela.

Fuiste asesinada. La sensación es indescriptible, fue como si un edificio nos cayera encima. ¿Quién te mató? No podía ser un asalto, todas tus pertenencias estaban dentro del carro. Los policías interrogaron a Diego y, finalmente, confesó. Él te había matado, ahí mismo quedó detenido. ¿Quién era Diego? No era tu novio; no era tu amigo; era un compañero de salón, un joven de 15 años, igual que tú. A ti te faltaban dos meses para cumplir 16, al él le faltaba un mes.

Diego es de Mazatlán, Sinaloa. Llegó a la Montemorelos de la Ciudad de México. Era estudiante interno de la escuela a la que tú asistías. Todo el tiempo hablabas de él, decías que no te gustaba, decías que él andaba con otras chicas.

El 15 septiembre, en el festejo de la patria, Diego tuvo una riña con otros chicos, mala situación, que no percibimos como peligro, porque sólo eran compañeros. Diego era violento y nadie se dio cuenta. Tú te expusiste y él te mató.

Fuiste asesinada con un cúter. Además de las cinco puñaladas que te causaron heridas superficiales en el área de tu hermosa carita, te pegó con un pedazo de ladrillo para tratar de someterte. Estuviste en una lucha a muerte, porque no permitiste que te tocara, preferiste morir que ceder. Sólo esperamos, hija querida, que no hayas sufrido, que ni cuenta te hayas dado de lo ocurrido.

Danny de 1.56 m de estatura y Diego de 1.80 m, tu única oportunidad de salir con vida hubiera sido que él tomara la decisión de no matarte.

¿Por qué un menor asesina a su compañera? Danny era una niña que buscaba ayudar a quienes no encajaban en la sociedad, su único pecado fue confiar en quien no debía.

Danny forma parte de los rostros del feminicidio 2016. No es una cifra, sus padres se han encargado de que no sea olvidada, de hacerle saber al mundo entero que sólo duerme y que en algún momento despertarán a su lado.

LAS LEYES SON INJUSTAS CON LAS VÍCTIMAS

Una mujer llega de trabajar. La penumbra de la noche abraza su hogar, nido de protección que les procura a sus dos hijos. La oscuridad la envuelve. Su corazón empieza a latir a mil por hora, como si se preparara para ser arrancado. El grito en medio de la noche: "¡Noooooo!" Ve un cuerpo tirado. Los ojos de Pelusa, su gato, son los únicos que pueden distinguir su forma. En medio del baño, un cuerpo en el piso helado. La piel amoratada, la ropa interior a un lado. Violada, vejada, asesinada. ¡Karen, levántate!, ¿qué haces ahí?

La espantosa realidad se para frente a ella. Su hija de 17 años está muerta. En ese momento su corazón ha dejado de latir.

—¡Auxilio, ayúdenme, por favor! ¿Qué paso?, ¿alguien vio cuando entraron a mi casa?, ¿por favor, díganme qué vieron?

Camina al cuarto contiguo, la oscuridad ya no importa.

—Erik, dime que no estás aquí… ¿Erik?...

Erik estaba en su cama, no se levantó. Ahí estaba tendido el futuro experto en robótica.

—Por favor, que alguien me diga qué pasó.

La respuesta es el silencio, a lo lejos se escucha la sirena de la ambulancia próxima a llegar. Nadie vio nada.

Sacrisanta y Carlos unieron sus vidas el 18 de junio de 1998, ambos querían formar una familia. Sacrisanta inició el sueño de crear el lugar más seguro del mundo: su hogar. El 16 de junio de 1999 nació Karen, era Día del padre. La familia se desbordó de alegría al verla.

Tenerla en sus brazos tan pequeña… que ese bello ser estuviera en su cuerpo y creciera en el vientre de su madre, era maravilloso. Para Sacrisanta y Carlos, Karen era la bebé más hermosa del mundo. La nueva madre quería darle mucho amor, deseaba que siempre fuera feliz. La protegería, viviría en una familia que la amaba.

La llamaron Olga Karen. Olga, porque a Carlos le gustó ese nombre y Karen, porque a Sacrisanta le parecía que sonaba con mucha fuerza y su hija desde pequeña era fuerte.

Karen quería ser abogada, defender a las mujeres, luego de conocer algunas situaciones de violencia que padecían algunas de las madres de sus amigas. Por eso estudiaba, era muy dedicada, ayudaría a las mujeres que no tuvieran dinero para pagar un abogado y lograr que se hiciera justicia.

El 15 de marzo de 2004, Erik llegó al mundo. Él se aferró a la vida. Desde el principio tuvo muchos problemas para nacer, pero se sujetó a la vida, de hecho, nació a los 7 meses; siempre luchó por estar con sus padres. Su nombre lo escogió su bisabuela, porque Carlos y Sacrisanta no se ponían de acuerdo.

—Entonces Erik estudiaría robótica —afirma Sacrisanta con una sonrisa en los labios.

Karen siempre fue una buena hermana, quería mucho a su hermanito. Siempre estaban juntos, jamás hubo celos entre ellos, discutían como todos los hermanos lo hacen, pero se respetaban.

A los 4 meses de que nació Erik, Carlos dejó a su familia. Sacrisanta se quedó llena de dolor, de soledad, y con un sinfín de preguntas. Lo único que quería era desaparecer. Los sentimientos de culpa eran infinitos.

—Me sentí inútil, no pude formar una familia para mis hijos —confiesa Sacrisanta, con la cabeza baja.

Con todo el dolor que le generó la partida de Carlos, Sacrisanta juró que iba a luchar siempre por sus hijos, que los iba a seguir protegiendo. Ellos merecían todo, porque nacieron de un gran amor. Eso fue lo que la hizo fuerte, lo que la hizo enseñarles a sus hijos a serlo. Formó buenas personas, no tenían sentimientos de mezquindad hacía nadie. Aunque la gente los lastimara, ellos jamás respondían violentamente, sólo se daban la vuelta.

—De nada sirve ser buena, me arrebataron a mis hijos, me dejaron vacía, me quitaron la fuerza, esto es demasiado y quienes me daban toda esa fuerza ya no están— Sacrisanta expresa llena de dolor, de enojo, de soledad.

Karen y Erik fueron asesinados dentro de su casa, el 4 de agosto de 2016, en Viveros Tulpetlac, Estado de México. Esa mañana, personas llenas de odio y de maldad decidieron arrancarles la vida a los jovencitos y, el corazón, a su madre. Seres llenos de rabia los golpearon, los estrangularon y a ella la violaron. El ADN encontrado en el cuerpo de Karen delató al ahora detenido. Desde entonces, la madre de los pequeños asesinados está muerta en vida.

—A mí también me asesinaron, no han celebrado mi funeral, pero estoy muerta.

El viernes 17 de marzo de 2017, las autoridades le notificaron a Sacrisanta la detención de uno de los asesinos de sus hijos. Se le partió el corazón cuando vio que se trataba de alguien muy cercano a ellos, alguien a quien cuidó. Su sobrino, de la misma edad de Karen, hijo de la hermana de Sacrisanta. Jamás imaginó que Luis Enrique fuera capaz de hacerle daño a sus hijos.

—¿Te sientes satisfecha con la respuesta de las autoridades?

—Sí, porque lo detuvieron. Después de que el padre Alejandro Solalinde me acompañó a ver al fiscal del Estado, el licenciado Alejandro Gómez, supe que estaba más que comprometido. Sin embargo, duele que el presunto asesino, un menor de 17 años, tenga más derechos que mis hijos. Él no tenía por qué lastimarlos. Hoy, que está ante las autoridades y que muchas pruebas lo señalan como el asesino de mis hijos, lo tratan como si fuera un buen ser humano. Él sigue vivo, tiene a su madre. Mis hijos ya no están conmigo. Él fue parte de quienes me negaron la dicha y el orgullo de que mis hijos me digan "mamá". Eso está negado para mí. Ya no podré abrazar a mis hijos. Él les truncó sus sueños. Y no creo que él solo haya hecho todas las atrocidades que les hicieron a mis hijos. Estaba acompañado de alguien más. No pararé hasta que se sepa toda la verdad. Sí, mis hijos no tienen derechos, no tienen voz, pero yo soy su voz. Voy a hacer que las autoridades escuchen y sepan todo lo que les hizo sufrir. Las leyes son injustas con las víctimas, por eso crecen las cifras de mujeres asesinadas, por la impunidad.

La familia de Sacrisanta es muy grande, el impacto fue lacerante para todos —tíos, tías, primas, sobrinos—. Los amaban, les agradaba lo educados que eran, lo respetuosos que eran con la gente. Su abuelo, don Cande, llora ante los ataúdes de sus nietos y promete:

—Les juró que a partir de este momento, mi vida será para buscar a los asesinos.

Cuando supo que uno de sus nietos fue quien les arrebató la vida, se unió al dolor de su hija.

—Lo dijimos, sea quien sea, va a pagar todo este dolor que nos dejaron. Así será, no dejaré a mi hija sola, no permitiré que salga impune ése que tienen en la cárcel, aunque se trate de quien se trate —afirmó enérgico.

El 15 de marzo de 2017 fue cumpleaños de Erik. Habría cumplido 13. Sacrisanta recuerda cómo disfrutaba ese día. Le fascinaba que llegara su cumpleaños, adoraba que Sacrisanta y Karen le cantaran las mañanitas, que lo llenaran de regalos —aunque humildes, eso no importaba—, era su día.

Hoy, esos regalos son flores para su tumba, ya no pueden festejar los tres juntos las fechas importantes. En diciembre, las tumbas de Karen y Erik se vistieron con adornos navideños. El 14 de febrero, Sacrisanta les llevó globos, las adornó de corazones. Cada vez que los va a visitar, besa las dos cruces blancas que representan a sus hijos; las acaricia, les habla.

El 20 de marzo fue a verlos, les contó que finalmente hay un rostro, que ya sabe quién los lastimó y mató. Con los ojos llenos de lágrimas, les vuelve a prometer que ella será su voz.

Hoy sólo le queda exigir justicia, que uno de los presuntos asesinos de su hijo sea juzgado como adulto. Hoy sólo le queda sentarse en medio de las dos tumbas, sacar una manzana y compartirla con ellos, poniendo todo el amor que les tiene en un trozo de manzana que deposita en la tierra de cada una de sus tumbas. Cierra los ojos y sonríe al recordar los momentos felices a su lado.

Sacrisanta exige que el presunto asesino no sea liberado y sea juzgado como adulto, debido a la magnitud de sus deplorables acciones.

—Me arrancó el corazón, el de una familia completa.

Para Sacrisanta, la actitud de la jueza es en verdad sumamente protectora.

—¿Quiere que le traiga los ataúdes de mis hijos para que vea todo lo que los lastimaron?

Hasta el momento, Luis Enrique, primo hermano de Karen y Erik, está vinculado a proceso, en espera de que se resuelva su situación legal, que con seguridad será una pena de algunos años.

El 29 de agosto de 2017, Luis Enrique fue sentenciado a 5 años de "rehabilitación", en el consejo de Tutela en Zinacantepec, Estado de México.

¡Buenos días, mis hijos!

Hoy es un día muy importante, porque es el día en que, tú, Erik, naciste. Es 15 de marzo de 2017, un día de fiesta para nosotros.

Erik, te gusta que cante y baile las mañanitas. Los globos, el confeti. Las risas en sus rostros son inolvidables, me dan un poco de vida. El pastel, los invitados. Preparar tu comida favorita, la tinga. Son tantas cosas que hoy no podré hacer ni disfrutar porque no estás más conmigo.

Hoy no te miraré, sólo pensaré en ti.

Hoy no tocaré tu cara ni a ti, sólo tocaré tu tumba.

Hoy no te sentiré con un abrazo, sólo con el corazón.

Hoy no festejaré un año más, sólo recordaré los años atrás.

Hoy no reiré, sólo lloraré su ausencia forzada.

Hoy no tengo alegría, sólo la tristeza que me acompaña.

Hoy no le pediré a Dios que te guíe por el buen camino, sé que te tiene de su mano, a ti y a tu hermanita.

Le pediré a Dios que me ayude a hacer justicia, ya que nada de lo que pasó es justo para ustedes; le pediré que me dé la fuerza y la sabiduría para lograr justicia. Ya no lloraré porque no tengo tiempo, quiero justicia en su nombre.

Hijos, los necesito. Extraño sus sueños, sus ganas de vivir. ¿Quién me dirá "mamá"?, ¿por quién seguiré viviendo? Sin ustedes no me queda nada, sin ustedes estoy muerta, no queda nada de mí, cada día duele más su ausencia. Cada día muero.

¿Por qué los asesinaron?, ¿por qué los lastimaron así?

Buscaré a su asesino hasta encontrarlo, Dios me ayuda, muchos los llevamos en el corazón por siempre.

Hoy, en vez de comprar un pastel, celebro una misa; en vez de regalos, compré flores; en vez de adornar una casa con globos, puse sus nombres en las tumbas; en vez de darles besos en sus caritas, beso sus cruces.

Para sentirlos cerca visito sus tumbas. No es justo, hijos. ¿Por qué ese asesino tuvo que escoger la casa?, ¿por qué ese odio? No entiendo.

Hasta la mañana está triste, llueve y en la tarde sigue lloviendo. Ya son siete meses de no escuchar su voz, de no abrazarlos. Los extraño, mis grandes amores. Quiero estar con ustedes; prometimos estar siempre juntos y ahora no será posible. Esto es una pesadilla, sólo me acompañan sus fotos, sus recuerdos, sus risas.

Hoy los visitó el bebé que los emocionó mucho y que ya no conocieron, lleva tu nombre, Erik Mosso. ¿Por qué les arrebataron la vida de esa forma tan cruel?

Nos robaron muchos momentos. Mis ojos quieren llorar pero no los dejo, aún no es tiempo, hay cosas que hacer, hay que buscar justicia.

Quiero abrazarlos, besarlos y nunca separarme de ustedes.

Tenemos que atraparlo para que pague todo lo que les hizo. Mis pequeños Erik y Karen, siempre juntos.

Los extraño mucho y me duele no haber estado ese día con ustedes. Perdónenme, Pelusa los extraña y todos los necesitamos, nos hacen mucha falta. Nunca entenderé por qué. Ustedes eran ——y son—— todo para mí; los llevo en mí, en mi mente, en mi camino, con esa alegría, con esa fuerza de luchar. Hijos, mi princesa y mi príncipe, por siempre en mí, no dejaré de luchar, se hará JUSTICIA.

Apártenme un lugarcito cerquita de ustedes, pronto estaremos juntos, mis grandes amores.

Su mamá

Carta a Luis Enrique, asesino.

¿Te acuerdas cuando te quedaste sin papá y yo cuidé de ustedes? Erik era el bebé de Karen, de Nancy y de ti. Te protegí y te cuidé con el mismo amor que a mis hijos, porque eras mi sobrino, eres primo hermano de Karen y Erik, a los cuales les quitaste la vida. ¿Con qué derecho?, ¿por qué?

Te abracé con mucho cariño, cuidé tus sueños, te ayudé con tus tareas. Creciste con Erik y Karen, tu sangre. Más que primos, eran hermanos. Cursaste la primaria con Karen, viviste en la casa de Karen y Erik, reíste con ellos. A todos les di mi cariño y amor por igual. Karen siempre te defendió en la escuela, te pasaba la tarea y estuvo para ti.

Violar y asesinar a Karen; matar a Erik con tanto rencor, odio y desprecio; ensañarte con los cuerpos de tus hermanos de sangre, con todo el cinismo. No tiene perdón.

Karen y Erik los querían; Erik platicaba con ustedes. Nunca hubiera imaginado que planeabas algo en contra de nosotros, nos mataste a los tres. Ahora ya no eres el primo, ahora eres el asesino; ya no eres mi sobrino, eres el asesino de Karen y Erik. Manchaste a la familia y al apellido Mosso, el cual portamos con orgullo.

ASESINO, TIENES QUE PAGAR.

Las que no lograron salvarse

Hay criminales que proclaman tan campantes: "La maté porque era
mía", así nomás, como si fuera cosa de sentido común y justo de toda justicia
y derecho de propiedad privada, que hace al hombre dueño de la mujer. Pero
ninguno, ninguno, ni el más macho de los súper machos tiene la valentía de
confesar: "La maté por miedo", porque al fin y al cabo el miedo de la mujer
a la violencia del hombre es el espejo del miedo del hombre a la mujer sin miedo.

EDUARDO GALEANO, LA MUJER SIN MIEDO

PERDER LA VIDA

Leslye Wilson Pérez Audelo nació el 24 de julio de 1986 en Acapulco, Guerrero. Evelia fue inmensamente feliz cuando Lesly, su dulce niña, llegó a su vida. Tenía el corazón lleno de dicha.

Lesly era hija única, deseaba estudiar gastronomía, sin embargo, por la difícil situación económica primero pondrían una cafetería y poco a poco ahorrarían para concretar sus sueños. Lesly había encontrado trabajó recientemente. En julio de 2011, una buena amiga le presentó a Abraham Abdalá Ruiz Sánchez, con quien inició una relación. Sin embargo, ella no estaba conforme.

A la fecha, Evelia no logra entender por qué lastimaron tanto a su hija.

—Ella estaba feliz, había encontrado trabajo en Banamex, estaba juntando dinero para poner su cafetería, era su sueño.

Evelia recuerda la buena relación que tenía con su hija:

—Platicábamos todo, nos besábamos, nos abrazábamos, todavía un día antes de los terribles hechos sangrientos, ella me contó que no quería seguir con Abdalá, que lo dejaría porque la celaba, la controlaba, todo le molestaba. Cuando mi hija empezó a andar con él, jamás supo que la engañaba con otra persona, lo supo hasta el día en que la asesinaron.

La noche del 20 de noviembre de 2011, Ogilvie Berenice Martínez Sánchez sacó con mentiras a Lesly de su domicilio en la ciudad de Oaxaca. Es decir, la noche previa a su muerte. Ogilvie la llevó con mentiras al edificio de Punta Vizcaya, en Etla, El Rosario, Oaxaca.

El día en que Lesly fue arrojada de un sexto piso se encontraban en el lugar: Abdalá y sus hermanas, Cecilia y Eréndira Ruiz Sánchez —hijas de la exsenadora priista, Cirila Sánchez Mendoza—, así como la cuñada de ésta y concubina del presunto asesino, Zuilma Ortiz Mendoza.

Eran las 00:15 horas del lunes 21 de noviembre de 2011, cuando la joven ingresó al Hospital General, Aurelio Valdivieso, en Oaxaca de Juárez, donde permaneció hospitalizada. Lesly sufrió serias lesiones internas, múltiples fracturas en brazos —principalmente en el izquierdo—, pecho, columna dorsal, lumbar y pelvis. La agonía fue inenarrable. Debido a tales lesiones comenzó a desangrarse poco a poco. Murió a las 3:55 de la tarde.

—Lo que más me duele, Frida, es no haber estado con ella en esos minutos de tormento. La angustia de imaginar el dolor, la agonía de mi hija. Ella era una mujer ejemplar, buena estudiante, trabajadora, confiada, por eso le pasó esto, por no creer que la gente es mala. Ese día los vecinos escucharon gritos, insultos y amenazas. Tres mujeres irrumpieron en el departamento, una de ellas aparentemente era la esposa de Abdalá —es una de las autoras materiales. Instantes después, sobrevino el asesinato de mi niña.

Según el expediente 121/2013 del juzgado Segundo de lo Penal, en Oaxaca, Cecilia Ruiz Sánchez es una de las detenidas. Ogilvie Berenice Martínez Sánchez era considerada como otra de las presuntas implicadas en la muerte de Lesly. Sin embargo, fue exonerada.

Yael Yair Carbajal Michi, amigo de Abdalá, fue detenido el viernes 21 de noviembre de 2015. Se ejecutó la orden de aprehensión del juez segundo en materia penal por el delito de homicidio calificado y hasta la fecha no ha recibido sentencia. Se encuentran prófugos de la justicia: Eréndira Ruiz Sánchez, Zuilma Ortiz Mendoza y Abraham Abdalá Ruiz Sánchez.

Mi dulce niña:

Hola, hija. Al día de hoy que te escribo estas líneas han pasado 5 años, 3 meses y 23 días desde la última vez que te abracé y te dije lo mucho que te amo.

¿Sabes? El dolor es el mismo que sentí cuando me enteré de tu cruel asesinato; es un dolor que quema por dentro, que destruye mi cuerpo, que ensordece, que me seca la boca, que oprime mi garganta. Es una desesperación que me hace querer correr, gritar, maldecir y, paulatinamente, perderme en los límites de mi propia mente hasta dejarme ausente. Es un dolor que me seca y me destruye día a día, que me pierde en un laberinto de tiempo, de sentimientos, de desesperanza cada que pienso en ti. Y, ¿sabes? Pienso en ti a cada instante.

Es demasiado difícil soportar tu ausencia; es cruel saber que las personas que te quitaron la vida siguen ahí, respirando mi mismo aire y regocijándose bajo el mismo sol en la inmundicia de la impunidad. Aún recuerdo tu risa, tu vitalidad, esa forma tan tuya de reír a carcajadas hasta que te dolía la panza, de ver lo bueno en las personas y de creer que el día siguiente siempre sería mejor que el anterior. Si hubieras sabido, mi niña, que tu vida sería arrancada a la tierna edad de 25 años…

Creo que si te hubiera enseñado más del mundo, hoy estarías conmigo. Debí contarte de la maldad de las personas, de la mezquindad del mundo, así hubieras estado prevenida ante la perversidad de esa mujer que te sacó de tu casa en la madrugada con engaños y amenazas (y que un juez dejó en libertad); prevenida del hombre que te engañó y te utilizó; prevenida del par de monstruos que te arrancaron la vida y que, tristemente, hoy siguen libres, viviendo y respirando. Algo que deberías hacer tú, mi niña, tú con tu inocencia, con tu espíritu alegre que no se aminoraba ante las adversidades de la vida. ¡Y vaya que tuvimos una vida difícil!

Hoy quiero contarte que la familia, nuestra familia, hija, me dicen que debo ser fuerte, que te volveré a ver cuando llegue mi momento; que tú no quisieras verme triste, que me miras desde las estrellas y susurras a mi oído cuando te necesito, y que a cada paso debo tener la certeza de que estás conmigo.

Agradezco de corazón sus buenas intenciones pero, ¿qué saben ellos de vivir presa del dolor?, ¿qué saben de querer morir para encontrarme contigo, mi angelito?, ¿qué saben de la soledad y el vacío en mi vida? Que todos los días son iguales, que callo el dolor y enjugo mi rostro cada mañana antes de salir del baño. Que tomo mis medicamentos para seguir sobreviviendo porque esto no es vida. Que elevo una oración al Creador para que se apiade de mí y me permita reunirme contigo en la eternidad, allá donde no existe la maldad humana, ni el dolor, ni la soledad; donde estoy segura de que nos cobijará el calor de nuestro amor, juntas, al fin.

Mi niña, mi Les, mi amor, te escribo hoy como una absurda catarsis al dolor, intentando dar sentido a mi sufrimiento, en un patético y desesperado intento de sentirte cerca, de describir con palabras esta devastación que es mi vida sin ti. ¿Sabes qué es lo único bueno de esto? Que me voy a la cama respirando tu aroma, escuchando, pensando o imaginando (ya no sé) que me abrazas y me dices con tu dulce voz: "Tranquila, mami, todo va a estar bien porque te amo."

Te amo, hija, y te pido fortaleza para que, al despertar, pueda vivir otro día más sin ti.

Por siempre tuya, Evelia Pérez Audelo, mamá

LAPIDACIÓN DE LOS SUEÑOS

Ivón Jiménez Camacho nació el 6 de julio de 1993, en Actipan de Morelos, Puebla. Segunda de 4 hermanos, era la única mujer. Ivón fue la más alegre de los hijos de Elvira Camacho. Siempre ayudaba a la gente, no le importaba si era niño, viejito, hombre, mujer, "era un ángel, tal vez por esto no le pertenecía a este mundo".

Elvira Camacho es una mujer de 48 años. Sus preguntas jamás serán contestadas. La culpa invade el corazón de esta mujer, se recrimina cómo no se dio cuenta de las señales que Ivón lanzaba. Además, Elvira tiene un soplo en el corazón, por lo que debe usar un marcapasos; aún con todo eso, busca justicia para su hija.

—Es difícil, Frida, por más que intentas alejarla, algo no les permite escuchar, así la regañes, la castigues, no escuchan, se piensan intocables. Le gustaba la escuela, era muy sociable. Cuando Ivón iba a la preparatoria tenía muy claro el camino que quería seguir, no quería tener novio, estaba enfocada a estudiar, quería estudiar derecho.

Proveniente de una familia católica, Ivón ingresó en 2010 a un grupo religioso donde conoció a Kevin, hijo de los coordinadores de esta congregación.

—¿No te molestó que a pesar de sus planes tuviera novio?

—Se mostraban como una familia honorable, por lo que no me pareció mal que él fuera su novio. Más tarde nos dimos cuenta de que sólo manejaban apariencias. Su noviazgo duró 2 años y 10 meses.

—¿Qué cambios viste en ella desde que inició su relación hasta que pasaron los hechos?

—Kevin la alejó de todos —amigos, amigas—, hasta la mejor amiga de Ivón me comentó que ya la había cortado; también se alejó de nosotros, ya no iba a desayunar todos los domingos como antes lo hacíamos. Un día hablé con ella. Me dijo que no iba porque estaba dedicada a su carrera, diseño de modas, la cual no eligió ella, sino su novio.

Ivón era una mujer con grandes planes. Quería estudiar derecho porque no le gustaba ver que en México las mujeres se sometían a sus parejas; quería ser abogada para enseñar a las mujeres a defenderse. Hablaba alemán porque quería vivir en Alemania. Anhelaba un México diferente, deseaba conocer África, le apasionaba su cultura.

Sin embargo, todos sus proyectos se vinieron abajo cuando Kevin la convenció de que estudiara diseño de modas, porque en esa carrera no había hombres. El control era tal que ella lo aceptó.

Ante los constantes celos, Ivón decidió terminar con Kevin.

—¿Qué pasó entonces?

—Me dijo: "Mamá, si me viene a buscar dile que no estoy, no quiero verlo, tú no sabes lo violento que es, él no es lo que tú crees, es muy agresivo."

El 3 de agosto de 2013, Kevin le envió muchos mensajes agresivos. Toda la noche insistió que se vieran, quería recuperar su amistad. Como seguían en el mismo grupo católico, no estaba bien que se separaran. Finalmente, Kevin la convenció de verse el domingo en la mañana.

—Yo le pregunté que por qué lo vería, y cuando le dije que yo podía hablar con él, unió sus manitas y suplicante me dijo: "No, mamita, no, por favor, no le digas nada." Yo no me percaté del miedo que tenía Ivón. Yo salí para la iglesia, les pedí que hablaran ahí mismo y me metí tranquila. Jamás la volví a ver.

Tres días después encontraron el cuerpo de Ivón en terrenos del camino que comunica a San Agustín Etla, Oaxaca.

—Kevin, con la ayuda de sus padres, Alma Alicia Martínez Morales y Gonzalo Rojo Guerrero, fueron a tirar a mi hija. Estoy segura de que ellos lo apoyaron en eso. Su mamá trabaja en el Tribunal Superior de Justicia del Estado de Oaxaca, es por eso que estoy segura de que no lo detuvieron, ni lo han detenido.

Las investigaciones de las autoridades señalaron como presunto responsable del feminicidio de Ivón a Kevin Gonzalo Rojo Martínez, por quien hay una recompensa de 500 mil pesos. Pero hasta el 2017 seguía prófugo.

Hace 23 años llegó a este mundo un ángel. Era tierna y delicada. Tenía una sonrisa adorable, la tomé en mis brazos por primera vez y, desde ese día, mi corazón gozaba de alegría. Era mi razón de ser, recibió el nombre de Ivón. Mi eterno ángel del cielo.

Siempre sonriente y muy sociable, obediente. Sobre todo, amaba la vida; amaba a sus hermanos, a sus padres. Era muy protectora, siempre se oponía a lo injusto. Su más grande deseo era llegar a ser abogada. Conforme iba creciendo, se daba cuenta de que en el mundo había mucha desigualdad, no había respeto, los valores se iban deteriorando.

Éstas fueron sus palabras: ¡¡¡Quiero ser abogada para defender los derechos de la mujer mexicana y lo voy a lograr, claro que sí!!!!

A los 17 años conoció a su asesino, se hicieron novios. Esa relación duró casi tres años. Al pasar el tiempo, el tipo supo esconder su verdadera identidad, tenía máscara de niño bueno, de joven tímido, incapaz de hacer mal alguno, pero en realidad era una serpiente.

Se aprovechó de la buena voluntad de mi hija, una joven sin maldad, con una mente sana. Él se aprovechó de ella, la manipulaba y violentaba. Eso lo descubrí poco después de su asesinato. La restringía a toda costa, trataba de evitarle amistades por celos, aunque decía que la amaba. De ese sentimiento se aprovechó para manipularla sobre su carrera profesional; al grado de convencerla de que no tomará la carrera de abogado. Hizo que cambiara de opinión, se ofreció a buscar universidad, donde no hubiera hombres, no quería que nadie la viera, ¡y la encontró! En una escuela de diseño de modas estaría segura, no estaría expuesta a ningún malviviente. Eso le daba confianza a él, saber que no habría contacto con el sexo opuesto.

¡Mi hija me lo contaba, pero no todo, lamentablemente! Ella sabía que yo no iba a estar de acuerdo con la actitud de su novio. Me decía

que sí quería aprender a hacer vestidos. Pero lo decía para no tener fricción conmigo. Lo peor de todo es que ella permitía que la violentara cuando no lo obedecía (eso lo supe por sus amigas de escuela).

Cuando decidió romper para siempre con él, ella me buscó para hablar: "Mamá, Kevin, no es lo que parece, él es violento y muy malo, me da miedo." Se dio cuenta de que la controlaba y no se lo permitió más, por eso rompió para siempre con él.

Lo más importante fue que mi hija supo decirme cómo era en realidad Kevin. La tragedia llegó cuando Ivón había decidido dejarlo para siempre, pero él logró convencerla para salir y hablar porque, según él, no quería que quedaran enojados.

El domingo 4 de agosto de 2013, pasó por ella a casa y jamás la regresó.

Exijo justicia, este asesinato no se puede quedar en el olvido, como si no tuviéramos valor, como si se tratara de un objeto.

Tras la muerte de Ivón, mi vida dio un giro muy fuerte. Hasta ahora no hemos podido recuperarnos, dicen que el tiempo se encarga de hacer maravillas, pero les digo que pasa el tiempo y la herida no se ha curado, aún duele, sangra, por más que se diga o tengas las suficientes agallas para salir a la calle, fresca, tranquila, llena de paz, y te pregunten, "¿ya te conformaste?", ¡no, aún no!

Elvira Camacho, mamá

LUPITA ERA AMOR Y FUE ASESINADA POR LUIS ÁNGEL

> *Amar a alguien es decirle: tú no morirás jamás.*
> GABRIEL MARCEL (1889-1973)

Nicolás Romero es uno de los 125 municipios del Estado de México. Está ubicado al norte del Estado, forma parte de la Zona

Metropolitana del Valle de México. Su cabecera municipal es la Ciudad Nicolás Romero, a 58 km de la ciudad de Toluca; San José del Vidrio es nuestro destino, luego de que el pasado 6 de julio de 2017, al realizar la búsqueda diaria de feminicidios en el país, encontré una nota más: lapidan a mujer en el Estado de México...

La barbarie, una vez más en el estado donde ser mujer implica jugarte a diario la vida: Verónica Guadalupe Benítez Vega fue una más de estas decenas de mujeres asesinadas de la manera más vil y cobarde, una madre de un pequeño de 3 meses a quien estaba amamantando, por quien daba la vida.

Al llegar hasta el domicilio de la familia Benítez Vega, un lugar donde la contaminación todavía respeta el cielo azul que ya no se ve en otros municipios de este estado de la vergüenza, nos recibió Iván de Jesús, hermano mayor de Lupita, quien nos invitó a pasar. Al ingresar, frente a nosotros había una cruz de cal en el piso y flores blancas acompañando la foto de 15 años de Lupita, la cual reflejaba felicidad. Un vestido rosa enmarcaba la belleza de esta jovencita, que seguramente no imaginó, en ese momento, lo que sucedería 6 años más tarde. Un corazón de cera formado por las velas que han sido utilizadas durante los rosarios de la joven madre inmortalizan el amor que Lupita tenía por su familia, lo que para cada uno de ellos representaba. Juana Isabel, hermana mayor de Lupita, salió a nuestro encuentro. En la recámara se encontraba Verónica Vega, madre de Lupita, cuidando al bebé de 3 meses que dejó su hija menor.

Verónica Guadalupe Benítez Vega, nació el 10 de junio de 1996, en San José El Vidrio, Nicolás Romero, Estado de México. Era la menor de tres hijos de la familia conformada por Verónica Vega Osnaya y Jesús Benítez Estrada.

—Fue el pilón —recuerda su mamá—, ya no la esperábamos, pero fue la alegría de la casa. Era mi compañera, ahora ya no está.

Con las manos en el pecho, Verónica recuerda a su pequeña, a la bebé de la casa. Iván de Jesús, con profundo dolor, perpetúa cuando la pequeña Lupita nació. Él le llevaba 9 años y Juana Isabel 7. Para todos era la bebé, la pequeña.

—La última vez que hablé con ella, la vi y la abracé fue el 10 de junio, el día de su cumpleaños, le hice saber cuánto la amaba y que siempre iba a contar conmigo, fui a su casa y la abracé y le volví a decir que la amaba —dijo su hermano.

Lupita era una joven feliz, llena de sueños y proyectos hasta que conoció a Luis Ángel Reyes Jiménez, 4 años atrás.

—Lo conoció y se enamoró, estaba muy contenta con él, estaba enamorada, durante 4 años que duró el noviazgo no vimos nada extraño —detalló Juanita—. Se casaron el 6 de enero de 2017, Lupita ya estaba embarazada.

—¿Nunca vieron nada extraño?

—Bueno, de hecho cuando eran novios ella dejó de ir con nosotros como familia a reuniones. Y cuando se casó dejó de venir a la casa. Gabriela Irma Jiménez, madre de Luis, no quería a mi hermana. De hecho, el día que se casaron ella estaba muy molesta, no se veía feliz porque su hijo estuviera contrayendo matrimonio, tal vez fueron detalles que no alcanzamos a ver.

Lupita estaba estudiando la licenciatura en Bioquímica Diagnóstica en la Facultad de Estudios Superiores en Cuautitlán, la cual dejó durante unos meses para atender a su bebé. En agosto reiniciaría clases. Lupita se casó enamorada de Luis Ángel, ahora la familia sabe que no era quien pensaba.

—Él siempre dio otra cara, era un hipócrita y falso, igual que su mamá, quien de india no bajaba a mi hermana —narra visiblemente molesta Juanita—. Incluso estos últimos días estuvo viniendo mi hermana a diario, yo la vi el miércoles, sentí como que quería decirme algo, estaba callada. Aunque ya era tarde, como que no se quería ir. Pero nunca nos dijo nada, fue como si nos estuviera protegiendo de Luis y su mamá.

El jueves 6 de julio de 2017, a las once y media apróximadamente, en San José El Vidrio, Juanita recibió una llamada de una mujer que aún no sabe quién era, la voz del otro lado le dijo: "Vete al departamento rápido, sucedió una desgracia." Juanita, con el corazón en la mano, salió corriendo al departamento de su hermana menor; el cual rentaba desde que se casó. Al llegar a la calle Guadalupe Victoria, el corazón se le empezó a acelerar aún más. Frente a un árbol que daba con la parte trasera del departamento estaba el cuerpo de Lupita, cubierta con una sábana blanca. Ahí estaba la suegra: Gabriela.

—Recuerdo que, de inmediato, le pregunté por el bebé y por el marido de mi hermana. Ella sólo me contestó: "No sé", y se fue. Después llegó Luis con la directora de la escuela primaria privada Instituto Pedagógico Paulo Freire, que se encuentra a unos pasos del lugar de los hechos. Estaba muy alterado, decía incoherencias, cosas irreales, yo sólo quería saber dónde estaba el bebé.

Juanita, aturdida, intentó asegurarse de que el cuerpo que estaba ahí, sin vida, era el de su hermana. Levantó la sabana y la vio:

—Nunca me voy a quitar la imagen de mi hermanita de la mente, estaba desecha. De primer momento nos dijeron que fue lapidada. Lo que supimos después fue aún más dantesco. Recuerdo que ella no tenía más que lo que le hicieron en la cabeza, no se le veía sangre en la ropa. El informe del forense reveló algo más, Lupita había sido atacada con un arma blanca: 17 heridas mortales, entonces no fue el bloque que le aventaron a la cara, antes ya la habían atacado, la degolló, la destrozó, parecía como si la hubieran cambiado de ropa y además tenía golpes añejos, "mi hermana ya estaba siendo violentada por Luis".

El bebé de Lupita fue recuperado de las manos de su abuela paterna solamente cuando la policía acompañó a Juanita a preguntar por él, "sólo quería verlo, revisarlo, saber que estaba bien; porque cuando vi a Luis, él me dijo que iban por mi hija y mis sobrinos. Eso me asustó mucho, fue como lo recuperamos", —dijo Juanita.

El padre de esta familia, don Jesús, un hombre delgado, llegó un poco más tarde a la entrevista. Traía flores, los rosarios aún no terminaban. El de ese día empezaría en breve. En cuanto nos vio, nos hizo saber el dolor inenarrable, ese que deja una vida desecha, pero que se mantiene en pie sólo por alcanzar la justicia. Ese dolor que una vez más teníamos ahí, de frente. Ese dolor que sabemos no se irá nunca.

—La casé hace seis meses y miren cómo me la regresaron, me la asesinaron y con una saña inaudita.

Quería conocer dónde vivía Lupita. Así que don Jesús nos acompañó, de favor, al lugar donde la encontraron y, en efecto, fue a unos pasos de su casa. Aquella que compartía con el hombre que amaba, que era el padre de su bebé; quien ahora se ha quedado bajo el cuidado y resguardo de su familia materna. Al llegar al lugar, el llanto nuevamente se apoderó de don Jesús. Además, la desesperación, la impotencia… como si en un acto de magia quisiera regresar el tiempo y evitar todo ese terror que seguramente su hija padeció. Las palabras no alcanzan para dar un poco de aliento a este hombre que está dispuesto a dar todo para encontrar justicia por su bebé, por su pequeña.

Luis Ángel Reyes Jiménez está detenido y en proceso como presunto responsable del feminicidio de Guadalupe Verónica. Sin embargo, la familia de Lupita está segura de que no lo hizo solo y quieren la verdad. Hay muchas cosas que no cuadran. Las autoridades, como siempre sucede (sobre todo en el Estado de México) no les han permitido ver la carpeta de investigación. Los abogados que les asignaron no les generan confianza, saben que la corrupción puede dar al traste con el caso.

—Gabriela y su hijo Luis vendían desayunos en la escuela primaria privada Instituto Pedagógico Paulo Freire. Luis llegó hasta ese lugar después de los hechos, lleno de sangre, los niños lo vieron, los docentes lo vieron, ¿por qué no los han llamado a declarar?, ¿por qué no han llamado a la madre de Luis quien fue la primera en llegar? —recrimina la familia Benítez Vega.

Don Jesús, doña Verónica, Iván de Jesús, Juana Isabel, sólo quieren justicia, no buscan venganza. Sólo justicia y la verdad.

—Que una vez más no prevalezca la corrupción, que investiguen con profesionalismo, no queremos nada más. Sólo que las autoridades mexiquenses hagan su trabajo.

—Mi hermana era amor, tal vez nunca nos dijo lo que pasaba por amor a sus sobrinos, a su bebé, a nosotros. Y no sólo nos la quitaron a nosotros, sino a cada una de las personas que la conocían les quitaron un pedacito de vida. No sólo la asesinaron a ella, nos asesinaron a todos. Y su bebé crecerá sin su mamá. Ella nos da fuerzas para buscar justicia, para cuidar a su bebé y evitar que este sujeto salga de la cárcel —concluyó Iván de Jesús.

Lupita no buscó ser asesinada, la saña con la que la mataron nos muestra, una vez más, la barbarie que estamos viviendo, era una joven recién casada con un bebé y muchas ilusiones por vivir.

El feminicidio que apagó su luz

Jazmín nació el 4 de septiembre de 1988. Fue la segunda de cuatro hermanos: Montserrat, Alejandro y José Manuel. Este último recuerda que él se hacía cargo de sus hermanos debido a que sus padres trabajaban todo el día. Más que sus hermanos eran sus hijos. La familia conformada por Margarita Valencia López y José López se caracterizó por ser trabajadora, respetuosa, alegre. Una familia que jamás imaginó que vivirían algo tan doloroso.

En junio de 2009, sin decir nada a nadie, Jazmín decidió irse a vivir con José Román. Su madre estaba en tratamiento porque tenía cáncer de seno.

—Todavía recuerdo sus palabras cuando se fue: "La vida es un juego, y voy a jugar el mío", lo tengo muy marcado, aún no entiendo por qué se fue con José Román. Mi mamá no se murió por el cáncer; cuando Jaz se fue, mi mamá se deprimió y a los dos meses falleció.

La ausencia de la madre no detuvo a esta familia, que aún lucha por salir adelante.

—¿Recuerdas cómo era Jaz?

—Jazmín siempre fue muy delgadita. Era alegre pero explosiva cuando se enojaba, era de esas personas que te la mientan y te ríes. De niña bailaba, no sabemos cuándo aprendió. En la escuela no peleaba con nadie, siempre fue muy extrovertida. Para ella su vida eran sus hijas, tal vez por eso no les decía de la violencia que padecía, para protegerlas. Isamary, su hija mayor, siempre fue muy inteligente, a los 5 años ya sabía leer. Todo eso se lo enseñó Jazmín. Un tiempo trabajó como estilista, pero él se lo prohibió, la acusaba de que lo engañaba.

Jazmín era una mujer llena de alegría, siempre jugando, siempre sonriendo. Todo lo que padecía en casa se lo ocultaba a su familia. Para Jazmín sólo existía algo importante: amar a sus hijas y a sus sobrinos; ellos no merecían escuchar las peleas.

Isamary, de siete años, recuerda a su madre amarrada a una cama con una cadena, golpeada con tubos por su papá, sobajada. Las niñas escuchaban los insultos, las amenazas de quien "las amaba".

Una vez huyó de casa, se escondió para que él no la viera, para que no la regresara. Román era muy violento con ella. Fueron 9 años de dolor. Uno de los embarazos de Jazmín fue difícil: Nadia Karen nació a los 7 meses. El parto se adelantó debido a una caída que fue provocada por Román, la pequeña murió después de 15 días.

Una faceta del maltrato es el secreto que hay que guardar. No se cuenta porque avergüenza; no se cuenta porque se piensa que quizás es merecido por no ser como deberíamos.[5]

—Era muy difícil que lo aceptara, yo le decía: ya, Jazmín, acepta que José Román es el que te hace esos moretes. Creo que

---

[5] http://salud.ccm.net/faq/19773-perfil-de-la-mujer-maltratada.

en el fondo recordaba cómo es que se fue y eso la apenaba con nosotros.

Hace 7 meses Jazmín Lucero dio el paso que faltaba para huir de una muerte segura, del dolor, del maltrato, del aislamiento, de las humillaciones, de los moretes en el cuerpo que ocultaba diciendo que se había pegado con una puerta. Finalmente, convencida de rehacer su vida, quería ir a Estados Unidos o a Cancún con sus hijas, dejó a José Román, ya no toleraba más insultos, tenía que ponerse a salvo y proteger también a sus dos pequeñas hijas de 7 y 5 años. Era urgente, necesario.

El 3 de abril de 2017, en Cuatitlán Izcalli, Estado de México, Jazmín se había regresado a vivir con su papá y preparaba a sus pequeñas para llevarlas a la escuela. Sus hermanos desconocen cuándo comenzó a acecharla José Román. Algunos vecinos aseguran que los vieron discutir. Un indicio más es la moto de él, pues estaba afuera de la unidad habitacional.

A unos metros, la atacó enfurecido. José Manuel, el hermano, pudo contar 12 heridas. La llevaron al hospital en el piso de una camioneta de Protección Civil, con la mano en la garganta para evitar que se desangrara. José Manuel le preguntó si había sido José Román, ella asintió con la cabeza. En el momento que pudo, Jazmín le dijo a su hermano:

—Te encargo a mis hijas, no voy a aguantar.

Jazmín fue ingresada al hospital, los médicos le advirtieron a su hermano de la gravedad de las heridas.

—Veía cómo entraban y salían doctores y enfermeras. Poco después nos informaron que *La Flaca* (Jazmín) había fallecido luego de sufrir tres infartos, nos dijeron que fue paro cardíaco, no aguantó el último.

Y comenzó el peregrinar:

—Nos mandaron a Cuatitlán porque ahí ocurrieron los hechos, luego nos mandaron a Tlalnepantla, y otra vez a Cuatitlán. Después de que la llevaron al Semefo, tardaron horas para entregarla, una de las señoritas que estaba ahí nos dijo: "Si quieren regresen más tarde, en unas dos horas, porque voy a comer." Además de enfrentar la muerte de mi hermana, vivimos la indiferencia de la burocracia.

El feminicidio de Jazmín ocurrió en tiempo de elecciones estatales. Fue indignante que ni siquiera hubiera una nota periodística que documentara el caso. Yo contacté a la familia por medio de redes sociales, así iniciamos la denuncia pública.

Este feminicido se dio a conocer en medios nacionales en mayo de 2017, todos los días los familiares de Jazmín subían la foto de José Román para que fuera buscado por las autoridades. Para que lanzaran la orden de aprensión.

Luego de una marcha que se organizó en Cuatitlán Izcalli, a la que fue obligada a acudir la fiscal de feminidicios, Irma Millán y las elecciones eran cuestionadas por éste y otros feminicidios en el Estado de México, la Fiscalía General aportó una recompensa para dar con el paradero de José Román Guarneros Pérez.

Estrella, la hija menor de Jazmín, presenció el asesinato de su mamá. José Román se la llevó. La pequeña contó a sus tíos que al negarse a subir a la moto, su papá la amenazó, diciendo que se subiera o le metería también el cuchillo. El asesino dejó a las niñas al cuidado de sus padres y ellos, con temor, se comunicaron con José, padre de Jazmín, y acordaron la entrega de las menores en el Sistema para el Desarrollo Integral de la Familia (DIF).

La negligencia con la que la institución actuó fue la misma que en las agencias del Ministerio Público. Las niñas no fueron entregadas de inmediato y mucho menos les dieron atención psicológica. En la agencia había un pastel por el cumpleaños de una empleada, por lo que los hicieron esperar horas para entregar a las pequeñas.

A la fecha, Estrellita no puede dormir; si lo intenta, ve a su mami en medio de un charco de sangre. Ya no quiere ser niña porque no le gusta, quiere ser adulta, le urge crecer porque ser niña es feo. Isamary, la mayor, permanece callada, sólo observa, y de repente toma actitudes agresivas. Las secuelas en estas pequeñas quedarán en su mente, en su memoria, en su corazón.

En medio de la humilde casa una cruz blanca, acompañada de veladoras que titilan levemente e iluminan una foto de Jazmín Lucero y unos dibujos hechos por Isamary.

—Hola, mami. Nunca me olvides, nunca jamás. Te amo mucho, te voy a extrañar.

Jazmín Lucero no sobrevivió a quien decía amarla. Después de que lo dejó, José Román la hostigó y la amenazó. Como ella se mantuvo firme, él optó por lo único que su retorcida mente le indicó: asesinarla, aniquilarla. Y, con esto, asegurarse de que jamás estuviera con otro hombre.

Jazmín Lucero no murió por tonta; fue asesinada por la impunidad, por la falta de prevención. Su expareja la asesinó porque pudo, porque en este país nos asesinan porque pueden.

José Román Guarneros Pérez fue detenido en junio de 2017 y puesto a disposición de las autoridades mexiquenses. Actualmente se encuentra en proceso judicial.

Feminicidios disfrazados

El ataque a la mujer es fundamental hoy como lo fue en el siglo XVI y XVII porque son las mujeres quienes mantienen unida la comunidad, son las que están involucradas en el proceso de reproducción, son las que defienden más directamente la vida de la gente. Atacar a las mujeres es atacar a la comunidad.

CHUY TINOCO

SERYMAR

Serymar Soto Azúa nació el 13 de octubre de 1995 en Torreón, Coahuila; era la más pequeña de cinco hermanos.

Sandra Soto, hermana de la víctima, detalló que cuando la chiquilla llegó a sus vidas pasaban por un momento de mucha tribulación familiar y la llegada de una nueva bebé llenó de alegría a esta familia y fortaleció los lazos para mantenerse unidos. De bebé, Serymar era linda, noble y tenía una sonrisa encantadora. Todos la cuidaban y la llenaban de mimos y mucho amor.

A Sery —como la llamaban de cariño— le encantaba bailar, cantar, adoraba subir al escenario. Cuando tenía 5 años era súper fan de Selena, siempre cantaba "Como la flor". Era su canción preferida. De hecho, ganó varios concursos de canto con esa canción. A los 10 años imitaba a Belinda y concursó en el estado de Coahuila para ser su doble y ganó.

—Cuando ganó ese concurso fue uno de los mejores momentos para ella —relata Sandra, con una sonrisa en los labios.

—Sery era una niña muy sencilla, muy sincera, muy amorosa. Era muy empalagosa, nos abrazaba, nos besaba, se nos colgaba del cuello de caballito; era muy encimosa. Siempre tenía una sonrisa, un juego o una broma para todos. Destellaba alegría y amor. Era la felicidad de la casa. Nunca le gustó ir a la escuela, cuando entró al kínder, desde el primer día hasta el último, lloró todas las mañanas.

Durante su adolescencia, Sery se enamoró de su novio de juventud, meses después de su fiesta de 15 años decidió irse de casa con él. Vivieron en unión libre. A los padres y hermanos de Serymar no les pareció y se preocuparon, intentaron de una y mil formas convencerla de que no era su tiempo, que regresara a casa, pero nada lograron. A los 17 años Serymar se convirtió en mamá.

—Cuando vio por primera vez a su pequeño Romeo, se deshizo de amor. A los 2 meses se separó de su pareja. La inmadurez, su corta edad, la problemática de vivir en casa de los suegros y el apego de su pareja con la mamá de éste terminaron por quebrantar esa relación —detalla Sandra.

Serymar sufrió mucho la ruptura; sin embargo, no dejó de estudiar, retomó la preparatoria. Además estudiaba estilismo y belleza, sus pasiones. Y comenzó a estudiar maquillaje con su ídolo Waldo Paredes. Soñaba con tener un salón de belleza. Desde los 12 años tomó cursos de uñas, siempre vestía a la moda.

—Después de un año de separación, Sery conoció a Jorge Alejandro. Él la cortejó con detalles (rosas, serenatas, peluches, regalos, cenas), esas cosas que nos vuelven locas a las mujeres. Jorge hacía todo para enamorarla. Serymar volvió a creer en el amor. Ella valoraba mucho esos detalles y atenciones que la encantaron.

Jorge era 3 años mayor que ella, tenía una hija que cuidaba: la llevaba a la escuela, le daba de comer, la bañaba, la cambiaba. Por las noches, trabajaba tocando la tuba en su grupo, Banda Moda 7. Para la familia de Serymar, Jorge era el hombre adecuado para su bebé.

—Nosotros admirábamos a Jorge por estar tan comprometido con su hija, parecía amoroso y responsable. Además, era cariñoso y atento con mi hermana. Creímos que Sery había encontrado a un buen hombre y que serían felices porque se amaban.

Así trascurrieron 2 años de relación, entre enojos y reconciliaciones, en agosto de 2016 formalizaron su relación. Jorge le pidió matrimonio en presencia de ambas familias, Serymar hizo un video que inmortalizó el momento: "Lo más bonito que me ha pasado."

Serymar estaba radiante, su cabello rubio ondulado y su vestido color melón, su maquillaje intacto y su bella sonrisa. Sus ojos irradiaban amor, felicidad y mucha ilusión. Cumpliría uno de sus sueños: casarse de blanco con el hombre que amaba, tendría su fiesta, su vestido, formaría una familia...

Todo cambió el 28 de enero de 2017. Después de una discusión, Jorge la asesinó. La impactó con su vehículo y la proyectó cerca de cien metros, ocasionándole múltiples fracturas: de cráneo, de omoplatos, costillas, pelvis destrozada, tibia y peroné de la pierna derecha. Para el 3 de febrero del 2017, a Serymar, de 21 años, le diagnosticaron muerte cerebral. Su corazón dejó de latir el 4 de febrero en Torreón. Ahí se quedaron sus sueños, el amor por Romeo. Su sillón con la tina de lavado, su espejo, su maleta de uñas, su maletín de maquillaje y peinado con el que pondría su estética. Sandra aún conserva algunos objetos.

Aunque la Procuraduría General de Justicia del Estado de Coahuila inició con la carpeta de investigación 000046/2017 y después de la denuncia que interpuso la familia, con la necesidad de encontrar justicia, todas las indagatorias se detuvieron.

La hermana mayor de Serymar desconoce si fue librada la orden de aprehensión. El crimen fue clasificado como feminicidio, pero como siempre sucede en estos casos, Jorge Alejandro se encuentra prófugo, cobijado por su familia, quien tres horas después del asesinato avisó a la familia de Serymar, que ella estaba herida. Tres horas vitales que fueron desperdiciadas. Los médicos no pudieron intervenir, sólo la estabilizaron porque no había un familiar directo que tomara decisiones.

A la fecha, Jorge Alejandro sigue prófugo, amparado por la indiferencia de las autoridades de Coahuila, quienes —como las del Estado de México— estaban más ocupados en la elección de gobernador que en hacer justicia para esta familia. Ellos no buscan venganza, sólo quieren justicia para Sery.

—La vida de mi hermana se quedó en un sueño que no se pudo realizar, y para nosotros se convirtió en una pesadilla. Jorge apagó su luz y con ella la de nuestra casa —finalizó Sandra con lágrimas en los ojos.

Carta al asesino:

Ése eras tú, ¿ya te viste? Tenías una vida, una familia, una novia, una hija, un trabajo con todas las dificultades y sinsabores que pasamos los normales. Pero, dentro de lo que cabe, tenías una vida hecha y feliz. ¡Lo tenías todo!

Una hija a la que podías llevar al parque, a andar en bicicleta, comprarle un helado, llevarla al colegio. Y la obligación de respaldarla como padre. Tenías un trabajo, que es tu pasión, la música, la tuba, la banda. Trabajabas en la fiesta, y cuando uno trabaja en lo que le gusta, lo disfruta. Tenías una novia bellísima por dentro y por fuera, con sus defectos como todos, pero que te amaba intensamente; lograste que se enamorara de tus mentiras y tus engaños haciéndote pasar por quien no eras. Tenías en ella una prometida, una mujer que quería compartir su vida contigo y para ti, con la mejor disposición de ser una mamá para tu hija, ayudarte a cuidarla y educarla. Pero, sobre todo, tenías una mujer que te amaba.

Serymar tenía muchas ilusiones de que llegara el día de su boda, el 9 de agosto de 2017. Vestido, zapatos, maquillaje, peinado, luna de miel, arreglos, mesas, sonido, luces. Estaba cuidando cada detalle para que todo fuera perfecto, mágico e inolvidable. Tenías una familia, tus padres, tus hermanos con los que ibas a comer tostadas de atún, esas que tanto te gustan y que le gustaban a ella también. Ahora te las piden para llevar y te las comes escondido. Tenías amigos con los que se juntaban a la carnita asada y a cotorrear. ¡Tenías todo, Jorge Alejandro Ugarte Hernández, y lo digo en pasado porque lo tenías y ya no lo tienes!

Ya no eres ése, porque te convertiste en un ASESINO, mataste a Serymar, a tu novia, a tu prometida, a la mujer que te amaba. Con ella te mataste a ti, mataste tu vida, tu libertad y tus derechos. Ella está en un mejor lugar que tú. Porque tú estás en el infierno de tu crimen. Atrapado en él y no te vas a librar. Puede ser que no tengas conciencia ni tampoco sentimientos, y que tu objetivo esté logrado. Yo creo que ésa es tu naturaleza psicópata, pero, ¿qué crees? También mataste al papá de Ximena, lástima que la hayas dejado desvalida a su corta edad; lástima que no puedas ir al parque con ella, comprarle un helado y reír con ella. Tampoco puedes cumplir tu obligación de mantenerla y defenderla de los psicópatas que se vaya encontrar en la vida, ya que por esconderte no lo verás, no estarás al pendiente; lástima que quizá, cuando crezca, estará avergonzada de ti.

Con el feminicidio de Serymar también te asesinaste, asesinaste al tubero, a tu trabajo, a tu banda, a tu pasión. Debe ser muy feo estar escondido y no tocar el instrumento escandaloso que tocas porque te delataría. Mataste al amor, Serymar se llevó a la tumba ese amor que te daba, sus besos y sus caricias; ella se llevó a ese Jorge Ugarte idealizado e inexistente. Era la única que te admiraba, la única que te veía guapo y te veía todas las virtudes y nada de defectos y la mataste. ¡Qué irónico!, porque quienes nos quedamos no pensamos igual que ella, nosotros vemos a la basura real.

Enterrada con Serymar está tu familia y tu vida social, a todos los integrantes de tu familia les cambió la vida con tu atroz acto cobarde. Ahora tienen que caminar agachando la cabeza por apoyarte, aunque aparenten cinismo y fortaleza, por dentro les quema la vergüenza que les provocas.

Ahora tienen que mentir y justificarte, debe ser muy feo haberte quedado sin amigos, sin salidas, sin carnitas asadas y, peor, no recibir visitas a escondidas porque no puedes confiar en nadie, no vaya a ser *que te pase el clásico: "Te voy a contar algo, pero no le digas a nadie..." "¡Te lo juro!, ¡no le voy a decir a nadie!" "Oye, qué crees, te voy a decir algo que me dijeron, pero no vayas a contar a nadie, porque lo juré." Ya sabes cómo es la gente.*

Debe ser horrible no salir ni a la tienda porque el delirio de persecución te acompaña; debe ser feo avergonzarse de sí mismo, agachar la mirada cuando te armas de valor y sales a la calle. Si alguien se te queda viendo fijamente tratando de reconocerte, debes salir huyendo, debe ser muy feo ser tú. Debe ser horrible cerrar los ojos y encontrarte la imagen de Serymar corriendo, tratando de huir de ti y salvar su vida, y tú persiguiéndola en tu coche por ese terreno; debe atormentarte recordar ese grito desgarrador al momento del impacto y después verla proyectarse metros y metros adelante.

¿Quisiera saber qué sentiste al verla tirada en esa banqueta inmóvil, indefensa ensangrentada y agonizando? ¡Qué sangre fría la tuya para verla así y retirarte sin el menor remordimiento, sin auxiliarla!, pero más aberrante aún que hayas tenido cabeza para volver a tu coche a salvar tu tuba, que era lo que te importaba, qué deleznable es el ser humano que tú eres.

No imagino lo que debas sentir después de haber hecho tan cobarde acto y que te aborden recuerdos de su sonrisa o de cuando te daba un beso cariñosamente, y veas su mirada enamorada. ¿Sabes?

¡Eres un tipo con mucha suerte, todos los astros de maldad se alinearon para que la mataras ese día! Te libraste de los gastos económicos en el hospital, no pagaste un centavo en el negocio que afectaste, de los gastos del funeral también la libraste. ¡De la ley corrupta, ni qué decir! Los tiempos electorales y la burocracia te han beneficiado para seguir prófugo. Tal vez hasta la libres de pagar con cárcel tu delito y la muerte de Sery quede como millones en la impunidad. Pero, ¿sabes?

Después de todo el daño que has hecho con el asesinato de Serymar, al cortarle la vida, el dolor a su familia y a su hijo, he sentido ganas de que te pase algo malo, pero después pienso, para qué si lo malo ya lo llevas dentro. Donde quiera que estés, algún día te vas encontrar tú mismo, de ti no te puedes esconder, si ya de por sí ser tú es una condena perpetua.

Si no te castiga la ley, lo harán Dios y la sociedad. Los actos de maldad nunca son felicidad y no tienen otro final más que la cárcel o la muerte, aunque sea en vida, pero muerto estás. Éste eres hoy después de ese 4 de febrero de 2017, que Serymar dejó de existir: un ASESINO, un prófugo, un muerto en vida.

Sandra Soto Azúa

El caso de Serymar sigue abierto. De acuerdo con medios locales, el presunto homicida, Jorge Alejandro Ugarte Hernández, fue capturado en Parral, Coahuila, por elementos de la Procuraduría General de Justicia del Estado (PGJE), el 10 de agosto de 2017. Ese día fue trasladado a un penal de Torreón. Si se puede confirmar su culpabilidad, podría ser sentenciado a más de 50 años de prisión.

JORGE ALBERTO, UN POLICÍA FEDERAL ENTRENADO PARA ASESINAR HASTA CON UN AUTO

El silencio es el ruido más fuerte, quizás el más fuerte de los ruidos.
MILES DAVIS

Hablar de la historia de vida de una mujer asesinada cada vez resulta más difícil, es prácticamente imposible no contarle la misma historia con nombres diferentes. Cada vez que acudo al llamado de algún familiar, hermana, madre, hija de una mujer víctima de feminicidio lo hago con el objetivo de escucharlas, de tomar con sumo cuidado el corazón que me entregan cada vez que las oigo. Para entonces quitar la cifra y ponerles rostro:

Wendy Silva Dueñas, hermana menor de Juana, me busco vía *messenger* el 8 de junio de 2017. En su mensaje prácticamente suplicaba que pusiera atención a su caso, cuando a la que le hacen el honor es a mí cuando con toda la esperanza para abrir las puertas de su dolor. Por cuestiones de tiempo y trabajo me fue imposible acudir de inmediato a verla, finalmente el martes 18 de julio acudí a Amecameca, Estado de México.

Me recibió Josefina Dueñas, madre de Juana y Wendy, una mujer de 52 años que amablemente nos abrió la puerta. Su casa es como las muchas de quienes hemos visitado; humilde, que alberga el dolor, impotencia, dudas que nunca se resuelven, ¿por qué Juana?, ¿por qué ella, ¿por qué la asesinó?, ¿por qué no hice nada antes por evitarlo? Josefina nos hizo pasar. Una cama a la izquierda de la sala funge como recámara de uno de los hijos mayores de Josefina, quien tras una mala racha, regresó a casa de su madre. La cocina y el comedor prácticamente se hacen uno. Josefina, amablemente, pero con la necesidad casi urgente de hablar, nos invita a tomar asiento. Unos minutos después llega Wendy, quien con una sonrisa en la cara, me da un abrazo y agradece nuestra estancia en su hogar.

Juana Silva Dueñas, nació el 8 de noviembre de 1983, en la Ciudad de México, fue la segunda hija de cinco hermanos, los cuales fueron abandonados por el padre. Josefina, la madre, tuvo que trabajar para sacarlos adelante, una familia humilde que, con muchas dificultades, trató de encontrar cada uno su camino. Juana intentó iniciar su vida, a los 16 años tuvo a su primer hijo. Las cosas con el padre de su hijo no funcionaron, por lo que Juana se dedicó a trabajar para sacar adelante a su niño. No tenía una vida llena de lujos, pero vivía tranquila, y siempre tratando de sobrevivir en un mundo donde ser mujer y madre soltera siempre siguen siendo mal vistos. Josefina recuerda a su hija alegre, pero reservada, tenía los ojos almendrados, era bonita, sabía arreglarse y verse muy bien; estaba saliendo adelante, sacando adelante a su hijo.

Cinco años atrás, Juana comienzó una relación con Jorge Alberto Lara López, policía federal. Ambos ya habían tenido parejas que no funcionaron y tenían 28 años. Deseaban crear una familia, ésa fue la impresión de Juana cuando se fue a vivir con Jorge. Juana ya tenía a su hijo mayor quien, en ese entonces, tenía 11 años. Así inició lo que Juana pensó sería una buena relación. Estaba enamorada de Jorge y entonces se embarazó. Nació la pequeña Johanna. Todo parecía ir bien para ella, sin embargo, el infierno que vivió ni siquiera sus hermanas ni su madre lo imaginaban.

—Sí me daba cuenta de que Jorge era muy controlador cuando venía a la casa. Tenía que decirle cada paso que daba. Como policía federal era comisionado constantemente a otros estados de la República. Y Juana siempre se arreglaba y se veía muy bonita, pero cuando él no estaba en Ixtapaluca, que era donde vivían, mi hija no se arreglaba. Su cabello sedoso y suelto bien arreglado era cambiado por un chongo. Su maquillaje siempre ideal, era sustituido por la cara lavada. Sus blusas pegadas y sus pantalones ajustados eran cambiados por playeras enormes y pants flojos, para que no se viera nada. Además, Juana tenía que mandarle una foto de ese día a Jorge para que viera lo mal arreglada que estaba; el control de él sobre ella era constante.

A los 4 años de iniciada la relación Jorge y Juana decidieron casarse, el 5 de noviembre de 2016. Ella lucía un hermoso vestido, pero se dejaba ver la tristeza en sus ojos. Juana le dio el sí a Jorge, lamentablemente.

—No sabemos por qué decidió casarse. Mi hermana era muy reservada con sus problemas, y con lo controlada que estaba. Le preguntamos por qué, y ella sólo se limitó a decirnos "que era lo mejor". Por la tristeza que se le veía en los ojos, no parecía una mujer enamorada. Tal vez lo que se vislumbraba era que estaba amenazada. Lo que no entiendo es por qué no me decía nada.

Los celos y el control de Jorge hacia Juana no pararon con la boda. Al contrario, crecieron. Entonces, el 20 de diciembre de 2016, Juana le dijo a su mamá que Jorge era violento con ella: Tú crees, má, Jorge me dijo que si un día me cacha en algo (celos enfermizos), me levanta, me mata y me hace cachitos o me quema viva."

Ese día, Juana le comentó a Jorge que sólo por ser quien era, "policía federal", se sentía intocable. Y le dijo: "Deja de amenazarme, si me vas a levantar hazlo, TE DESCONOZCO, olvídate de que tienes hija. Una cosa es que seas policía y otra que te pases. En este momento voy a ver dónde levanto una denuncia por todas las amenazas de muerte que me has hecho."

El 24 de diciembre de ese año, Juana pasó la navidad con su familia, dijo su hermana: "Estaba contenta, no nos volvió a mencionar nada de Jorge, pero ya estaba buscando un cuartito para irse a rentar y dejarlo. Toda esa violencia le hacía daño a la niña y a la misma Juana. Ya estaba decidida a dejarlo."

El 29 de diciembre, Jorge regresó de su comisión. La familia de Juana sabía que cuando Jorge estaba en casa, ella apagaba el celular por instrucciones de él. No le gustaba que tuviera contacto con ellas. Por lo que, al marcarle, ese día supieron que Jorge ya había regresado.

La madrugada del 2 de enero de 2017, sobre la carretera a la altura de Chalco, Estado de México, Juana decidió bajarse de la camioneta de Jorge Alberto Lara López después de una discusión. Repentinamente, el agresor decidió concretar sus amenazas, al ver que Juana se iba, echó la camioneta en reversa, arrollándola. Avanzó hacia adelante y nuevamente volvió a meter reversa. "Pasó la camioneta por encima de Juana", eso es lo que revela el peritaje de las autoridades mexiquenses.

Un accidente plagado de irregularidades

Juana murió de inmediato a la una y media de la madrugada. Su familia se enteró hasta pasadas las cuatro de la mañana. Jorge Alberto no llamó a la ambulancia o a las autoridades, llamó a su familia. Acto seguido, se metió debajo de la camioneta y sus familiares le tomaron fotografías. Cuando la ambulancia llegó, él estaba debajo sin más lesiones que unos rasguños en la cara. Johanna, la pequeña de 4 años de la pareja, tenía algunas raspaduras en las piernas y brazo. El asesino dio dos versiones distintas de los hechos. La primera fue: "Nos quisieron asaltar, llevándose a la niña, mi esposa y yo nos pusimos frente a la camioneta para impedirlo y nos atropellaron a ambos." La segunda fue: "Cuando arranqué no la vi y le pegué por la espalda."

Pero la familia de Juana tenía muchas dudas al respecto. La madre se preguntó:

—¿Por qué la niña tenía lastimada la pierna si estaba arriba, según Jorge. ¿Por qué sólo Juana terminó con tantas lesiones y él no?, ¿por qué primero dijo que los asaltarían y después que no la vio al meter la reversa? ¿Por qué me dijo cuando entré a verlo, después de que lo detuvieron, "perdóneme, suegra, yo la maté"?

Jorge Alberto fue detenido y vinculado a proceso legal como presunto responsable del feminicidio de Juana. La familia de la víctima de 33 años no ha vuelto a ver a la pequeña Johanna desde el día 3 de enero de 2017. La madre de Jorge Alberto chantajeó a Josefina para que le otorgara el perdón a Jorge y, a cambio, ella le daría a la niña. Wendy, la hermana, le pidió que no lo hiciera. La familia de Jorge quiere aprovecharse del amor que siente la familia de Juana por Johanna para anular el proceso contra el asesino y que no se haga justicia para la víctima.

La madre y las hermanas de Juana quieren y buscan justicia. Ya le han pagado a un abogado privado para llevar el caso pero, hasta el momento, no ha habido avances sigunificativos. Wendy trabaja y estudia, y apenas puede pagar un abogado. Hasta ahora sólo saben que Jorge está alegando que fue un accidente.

Las autoridades del Estado de México se muestran incapaces para solucionar lo que está en sus manos y que hay un vínculo con la corrupción. Wendy sabe que la familia de Jorge está sobornando a algunas personas para que cambien la versión de los hechos. Jorge era policía federal y cree que va a ganar el caso. Pero la esperanza de encontrar justicia aún prevalece con el dolor de los allegados a la víctima.

Un suicidio que nunca fue

Qué miedo puedo tener, me quitaron todo,
me arrancaron la vida, qué más puedo esperar.
Magdalena Velarde, madre de Fernanda

Fernanda Sánchez Velarde nació el 8 de noviembre de 1995, en el Estado de México. Era la tercera hija de Magdalena Velarde Tepos y Roberto Sánchez Ortiz.

—Era una niña muy amorosa. Su mamá eligio el nombre. Llenaba de amor a la familia, siempre alentaba a su mamá para que fuera más alegre —Así comenzó a hablar Roberto de sus recuerdos, con la voz entrecortada.

—A la ro ro niña, a la ro ro ya, duérmete, mi niña y duérmete ya. Cuando era bebé siempre sonreía, le gustaba que le cantara, siempre se dormía.

Con tristeza en los ojos, Magda, madre de Fer, recordó que cuando entró a la escuela le cantaba.

—"Sol, solecito, caliéntame un poquito, hoy y mañana y toda la semana..." Era su canción preferida cuando era niña. Si veía que estaba nublado, la cantaba y me decía: "Para que salga el sol, mami."

Fernanda nunca tuvo problemas para aprender, le gustaba el orden, la escuela era importante para ella. En los cumpleaños de cada uno de sus familiares, les regalaba detallitos, tarjetas que ella hacía. Siempre fue muy cariñosa con todos, siempre expresaba su amor.

Su niñez fue pacífica. Pertenecía a una familia que trataba de inculcarle buenos sentimientos a sus hijos. A los 15 años, con mucho temor, Fernanda les confesó a sus padres que estaba embarazada.

—¿Qué pensaron, la iban a dejar ir?

—Obviamente nos molestamos al principio. Pero, qué podíamos hacer, ella quería tener a ese bebé y si la hubiéramos mantenido en casa, ella habría buscado la manera de ver a su novio Led Clemente Sandoval. Así que optamos por darle permiso de irse a su casa.

—¿Ella no se quejó de nada cuando fue a vivir a la casa de sus suegros?

—Al principio de la relación ella no nos reportaba nada malo, lo único que a nosotros no nos gustaba era que parecía la esclava de todos ellos, pero lo sopesaba con su embarazo, lo disfrutó mucho.

La voz de dolor de esta mujer delgada, de tez blanca, de ojos tristes, se alza cuando cuestiona:

—¿Por qué no hice más por evitar que esto pasara? —las lágrimas arrecian—. Nació el pequeño de Fernanda, a quien amaba con todo su ser. Siempre lo traía con ella, parecía su calcomanía. Después de que nació el pequeño, inició la violencia. Fueron 3 años de pesadilla, Fernanda fue maltratada y humillada por Led y su madre. Y acosada sexualmente por su suegro. Era un infierno para mi niña, pero por más que le decíamos que se regresara a casa, no podía, nos decía que las cosas iban a mejorar.

El 4 de enero de 2014, el suegro se comunicó vía telefónica con Roberto para decirle que Fernanda se había salido de la casa y que había dejado al niño con Led. Magda también se enteró de que Fernanda no estaba en casa. Sin embargo, al pasar la mañana, vieron llegar patrullas a la colonia San José Bellavista, en Cuautitlán Izcalli, Estado de México, a la casa donde vivían Fernanda y la familia de Led.

—De inmediato corrí para allá, cuando llegué no me dejaron pasar, sólo me dijeron que mi hija se había colgado. Los policías me comentaron que me pusiera lista, porque mi hija no se había suicidado. Me dijeron: "¿Dónde ha visto que una persona primero se golpeé, después se cuelgue y al último se corte las venas?" No había una sola gota de sangre, yo nunca la vi colgada. Un conocido de la familia entró y vio que estaba prácticamente hincada, con una pierna adelante y la otra detrás. Pregunté por las fotos pero las autoridades del Estado de México me dijeron que al levantamiento del cuerpo no había llegado el perito en fotografía. Eso es una omisión, eso me hace pensar que hubo tráfico de influencias de la familia de Led, pues tienen familiares en el Ministerio Público. Y por eso no aceptan que fue feminicidio y no un suicidio.

Al levantar el testimonio de este caso, las autoridades del estado y, en particular, la licenciada Irma Millán, fiscal de feminicidios, le pidió a Magda que ya no me comentara nada. El 27 de marzo de 2017 reclasificaron el crimen como homicidio. Magda tenía miedo de que lo volvieran a clasificar como suicidio; por lo que me pidió tiempo para que las autoridades dictaminaran. A principios de junio de 2017, los dos hijos mayores de Magda y Roberto también fueron asesinados.

Frente a mí tengo a dos padres llenos de dolor, Roberto ni siquiera puede decirme qué siente. La voz se le va, sólo veo el dolor en su rostro, el vacío en su corazón. Magda llora sin cesar cuando narra cómo era su pequeña. Son los padres de una chica de 18 años que fue asesinada.

—Me queda claro que si se hubiera suicidado, se habría llevado a su pequeño de un año y 10 meses por delante, no lo hubiera dejado solo, ambos eran violentados.

A la causa penal además se suma el doble asesinato de sus hijos; los padres no descartan que estén relacionados a su exigencia de lucha. Exigen justicia para Fernanda y para sus otros dos hijos.

—¿Cómo siguen fuertes?

—Nuestro hijo mayor nos dejó a sus dos pequeños, la madre de los niños no quería saber nada de ellos. Tenemos que recuperar al pequeño de Fernanda, quien llega golpeado, con moretones en el cuerpo y nos dice que su papá no lo quiere.

Magdalena fue acusada por la familia de Led de haber secuestrado al pequeño, por lo que se encuentra con la familia de su papá. Preocupada por la violencia que el pequeño sufre, ha levantado actas pero le indican que no proceden porque los golpes que lleva el niño son muy leves.

—¿Qué clase de golpes quieren?, ¿qué violencia quieren?, ¿qué esperan?, ¿que me digan que el niño también se suicidó?

Las "investigaciones" continúan, nadie ha sido detenido. El pequeño sigue en la casa paterna y la devastación se refleja en estos padres que se han quedado ahora como padres de sus otros dos nietos.

Un feminicidio encubierto

Con el tiempo aprendí que tengo que esperar la vida como venga y no debo depender de nadie. Que mi lucha constante me dejó a grandes personas y también el día que te quitaron la vida se llevaron la mía, ¡sólo pocos lo van a entender y no juzgarán! También entendí que Dios me dio esta misión por algo y los perdono con todo mi corazón por el daño que nos causaron. ¡Comenzamos a liberarnos y perdonar porque no podrán escapar de la JUSTICIA DIVINA! ¡Hoy decidí liberarme y sacar lo que daña! Ya no tengo nada que perder porque, ¡ya lo perdí todo! ¡¡Quisiera que todo fuera sólo un sueño!!

Isabel Salas Chávez, hermana menor de Elena Arlette

Elena Arlette Salas Chávez, de 32 años, desapareció el 8 de septiembre de 2016, con su esposo Omar David Castañeda Viloria, en Coacalco, Estado de México. Omar tenía una plaza de policía municipal en Tultitlán, la cual —según testigos llamados a declarar durante el proceso de investigación— era de "aviador".

Desde el primer momento, la familia de Omar entorpeció la averiguación. En incontables ocasiones, Isabel Salas Chávez, hermana menor de Arlette, denunció el tráfico de influencias en el caso. La familia de Omar había intentado intimidarla. Por ejemplo, Isabel jamás pudo entrar a la casa de su hermana. La familia de su cuñado siempre lo evitó.

Movían la carpeta de investigación de un municipio a otro: de Coacalco a Ecatepec, y así hasta que terminó en Tecámac. La agente encargada del caso en ese municipio, la licenciada Laura Yanitzin Jiménez, dio parte a la Policía Federal para que la Comisión Bancaria y de Valores investigara las cuentas de su cuñado y agendó una pericial en la casa de la pareja. Esta vez como procedía conforme a la ley: con perros entrenados, luminol, etcétera. Todo esto se realizaría el 7 de marzo de 2017. Es decir, 7 meses después de la desaparición.

—Justo cuando podría saberse la verdad, el 3 de marzo de 2017, me notificaron que ya los habían encontrado, asesinados.

Isabel sí reconoció el cuerpo de Arlette, sin embargo, jamás reconoció el cuerpo de su cuñado Omar.

—Omar tiene cicatrices en la cabeza, el tórax, las piernas y los brazos, a consecuencia de accidentes en moto. Además, el grado de descomposición no era el mismo que tenía Arlette, estoy segura de que la muerte de mi cuñado es un montaje para no ser detenido por el feminicidio de mi hermana.

La Fiscalía General de Justicia del Estado de México, mediante un comunicado de prensa replicado por varios medios de comunicación locales, aseguró que la pareja —Arlette y Omar David— se dedicaban a la extorsión y clonación de tarjetas bancarias, razón por la que la primera línea de investigación apuntaba a un posible conflicto entre las víctimas y el o los probables responsables. Con esta versión, lo dicho a la familia de la víctima fue descalificado. Incluso por las propias autoridades.

En su momento, Isabel denunció que la licenciada Dilcya Samantha García Espinoza de los Monteros, subprocuradora de Atención de Delitos Vinculados a la Violencia de Género, y María Sol Berenice Salgado Ambros, fiscal para Personas Desaparecidas, le permitieron a Juan Rolando Viloria, tío de Omar, acceder a la carpeta de investigación. Incluso pudo participar en ella como víctima indirecta.

El 2 de marzo de 2017 encontraron los cuerpos pero se los notificaron un día después. La necropsia de ley se llevó a cabo el 10 de marzo, y el cuerpo de Arlette fue entregado el 11 de marzo por la tarde.

Los cuerpos de la pareja fueron sepultados por separado. Lo extraño fue que, a pesar de de que la Fiscalía del Estado de México señalara a Omar David Castañeda Viloria como un delincuente dedicado a la extorsión, gracias a su padre Leonardo Castañeda Hernández, policía federal activo y exmilitar, Omar fue sepultado como héroe, franqueado por el Ejército Mexicano, en el Cementerio Militar.

—Puedes ser delincuente, poner en riesgo a tu familia, o ser sospechoso de la desaparición y asesinato de tu esposa, no importa, serás sepultado dignamente —afirma con molestia Isabel.

En la funeraria, nos daba la bienvenida una foto de Arlette que por meses publicó Isabel. En medio de la sala está el ataúd gris. En el ambiente había dolor, dudas, llanto, impotencia. La imagen de Arlette refleja a una mujer plena, con la vida por delante. Amaba a los animales, quería rescatar a los perros abandonados en las calles y buscarles un hogar; por eso siempre se fotografiaba con mascotas. Se le veía feliz. Flores blancas, rosas rojas y blancas, girasoles enmarcaban la imagen de Arlette.

Elena Arlette nació en la Ciudad de México, el 10 de agosto de 1984. Era la segunda hija, hermana de tres. Como a todas nos sucede, ella se enamoró hace 12 años, pero estaba con el hombre equivocado. De unos años a la fecha le prohibía tener contacto con su familia. El hombre que la llevó a la muerte es el hombre que la familia de Arlette señala como el feminicida y que, para ellos, sigue vivo y fingió su muerte.

Cualquier asesinato, además de dolor, genera dudas, preguntas sin respuestas. Pero un feminicidio pone en evidencia que las mujeres somos más vulnerables, que en México se puede asesinar a una mujer y muchas veces no habrá consecuencias legales. Nos muestra la falta de interés de las autoridades y el contubernio de éstas con los feminicidas. Nos reafirma la falta de sensibilidad de la sociedad ante las muertes. Y, por último, nos confirma que en nuestro país las mujeres somos desechables, somos y seguiremos invisibles.

Cada feminicidio en el país nos golpea con la verdad, esa verdad que a pocos conmueve, que a diario tratamos de visualizar, entender, comprender, concientizar. Al ver la foto de Arlette, su ataúd, su cuerpo de mujer, todos esos intentos se vienen abajo. Su cuerpo inerte me hace comprender que podría estar viendo mi historia. Que ese dolor y ese llanto, podrían ser los mismos de mi madre, hermanas, amigas, si a mí me sucediera algo similar. Y tristemente no pasaría nada.

A las 11 de la mañana de ese domingo 12 de marzo, fue trasladado el cuerpo de Arlette a la sección Jardín de Navidad, en el panteón Jardines del Recuerdo, en Tlalnepantla, en el estado de la vergüenza, en el estado líder en corrupción y feminicidios: el Estado de México.

¿Quién tuvo el corazón de arrancarle la vida a Arlette de esa manera tan sanguinaria? La voz de Isabel, desgarrada, abraza el ataúd frío, toma una rosa blanca en sus manos y jura ante el cuerpo sin vida de Arlette que llegará a la verdad. Le pide que descanse y le agradece el haberle dado fuerzas para seguir buscándola.

Los minutos se llenan de dolor, el aire se vuelve irrespirable, el lente de la cámara se nubla ante tanto sufrimiento. La tierra empieza a cubrir el ataúd que protege el cuerpo de Arlette. Una mujer de cabello corto, arroja serena un ramo de flores blancas y moradas, en nombre de todos los perros que Arlette rescató.

La madre de Arlette en silla de ruedas, con el corazón en la mano, es testigo de cómo un feminicidio asesina a todos: a las familias, a los amigos, a los desconocidos.

El padre de Arlette se para junto a la tumba, no tiene mejor manera de expresarle a Arlette cuánto va a extrañarla... Toca su armónica, contiene el llanto, interpreta "Las golondrinas" y termina con un: "Adiós, hija."

El cielo se nubló. Empezaron a caer las primeras gotas de lluvia de esa tarde.

¿FEMINICIDIO O ACCIDENTE?

Lo único que queremos es justicia, saber qué pasó, las autoridades sólo nos obligan a pagar para que hagan su trabajo; por qué nadie ve, por qué los pobres no tenemos derecho a saber la verdad.
VALENTÍN PÉREZ OJEDA, HERMANO MENOR DE ZENAIDA

Fui contactada vía Facebook por una amiga de la familia de Zenaida, pedían mi ayuda. Zenaida había sufrido un "accidente" y necesitaban orientación. De inmediato me puse en contacto con Valentín, hermano menor de Zenaida, quien hizo la denuncia del accidente de su hermana el viernes 26 de mayo de 2017. En la transmisión diaria que hago para visualizar feminicidios, denunció que el 28 de enero de 2017, Zenaida salió de trabajar —ella se dedicaba a limpiar obras— y envió un mensaje a su hermana a las 4 de la tarde de ese día y nunca llegó. El resto de la historia es la incertidumbre.

Zenaida nació el 16 de agosto de 1986, era la hija mayor de cuatro hermanos. Su familia la recuerda así:

—Era tan alegre, siempre nos cuidaba. Era muy trabajadora, amiguera… desde chiquita saludaba a todo mundo, ¡tenía seis mil amigos en Facebook! Siempre ayudaba a la gente grande con sus bolsas de mandado, platicaba mucho con ellos.

Zenaida, como muchas familias que llegan a la Ciudad de México y área conurbada, buscaba mejorar. Desde muy pequeña trabajó, hacía el quehacer en casas cercanas, lavaba ropa, también trabajó en una pollería, siempre buscaba mejorar para su familia y para ella.

En enero de 2006 se fue a vivir con Cayetano Mariano Castillo, su novio. Cuando don Luis, su padre, se enteró, se molestó mucho.

—No era la forma, tenía 16 años, si se querían casar bien, así lo hubieran hecho; sin embargo, la dejamos, qué más podíamos hacer…

De esa relación nacieron Estrella y Tadeo. Hace casi 5 años, Cayetano la engañó y Zenaida decidió dejarlo. Y aunque puso demanda por pensión alimenticia, sólo un par de veces Cayetano se la dio.

—Mi hermana no se sentó a esperar a que él le diera dinero. Comenzó a buscar trabajo, a ella no le daba pena ni miedo hacer cualquier chamba para sacar adelante a sus hijos, a los que consentía mucho. Les daba todo, se la pasaba jugando con ellos. Finalmente, empezó a trabajar limpiando obras recién construidas.

Llegué a la cita con los padres Zenaida, en Izcalli Ixtapaluca, Estado de México. Su casa, como muchas que existen en el país, es humilde, con una puerta de madera que apenas cubre la entrada al domicilio, botes de pintura vacíos que sirven de macetas que adornan la entrada. Un par de perros en la azotea ladran como buenos guardianes al vernos llegar.

Valentín nos hace pasar a uno de los dos cuartos, una mesa hecha con restos de madera, una cama al lado derecho del cuarto, un sillón cubierto con una colcha, dos sillas de plástico, un cuadro de la Virgen de Guadalupe. Siempre el primer encuentro es determinante para saber qué tanto la familia está dispuesta a denunciar, a abrir su casa. Su hospitalidad es sinónimo de que abrirán su corazón.

Luis Pérez Ángeles, hombre fuerte, originario de Oaxaca, nos ve con esperanza porque al fin vamos a darle rostro y voz a su hija. Él se dedica a la albañilería, hace 20 años decidió, con Dolores Ojeda Palacios, su esposa, salir de su pueblo en San Andrés Pápalo, municipio de San Juan Tepeuxila, Oaxaca.

De pronto, frente a mí aparece Tadeo, el hijo de Zenaida, quien me contó que iba al kínder. Tiene 5 años y aunque no sabe leer todavía, sí sabe escribir su nombre, el cual plasmó en mi libreta. Orgulloso de su habilidad, el pequeño Tadeo me contó que vive con sus abuelos, que su hermana Estrella de 8 años llora mucho porque extraña mucho a su mamá y que no quiere ir a casa de su papá porque él se fue con otra "vieja" y los abandonó. Estrella, tímidamente, se acerca y me confiesa que sí llora mucho, que extraña a su mamá.

Doña Dolores no soporta el malestar, se levanta y sale de la habitación. Le pedí a la familia que se llevaran a los niños a otro lugar y me detallaran qué había pasado con Zenaida. Maribel, la hermana menor, inicia el recuento de hechos.

—Ese día, el 28 de enero de 2017, Zenaida me mandó un mensaje entre cuatro y cuatro y media de la tarde, que estaba bien y que ya venía para la casa. Al ver lo que me escribió no me preocupé. Además era día de pago y no se entretenía cuando cobraba. Las horas pasaron y no llegaba, le marcaba y me mandaba a buzón. Pensé, bueno, seguro se encontró a alguna amiga y se fue a distraer.

Maribel recuerda que se acostó a dormir y que entre las dos y las tres de la mañana llegó un mensaje a su *messenger*. Por la hora decidió abrirlo más tarde, además no era alguien que conociera.

Zenaida estaba en Facebook como Alejandra Pérez Ojeda; el mensaje que le llegó a Maribel le pareció bastante extraño, pues no era alguien que conociera a su hermana: "¿Tú conoces a Alejandra Pérez Ojeda? Te aviso que tuvo un accidente, la atropellaron en los Reyes, la Paz, y está en el Hospital Gustavo Baz Prada, en el Bordo de Xochiaca." Eso fue todo. Eran las seis de la mañana cuando Maribel leyó el mensaje. De inmediato le avisó a su familia e iniciaron la búsqueda. Acudieron al hospital que les dijeron, pero ella no estaba. Hicieron un recorrido por los hospitales de la zona. Incluso, Valentín fue al Hospital de Xoco y nada, no había rastro de Zenaida.

Ya entrada la tarde, la encontraron en el Hospital de Especialidades de Ixtapaluca. Estaba muy lastimada, tenía fracturas en todo el cuerpo. Todavía el domingo le marcaban al celular y estaba encendido, pero no contestaban. En su bolsa no estaba su celular ni su monedero, lo único que había eran sus cosméticos y una rosa blanca marchita.

—No sabemos qué pasó, ella estuvo una semana internada, le hicieron todo tipo de operaciones, nunca despertó. El 2 de febrero de 2017 fue diagnosticada con muerte cerebral.

El cuerpo de Zenaida estuvo unas horas en su casa en Ixtapaluca, antes de ser trasladado a San Andrés Pápalo. La familia completa se fue al pueblo, Valentín recuerda que fue mucha gente de Ixtapaluca, pero Cayetano, el papá de los niños, no llegó. Ni siquiera estuvo con sus hijos, recrimina Maribel. Durante los nueve días de los rosarios permanecieron en su pueblo, lo que menos pensaban era en saber si había una carpeta de investigación o no. Les surgían muchas dudas, pero ya habría tiempo para investigar todo eso, el sufrimiento era demasiado.

La familia no cree que se trate de un accidente. Cuando empezaron a investigar, desde el primer momento, en la hoja de registro del hospital no había ningún dato, ni número de ambulancia, ni en qué kilómetro la encontraron, nada. Valentín y su padre acudieron a la Agencia del Ministerio Público de Ixtapaluca primero, para saber si ya estaba abierta la carpeta de investigación y, segundo, porque querían ver las cámaras del lugar donde supuestamente la habían atropellado. Así como las del hospital para ver quién la llevó. Un ministerio público, del que no recuerdan su nombre, les pidió 20 mil pesos para darles información.

—De por sí no ganamos mucho, mi mamá no trabaja, mi papá gana poco en la albañilería, y yo trabajo en una pollería. Además nos cobraron 30 mil pesos en el hospital porque no tenía seguro popular actualizado y 22 mil pesos del traslado del cuerpo a Oaxaca, o sea, que por ser pobres no vamos a saber qué pasó —detalla Valentín.

Doña Dolores, una mujer con la piel curtida por el sol y las manos rasposas del trabajo en casa, lavando, fregando los trastos, cuidando a sus hijos y ahora a sus nietos, con los ojos llenos de dolor y abrazándome cuestiona:

—¿Por qué me la mataron así? Si hubiera sido por una enfermedad, pues a lo mejor podría con tanto mal. ¿Por qué esa gente le hizo daño a mi hija? Nunca voy a salir adelante, el papá de los niños ahora se aparece, si nos los quitan, no voy a poder con tanto sufrimiento, después de que los abandonó 5 años los quiere con él.

—¿Creen que fue un accidente, Valentín?

—No, no tenemos argumentos para asegurarlo, pero algo nos dice que la mataron. A mi hermana le quitaron el celular y su paga; pero no el monedero. Aunque tampoco aseguro que haya sido el papá de los niños, pero no estuvo en el funeral y de pronto se aparece para llevárselos. ¿Por qué no lo hizo antes cuando estaba mi hermana? Cayetano ya le estaba prohibiendo a Zenaida ver a sus hijos. Así que, ¿qué tal si él tuvo que ver en lo que le pasó a mi hermana?

Estrella pasó un mal día el 10 de mayo, Día de las madres. Los niños no tuvieron clases, salieron a la calle para llevar a comer a doña Dolores. La pequeña vio a una niña que estaba comprando un regalo para su mamá, en ese momento le hizo saber a su tía que estaba muy triste.

—Me siento sola, mi mamá ya no me puede besar ni abrazar. ¿Por qué me dejó sola?

Tadeo tiene claro qué le pasó a su mamá, con inocencia nos cuenta:

—Pues la atropellaron y se murió. Ya no va a regresar, está en la tumba y se la comen los gusanos. La extraño mucho.

El sufrimiento de doña Dolores es inconmensurable.

—Ya no está mi compañera, la que me gritaba cuando llegaba: "Ábrame, vecina", o chiflaba cuando llegaba a casa, ahora no está. El daño es demasiado, tengo a mis otros hijos, a mis nietos, pero me arrancaron una parte muy grande del corazón.

Ahora son más recurrentes los asesinatos de mujeres por atropellamiento, pero los hacen pasar por "accidentes". Las autoridades del Estado de México tienen la obligación de investigar, sin corrupción, qué sucedió con Zenaida, una mujer que murió después de ser atropellada. La familia tiene derecho a saber quién fue el hombre que se comunicó por Facebook y después eliminó la cuenta. Hasta principios de 2018 no hay avances en esta investigación.

RICARDO, UN FEMINICIDA QUE SE SUICIDÓ

El amor es una ilusión, una historia que una construye en su mente,
consciente todo el tiempo de que no es verdad,
y por eso pone cuidado en no destruir la ilusión.
VIRGINIA WOOLF

Anabeli Barrios Tiburcio, era originaria de Misantla, Veracruz. Le apasionaban los caballos, sembrar frijol en la tierra que su padre le enseñó a amar, quería hacer cosas buenas por este país. Era alegre, la enamoraba la vida sencilla, la vida de campo. Desde chiquita buscaba ir con sus padres a ese lugar que la llenaba de paz: un refugio que su padre, don Abel Barrios, tenía en Misantla.

Disfrutaba de sus sobrinos, siempre era cariñosa con su hermana, hermano y cuñada. Sus padres eran como una guía para ella. Le dieron esa base de amar y dar, siempre respetándose. Vivía en uno de los estados más violentos de este México lleno de sangre: Veracruz. Por lo que se cuidaba de no salir con cualquier persona.

Anabeli nació el 30 de abril de 1996, estaba por terminar el quinto semestre de Ingeniería en Gestión Empresarial en el Instituto Tecnológico Superior de Misantla.

Cuatro años atrás conoció y se enamoró de Ricardo Emilio Zayas Pacheco.

—Lo amaba, lo adoraba —nos narró Yesenia Cabral, cuñada de Ana.

—Se llevaban muy bien, tenían una relación muy bonita. La familia de Ricardo quería mucho a Ana, incluso Ricardo regresó a la escuela cuando ella se lo pidió, porque quería que creciera como persona y profesionista.

Anabeli era la segunda hija de tres, del matrimonio conformado por don Abel Barrios y doña Fidelia Tiburcio. Una familia sencilla que día a día labraba un mejor futuro para ellos y el resto de este México podrido, guardando la esperanza de hacerlo diferente.

México es uno de los países donde es más dramática la violencia contra las mujeres. El problema es tan grave que sólo en los últimos cinco años la Secretaría de Salud federal documentó 28 mil muertes violentas de mujeres, hechos perpetrados con características de feminicidio, reveló la doctora Patricia Olamendi Torres, consultora de la Oficina de las Naciones Unidas contra la Droga y el Delito.

La familia de Anabeli jamás pensó que ella se convertiría en una más de las miles de mujeres que han sido asesinadas en este país.

—Sus padres jamás se van a recuperar de su ausencia, en nuestros corazones existe mucha tristeza —dijo su cuñada, con la voz cortada.

Unos días antes, Anabeli le hizo saber a Yesenia que quería irse a vivir con su hermano y ella a Durango. Se había alejado de Ricardo.

—Algo se fracturó entre ellos —dijo Yesenia.

El 7 de agosto de 2016, Ana estuvo recibiendo mensajes de Ricardo, quien le pedía que hablaran para intentar recomponer las cosas; pero ella se negaba. Sin embargo, un mensaje de la madre de Ricardo la hizo titubear. Guadalupe Pacheco la invitó a comer y Anabeli no pudo negarse. A final de cuentas, la señora siempre fue linda con ella. Así que acudió a la casa de quien ahora era su exnovio, Ricardo.

Ana salió de su casa (compartía la renta con una amiga, ya no vivía en la casa paterna), pero esto no impedía que su familia supiera que estaba bien. Y se dirigió hacia casa de su ex. Un rato después, la madre de Ricardo le comunicó a la familia de Anabeli que su hija estaba herida, pero ésa no era la verdad. Les dijo que Ana y Ricardo habían sido asaltados.

Anabeli fue apuñalada con un arma blanca. Sus heridas pudieron no haber sido mortíferas si Ricardo y su madre Guadalupe la hubieran llevado a tiempo al hospital.

Pasaron más de tres horas para que Guadalupe llamara a la Cruz Roja y atendieran a la chica.

—Estamos seguros de que fue Ricardo el que la hirió. Obviamente en complicidad con su madre. Anabeli ya no quería regresar con él y la asesinó porque ella tenía dignidad y no quería una relación tan tóxica para ella.

—¿Nadie vio nada? —le pregunté a Yesenia.

—Sí, Frida, los vecinos dicen que escucharon mucho ruido como a las dos de la mañana, en la casa de Guadalupe. Pero la ambulancia llegó a las 5. Desde ese momento, la señora Guadalupe no se le despegó a Anabeli. Parecía como si tuviera miedo o se estuviera asegurando que la flaquita no dijera nada. De hecho, a mis suegros después de que les avisó, les comentó que Ricardo también estaba herido pero que no se quedó en el hospital porque había ido a conseguir dinero para la hospitalización de Ana. Que si querían, fueran a descansar porque ella no se iba a despegar de "su Ana".

Curiosamente, justo cuando estábamos enterrando a Ana, nos llegó el rumor de que Ricardo se había suicidado. Y cómo es posible que no haya habido ni un nota periodística ni condolencias para la familia del hijo de Emilio Zayas, exdirigente municipal del PRI, también su tía pertenecía a este partido, fue candidata a la Diputación Local, Martha Arroyo Pacheco. Creemos que él no se suicidó, y que obviamente está vivo y que hay tráfico de influencias. Qué raro, ¿se suicida y de inmediato lo incineran? Curiosamente, cuando la señora (que en ningún momento se despegó de Anabeli) supo que había fallecido, se desapareció ya no la volvimos a ver.

La percepción de esta familia aunque duele, es real: "Mientras más dinero das, más justicia obtienes. Nosotros no lo tenemos, por eso no podemos saber la verdad. Por eso no podemos hacer justicia por Anabeli."

El próximo 8 de agosto de 2017, Anabeli cumplirá un año de que fue asesinada.

—Mi hijo, su sobrino, pregunta por ella. "¿Cuándo va a venir mi tía Ana a vernos?, ¿cuándo le va a dar permiso Diosito de venir a visitarnos?" Y tiene claro que Dios se lleva a los buenos y deja a los malos —atormentada comentó Yesenia…

Don Abel Barrios, padre de Anabeli, expresó: "A un año, no hay claridad en el asunto, ya liberaron la orden de aprehensión, pero no hay nada. Lo único que me queda claro es que la ley está en contra de uno. Era la flor de mi vida y me la quitaron, este dolor no se cura nunca, sólo se cura con la muerte."

Ana es una mujer que quiso escapar de la violencia y falta de amor de su novio. Es una vida arrancada por la falta de tolerancia al escuchar un NO por respuesta. Hay, detrás, una familia exigiendo justicia y, por otro lado, una cómplice de feminicidio, que no permite que el agresor pague por lo que hizo.

Yesenia finalizó su relato con palabras lapidarias: "La justicia en México mata cualquier esperanza de justicia."

En la página de Facebook creada para exigir justicia #TodosSomosAnabeli se puede leer lo que alguien seguramente de su familia públicó.

En memoria de Anabeli Barrios quien, desde pequeña, llenó nuestros corazones de alegría con esas sonrisas…

Sólo queda agradecerle a Dios el tiempo que nos permitió estar contigo y agradecerte a ti por todas y cada una de las sonrisas que nos regalaste, de esos abrazos llenos de amor y de esos momentos que durarán por siempre en nuestro corazón. Alguien quiso apagar tu luz no sabiendo que, al irte, sólo la haría arder con más fuerza.

Mi niña, te fuiste y te llevaste contigo muchos sueños dejándonos un gran vacío en el corazón. Sólo quiero que sepas que tu familia te ama, que te extrañamos demasiado; pero que siempre serás tú quien nos dé la fuerza para seguir luchando por hacerte justicia. Y no es un adiós, es un hasta pronto. Algún día nos volveremos a ver....

Cuéntame tu historia

Desde que inicié la documentación diaria de los feminicidios en el país, intenté —en la mayoría de los casos— contactar a las familias, a las personas que también son asesinadas en vida, cuando las vidas de sus hijas, madres, hermanas, esposas y amigas les son arrebatadas.

Muchas de estas mujeres no son tomadas en cuenta, son "los huérfanos que no se ven". Primero, las familias sufren con la desaparición; luego está la urgencia de buscarlas con el corazón detenido. Si las asesinan, los familiares quedan con el corazón arrancado. Segundo, el más doloroso de estos sufrimientos es enfrentarse con las autoridades insensibles. Buscar y exigir que se haga justicia. Las familias invierten tiempo, dinero y energía para comenzar su propia investigación, sin ser especialistas. El amor las motiva a seguir adelante, a lograrlo, en algunos casos. Por eso, muchas familias, al no tener un buen asesor jurídico al momento de abrir las carpetas de investigación, se mantienen en espera. Lo peor es que muchos casos se cierran porque las propias familias hacen el trabajo de las autoridades y aportan información valiosa.

Adentrémonos en la vida de estas familias, a quienes les dejaron un hueco en el corazón.

XÓCHITL

Los feminicidios no cuentan, pero cuentan y ya no queremos seguirlos contando.

Voy a dar a conocer la vida de Xóchitl Ivette, una mujer que fue privada de la vida el martes 8 de agosto de 2017.

Aarón, al llegar a su casa, la encontró vacía. No había nada, era como si se hubieran mudado de ahí. Se asustó y llamó a su mamá. Sólo el buzón de voz contestaba, el temor se apoderó del hijo menor de Xóchitl Ivette, quien llamó a una de sus tías para saber si sabían algo. La respuesta fue negativa. Éste decidió buscarla y alcanzó a ver los pies de su madre inmóviles. Salió corriendo asustado a casa de su abuelita Rufina, que vive a unos 5 minutos de distancia.

Xóchitl Ivette Ávalos Díaz nació el 10 de febrero de 1973. Hasta los 10 años le decían "Amor". Era la más pequeña de una familia de diez hermanos. Durante años, "Amor" fue la bebé de la familia encabezada por doña Rufina Díaz Espinoza, una mujer "hecha de buena madera" que, vendiendo tortas, sacó adelante a sus diez hijos. Siempre digna, firme, luchona. Una de esas mujeres que no le tienen miedo a la vida y que su gran orgullo son sus hijos. Su hija, Ivette, era la más bonita; una chica muy alegre.

La familia completa de Xóchitl se concentró en su casa ese 8 de agosto. Aarón, su hijo, la había encontrado asesinada, deshecha a golpes, estrangulada.

—No era ella, la dejó irreconocible —nos dijo su hijo menor.

Luis, el mayor, aunque ya no vivía con su familia, todos los días se comunicaba con su madre; ya fuera por llamada o por mensaje. Y fue, precisamente, la última persona en recibir un mensaje de texto de Xóchitl que, a su modo, le hacía saber que lo amaba. Eran las doce de la noche cuando, repentinamente, le escribió: "Ya nos vamos a dormir." Un mensaje raro, que no era de ella.

—Siempre me decía descansa, nos hablamos mañana. Y ese día no —dijo Luis.

Éste pensó que tal vez ya estaba muy cansada y, sin más, se durmió. Despertó al día siguiente y se fue a la universidad. A las 5 de la tarde, su hermano menor le llamó para pedirle que se trasladara a Ciudad Azteca, Ecatepec, Estado de México. La llamada lo preocupó y se dirigió al domicilio de su mamá. Al llegar, la casa ya estaba rodeada de policías. Toda la familia de Ivette estaba reunida ahí, las palabras retumban en la cabeza de Luis: "Tú mamá está muerta, Francisco la mató." Lo que nunca esperaba escuchar.

Xóchitl se casó a los 22 años, conoció al padre de sus hijos de quien se enamoró y con quien tuvo una relación llena de mimos, comodidades, amor y respeto. El 2 de agosto de 1995 nació su primer hijo: Luis. El segundo, Aarón, nació el 2 de octubre de 2001. La vida de Xóchitl estaba dedicada a sus pequeños. No tenía problemas económicos y ayudaba, cuando podía, a alguna de sus hermanas. Siempre era empática con quien menos tenía. Aun con todos esos privilegios que la vida le otorgaba, no dejaba la sencillez de su corazón, su carisma y la felicidad que irradiaba.

—Todo era perfecto para ella —recordó su madre, doña Rufina. Su marido siempre fue bueno con ella, la amaba mucho. Lamentablemente, falleció hace 6 años.

Pero ella siguió adelante. ¡Hasta alitas vendía afuera de su casa, para mantener a sus dos hijos y no truncar su vida por la falta de su padre!

Después, Xóchitl entró a trabajar de tiempo completo. Su vida continuó entregada a su familia, que siempre se ha mantenido junta. Cada domingo y festejo de Navidad, la casa de doña Rufina se llenaba de hijos, nietos y los perros de Xóchitl: Drago y Capuchino. Transcurrieron algunos años después de que Xóchitl enviudara que conoció a Francisco Mendoza Gómez. Ella tenía entonces 40 años. Iniciaron una relación sentimental sin el visto bueno de la familia de Xóchitl, ya que algo no les gustaba de su pareja. Doña Rufina recuerda que ella sentía algo malo sobre ese hombre.

Callado, taciturno… era como si no estuviera. Cuando se fue a vivir a casa de Xóchitl y acudía a las reuniones familiares, sólo se limitaba a sentarse a lado de ella. Daba la impresión de ser un hombre solo, no hablaba de su familia ni de quién era. Sólo Xóchitl sabía el origen de ese hombre a quien su vida confió.

Desde el principio, la familia de ella se dio cuenta de que era machista, muy celoso. Xóchitl no se veía enamorada, pero estaba tranquila. Sus hermanas no entendían cómo alguien con ese aspecto fuera pareja de Ivette, quien siempre se veía arreglada, guapa. Pero ella era muy reservada; no decía mucho respecto de su vida con él y nadie sospechó que tendría un final fatal.

La familia de Xóchitl la encontró asesinada el 8 de agosto de 2017. Estaba golpeada salvajemente, la dejó debajo de un mueble. Se llevó todas las cosas de valor que había en la casa. Desde ese día, Francisco está prófugo y las autoridades del Estado de México no lo han investigado. Ni siquiera hay orden de aprehensión o algo en su contra que les dé la confianza de que será detenido.

Cuando escribo esta historia han pasado semanas de aquella trágica tarde y las noticias que inundan los medios son banners y videos de Enrique Peña Nieto diciendo: "Lo bueno casi no se cuenta pero cuenta mucho, y queremos seguirlo contando". Al escucharlo, reformulo la frase: "Los feminicidios no se cuentan, pero cuentan mucho y ya no queremos seguirlos contando."

La familia de Xóchitl, como muchas en este país, está rota, lastimada, herida. Les quitaron, violentamente, a una de sus mujeres y sienten un profundo miedo, enojo, tristeza, impotencia. Francisco está libre, hay rumores de que lo han visto rondando por ahí… Sin embargo, no han dado con él. Intentan localizar al asesino a través de las redes sociales. Inician una petición para que alguien reporte su paradero. Le pidieron a las autoridades aclarar su falta de interés en solucionar el feminicidio de Xóchitl y cada uno de los que hay en la Capital del Feminicidio. Pero sólo evidencian cómo la justicia no existe sin dinero o sobornos; es una utopía en México.

Muchas veces me cuestiono: ¿Por qué tengo que contar estas historias macabras?, ¿por qué cuando ellas ya no están?, ¿por qué no busco historias "rosas" que no tengan dolor ni muerte ni traición? Pues porque no puedo mantenerme indiferente ante el desvanecimiento de las vidas acalladas, rotas, arrancadas, de las mujeres en nuestro país. Porque la falta de amor y respeto hacia la mujer, a estas alturas, es profundamente denigrante. Porque la negligencia demuestra una falta de interés por el prójimo y por nosotros mismos que nos lleva a la ruina como país. Porque no podemos quedarnos con los brazos cruzados y es imperioso quitar los números de la lista para mostrar sus rostros, sus historias; las terribles consecuencias que un asesinato desencadena para la víctima y sus familias.

LETICIA

Leticia Nicolás Ramírez nació el 8 de marzo de 1977, el día que la ONU lo declaró "Día Internacional de la Mujer Trabajadora". Leticia no sólo era una mujer trabajadora y llena de vida y plenitud; era madre de tres niñas que, al momento de perder a su madre, tenían 22, 17 y 15 años.

Leticia adoraba la vida, era juguetona con sus sobrinitas y sus hijas; le gustaba salir de fiesta con la familia y con amistades. Disfrutaba mucho el pescado, casi a diario lo comía. Jaqueline López Nicolás, hija mayor de Leticia, la describe como una mujer que amaba todo lo que hacía. Cocinaba el desayuno, la comida, iba a esperar a su hija menor a la escuela. Hacía muchas cosas en el día. Leti se divorció del padre de sus hijas, pero mantenían buena relación como padres.

—Yo era muy seca con mi mamá, casi no le decía lo mucho que la amaba, creía que no era necesario, que ya lo sabía. Hoy lamento no decírselo.

Leticia era una mujer confiada, saludaba a todo mundo, sentía que no tenía por qué temerle a nada, pero se equivocó. Ella vivía en Juchitán, región del Istmo de Tehuantepec, Oaxaca; lugar de la cultura zapoteca. Un municipio de tradición, donde la mayoría de sus pobladores se conocen. Es cuna de los escritores Gabriel López Chiñas y Andrés Henestrosa, así como del maestro Francisco Toledo.

Esa falta de miedo y confianza en la gente la hizo a aceptar la invitación a ir a Playa Vicente el 2 de abril de 2017. Luego de recibir la llamada y de avisarles a sus hijas que saldría, Leticia tomó sus cosas y sonriente dijo: "Regreso pronto." Fue el último día que la vieron viva.

Al día siguiente, luego de que la familia denunció la desaparición de Leti, un cuerpo fue hallado en la orilla de la carretera que comunica Juchitán a la Ventosa. Semidesnuda, exhibida, lastimada. Se apreciaban sus huaraches de flores, su pantalón de mezclilla. Jaquie se negaba a aceptar que esa mujer asesinada fuera su mamá. Aquella que llenaba de sonrisas la vida de cada una de las personas que conoció, la que se acostaba en el suelo a jugar con sus pequeñas sobrinas, la que llenaba de sentido la vida.

La Vicefiscalía Regional del Istmo levantó la carpeta de investigación número 1403/JU/2017. Hasta el momento, nadie ha sido detenido.

La muerte es una fase de la vida por la que todo ser humano debe pasar. Con la muerte viene el dolor. Pero cuando una muerte es inesperada, cuando le arrancan la vida a una persona, el dolor es otro. La muerte de mi madre no es natural, ella no debió morir así, ella no debió ser arrancada de nosotras.

No venimos a pasearnos ni a exhibirnos, no somos un circo. Que la muerte de nuestra madre no quede impune. Ahora nos tocó este dolor, el día de mañana puede ser una de ustedes. Queremos justicia para Leticia, mi madre.

El 24 de abril de 2017 se cumplieron veintidós días del asesinato de Leticia Nicolás Ramírez, mi madre. Y no sólo mía; conmigo se quedan mis hermanas.

El dolor que se siente perder a una madre es algo que no puedo explicar... miles de emociones estallan dentro de mí. Sin embargo, las únicas que puedo expresar son: tristeza, coraje, decepción ira.

Mi madre tenía mucha vida por delante, le hizo falta ver crecer a sus hijas. Este año mi hermana cumple 15 años y no tendrá la oportunidad de estar con ella. Tengo otra hermana que está por cumplir los 17 y yo, que tengo 22 años. Ella estaba muy emocionada porque estoy a un paso de graduarme como enfermera, era su orgullo, era una mujer que esperaba mucho de la vida, pero la vida no tuvo mucho para ella.

Nosotras venimos de Juchitán de Zaragoza, Oaxaca, una ciudad donde ya no se puede salir por las noches a cenar ni a pasear al parque en familia. Donde el hecho de salir a convivir con las amigas es un riesgo, un peligro. ¿De qué se trata todo esto?, ¿cómo puede ser posible que la inseguridad, el machismo, la ignorancia de las personas puedan acabar con la vida de mujeres?

Ser mujer no debe ser sinónimo de asesinato, ¿en dónde queda la igualdad de género, la protección de las mujeres y sus derechos? Ninguna persona puede acabar con la vida de otra. Los causantes de la muerte de mi mamá no se han encontrado, no se ha podido hacer justicia. Lo único que queremos es que se hagan investigaciones profundas, que en verdad trabajen en el caso. Quiero que paguen por el dolor que nos han causado como familia.

Sé que con esto no podré hacer que mi madre regrese, pero quiero que su muerte no sea en vano, que todos los feminicidios acaben. Quiero que ella sea un símbolo de vida, de un nuevo comienzo para nosotras como mujeres. Quiero que esto no quede impune, que las autoridades hagan su trabajo, ya que lo único que me queda de mi madre son puros recuerdos.

*No sólo lo pido por ella sino por todos. Así como le pasó a mi
familia, en un futuro pueden ser ustedes las que pasen por este dolor.*

Jaqueline López Nicolás

NADIA

Después de que su hermana Viviana me buscó, llegué a casa de
Nadia y sentí, una vez más, ese inenarrable dolor. Me recibió
Antonia, madre de Nadia, y sus tres nietos; quienes presenciaron
lo que sucedió hace 13 años. La impunidad y el dolor les han
borrado las sonrisas y los cariños de su mamá. Frente a mí estaba
María Fernanda, de 17 años, llorando por quien aún recuerda.

Nadia Muciño Márquez fue la felicidad para sus padres, era
la mayor de cinco hijos. Nació el 5 de agosto de 1979. Era una
excelente hermana, protectora con todos, muy amorosa, feliz.

A los 17 años, Nadia se enamoró y decidió vivir en unión
libre con Bernardo López Gutiérrez. La familia de él acudió a
casa de Antonia para decirles que Nadia se iría con ellos.

—A mí no me agradó, pero confié en la mamá de Bernardo,
ella me dijo que la iba a cuidar —aseguró Antonia.

Los padres de Nadia dejaron que se fuera. Los primeros meses
fueron felices; después inició la violencia. Nadia ayudaba con las labores del hogar, lavaba en una piedra, porque no tenían lavadora y
era acomedida. Sin embargo, esto no parecía ser suficiente para su
suegra o el propio Bernardo. Así que iniciaron los insultos y los mal-
tratos por parte de ambos. Se embarazó de su primer hijo, Carlos,
y lejos de que esto acabara, Bernardo comenzó a celarla, cada vez
más. Comenzó a juzgarla por su apariencia, a esa chica de 17 años
que vestía playeras y pantalones de mezclilla, le decía: "Nadie tiene
por qué verte, eres mía y de aquí no sales arreglada." La obligaba a vestirse con pants y playeras más grandes que ocultaran su

cuerpo. Y de ser una chica sonriente, brillante, empezó a verse sucia, descuidada. Tiempo después, nacieron Uriel y Fernanda, sus hijos más pequeños.

—Toda la vida de Nadia era de violencia, era hostigada hasta por la familia de Bernardo, "porque no era una buena mujer para él". Parecía pordiosera, mi hija se fue con sus zapatos rotos, vivió todo tipo de violencia: física, emocional, económica —dijo Antonia lamentándose.

Los pequeños hijos de Nadia también eran violentados. Carlos, el mayor, era maltratado por su padre. Uriel no, porque se defendía. Y cuando veía que su padre le pegaba a su mamá, él también la defendía.

—Carlos era muy llorón, lloraba mucho, vivía muy asustado por la violencia que ejercía su padre. En cambio, Uriel siempre ha sido rebelde, él enfrentaba a su papá. Nadia estaba muy maltratada, Bernardo no la dejaba trabajar. Mi hijo menor y mi nieto tenían casi la misma edad, iban juntos a la escuela, lo que daba oportunidad para que platicáramos. Yo le decía: "Mira nada más cómo estás." Ella tenía mucha pena con nosotros, casi ni hablaba de lo que sufría. Yo le suplicaba: "No te vayas, él no te conviene, mira cómo estás, tú estudiaste, te mereces otra cosa." Pero ella me respondía: "Cómo voy a dejar a mis hijos sin su padre."

En 2003, Bernardo y su familia tenían líneas de transporte en el Estado de México. Él era chofer de un funcionario menor del municipio de Nicolás Romero, Alejandro Zamoraci. En ese tiempo empezó a beber mucho y a drogarse, y el dinero comenzó a escasear.

Nadia le pidió a Bernardo que la dejara trabajar y él extrañamente accedió. Encontró un trabajo de cajera en una tienda de ropa, en el centro en la Ciudad de México. Todos los días, al salir del trabajo, Nadia les hablaba por teléfono a sus hijos y a Antonia, que se encargaba de cuidarlos. El 12 de mayo de 2003, antes de salir del trabajo, Nadia les habló a su mamá y a los niños.

—Mami, ya voy para la casa, dile a los niños que llevo muchos dulces y besos.

—Sí, hija, aquí te esperamos.

Bernardo fue a la casa de Antonia, molesto le preguntó: "¿Dónde diablos está tu hija?" Antonia trató de tranquilizarlo, le ofreció de cenar pero no aceptó. "Ya me voy", dijo. Tomó a los niños y se fue a su casa. Nadia no llegó ese día. Al día siguiente, Antonia fue a casa de Bernardo, quien con toda tranquilidad preguntó por ella.

—¿Y Nadia? —le pregunté. Bernardo, burlón, me respondió: "¿Qué, tampoco llegó a tu casa?"

Nadia desapareció ese día, después de que, al llegar a su casa, encontrara a Bernardo teniendo relaciones sexuales con una sobrina de él. Bernardo la golpeó, le fracturó dos costillas. El agresor le dio indicaciones a uno de sus choferes de la línea de transporte, para que la llevaran a una de las propiedades que tenía la familia de Bernardo. La encerraron en una casa dos semanas y media.

—Bernardo la secuestró y la tuvo ahí. Cuando vi que no aparecía, puse la denuncia. Empecé a buscarla en los alrededores de las propiedades de la familia de mi yerno, fue cuando la soltó. Amenazante, le dio 800 pesos y le dijo: "Desaparécete, porque si apareces, mato a Carlos."

Nadia se fue a Teziutlán, Puebla, de donde era su mamá. Después de que la familia de Teziutlán le avisara que la estaban buscando, Nadia se atrevió a llamarle a Antonia y le contó todo lo que le había hecho Bernardo.

—Nadia tenía miedo. Me dijo muy preocupada: "Mami, si lo denuncio y asesina a mis hijos, qué voy a hacer, los niños están con él y claramente me hizo saber que, si te contaba algo, los mataría."

A pesar del miedo de su hija, el 2 de junio de 2013, cuando Fernanda, la menor, cumplía 2 años, Antonia le llamó a Bernardo, pidiéndole que le prestara a los niños para festejar el cumpleaños de la niña. Antonia recuerda lo que le costó convencerlo, pero al final, accedió. Ese día los rescató y los llevó a Puebla con su madre.

Esa fuerza que Antonia infundió en Nadia la motivó a denunciarlo. Llegó de Puebla para interponer la denuncia, estuvo en Teziutlán 3 meses. Antonia enfrentó a Bernardo y al chofer diciéndoles que ellos la habían secuestrado, pero que ya no permitiría que le hicieran más daño a su familia.

Nadia llegó muy cambiada, más arreglada, ya se estaba recuperando. Estaba contenta, entró a trabajar, iba ya a meter a los niños a la escuela. Todo estaba tomando su cauce, parecía que la pesadilla había terminado. Antonia estaba segura de que tanto sufrimiento se había acabado.

Entre agosto y septiembre de 2003, Nadia se encontró a Bernardo y él la convenció de que no podía dejar a los niños sin su padre. Así que decidió regresar con él. Antonia, con los ojos vacíos y el corazón cansado, le pidió a Nadia que no lo hiciera.

—Hija, te va a matar, no quieres dejar a los niños sin su padre pero él los va a dejar sin su madre. No, Nadia, no lo hagas.

Nadia le pidió su comprensión una vez más.

—Vas a ver, mami, él va a cambiar.

Antonia cerró los ojos y derramó lágrimas inacabables.

—Si antes, cuando empezó el infierno, no le dejaba marcas al golpearla, ahora ya no importaba dónde, la dejaba llena de moretes. La violencia se hizo crítica.

El 10 de febrero de 2004, Antonia vio a Nadia. Hicieron planes para festejar el 14 de febrero.

—Me dio un beso y me abrazó.

Antonia estaba bordando un vestido de novia.

—Mami, ¿tú me vas a hacer mi vestido de novia?

—Ay, Nadia, ¿piensas casarte con él con todo lo que te ha hecho?

—No, mami, no será con Bernardo. Estoy segura de que encontraré a un buen hombre y me casaré con él —me dijo sonriente—.

¿El 14 de febrero comemos hamburguesas para festejar el Día del Amor y la Amistad? —besó a su mamá en la mejilla, se despidió y salió de la casa.

—Ésa fue la última vez que la vi viva.

Los recuerdos ahí están.

—A veces, cuando estoy aquí sola, veo cómo dio la vuelta y me dijo adiós con la mano, con su sonrisa.

Los hijos de Nadia y Bernardo tenían, entonces 5, 4 y 2 años. Carlos, el mayor, recuerda muy bien lo que pasó. Uriel también tiene grabados los hechos en la memoria.

Además de la violencia de Bernando, durante los 7 años de matrimonio, Nadia sufrió acoso sexual por parte de Isidro López Gutiérrez, *El Matute*, hermano de Bernardo. Carlos lo recuerda bien:

—*Matute* llegó a la casa, entonces empezó a tomar cerveza con mi papá. Nosotros veíamos la tele, mi mamá y mi papá se metieron a discutir a su cuarto, después mi papá y *Matute* echaron a mi mamá a la cisterna y ella les pedía que la sacaran. La sacaron y la llevaron al baño, mi papá agarró un lazo, lo amarró y lo pasó por un tubo. *Matute* subió a mi mamá a una cubeta, le puso la cuerda en el cuello y mi papá quitó la cubeta. Luego se fueron. Después llevé a mis hermanos a pedir un cerillo para prender una vela, porque estaba oscuro. La vecina preguntó por mi mamá y fue que le dijimos que estaba en el baño. La vecina, al ver a Nadia desnuda, tomó una camisa y se la puso.

Ahora, Carlos es un joven de 18 años; cuando el asesinato ocurrió, tenía 5. Se siente muy triste e impotente porque no pudo hacer nada.

—Me quedé pasmado, no pude hacer nada por ella.

—¿Recuerdas a tu mamí?

—Sí, estaba un poco gordita, era güera, se peinaba con cola de caballo y en su frente peinaba unos cuernitos. No sé, recuerdo sus abrazos y sus besos, ella me abrazaba mucho —sonrió.

—¿Qué piensas de quien la asesinó?

—Sólo espero que Bernardo se quede en la cárcel. Para qué quieren que haga más daño, tengo mucho rencor contra el asesino de mi mamá.

Uriel, nos cuenta lo que recuerda:

—Primero se fueron a discutir a un cuarto, después sacaron a mi mamá, la echaron a la cisterna y después la llevaron al baño y la mataron. Porque *Matute* ayudó a mi papá a matarla. Antes de irse, mi papá nos dijo que si hablábamos, nos iba a matar, que nos iba a quemar.

—¿No sientes feo, finalmente es tu papá?

—No, él es el asesino de mi mamá, para mí ya no es mi papá.

La pequeña Fer tenía 2 años; ella no recuerda nada de lo que pasó. Ahora siente temor porque *El Matute* está libre, le asusta que pueda lastimarlos. Los grandes ojos de Fer se llenan de lágrimas pero no por eso para de hablar:

—No tuve la fortuna de conocerla, me dejó mucho dolor su partida. Desde entonces la extraño, tengo la ilusión de verla, de abrazarla, pero eso no pasará, ahora le escribo cartas, le hablo a su foto. Me da mucho dolor que ella no me pueda contestar. Si me concedieran un deseo, pediría verla, para saber cómo era. Su partida me destrozó por completo.

Nadia fue asesinada el 12 de febrero de 2004. Las autoridades indicaron que había sido un suicidio, la Comisión Interamericana de Derechos Humanos tiene conocimiento del caso, ellos determinaron que:

El Gobierno mexicano ha violado contra NADIA ALE-JANDRA MUCIÑO MÁRQUEZ, los siguientes derechos: derecho a la vida (art. 4), derecho a la integridad personal (art. 5), a la libertad y seguridad personales (art. 7), derecho a las debidas garantías judiciales y al debido proceso (art. 8), a la igual protección de la ley (art. 24), derecho a la protección judicial (art. 25), todos ellos con relación al artículo 1.1 de la Convención Americana sobre Derechos Humanos (en adelante "la Convención" o "Convención Americana"); además, el artículo 7 (deberes de los Estados para contar con los medios adecuados para prevenir, sancionar y erradicar la violencia) de la Convención Interamericana para Prevenir, Sancionar y Erradicar la Violencia contra la Mujer ("Convención de Belém do Pará").[6]

Isidro López Gutiérrez, *El Matute*, fue detenido, sentenciado y después puesto en libertad. Bernardo se encuentra detenido por violación, pero no por feminicidio. Las autoridades declararon que "Nadia se suicidó". Sin embargo, los hijos de la pareja fueron testigos de los hechos.

A 13 años de tan deleznable hecho, Antonia ratifica que no se detendrá hasta que haya justicia para Nadia, porque al haberlo para su hija, la habrá para Carlos, Uriel y Fernanda. La vida de tres niños fue destrozada. Después de que visitamos a la familia, Fernanda se escapó de casa.

Soy María Fernanda López Muciño, hija de Nadia Alejandra Muciño Márquez, asesinada el 12 de febrero de 2004, por un señor que se dice mi padre. Desde ese suceso, no volví a ver a mi mamá y no tuve la fortuna de conocerla. Desde entonces la necesito y la extraño. Me dejó mucho dolor su partida, no se va a reparar porque me quedé con la ilusión de verla, abrazarla y de que ella me viera crecer y estuviera conmigo. Ahora sólo le escribo cartas o le hablo a su foto, le digo lo que siento. Me da mucho dolor que no me pueda contestar.

---

[6] http://cmdpdh.org/casos-paradigmaticos-2-2/casos-defendidos/caso-nadia-alejandra-mucino-marquez/

Aunque no esté conmigo, la amo como si estuviera. No recordarla me duele. Ella es todo para mí. Su partida me destrozó completamente, pero sé que donde quiera que esté, ella es mi ángel y siempre lo será. Es por eso que quiero que se haga justicia para mi mamá y otras personas que han sufrido igual.

Fernanda

La siguiente es una carta que su madre le escribió diciéndole cuánto la quiere y la extraña:

A los 17 años tuve a mi primera hija. Mi esposo Rafael y yo elegimos el nombre de Nadia, porque estaban las olimpiadas y nos impactó mucho la gimnasta Nadia Comaneci. Soñamos que nuestra beba fuera una triunfadora como ella.

Con su nacimiento, mi bebita me hizo muy feliz y con su muerte me destrozó el corazón. Fue tan grande el dolor de reconocer su cuerpo que no entendía cómo seguía respirando.

Han pasado trece años de su muerte y el dolor no se va. Sigo respirando no sé por qué. Con el feminicidio de mi hija descubrí rasgos en mi carácter que desconocía: la terquedad era mi peor defecto, pero ahora sé que me ha ayudado a no desanimarme y seguir luchando, para encontrar la justicia para mi amada hija Nadia.

Le pedí a mi hija se fuera con Dios, que no se preocupara por sus hijos, que yo iba a trabajar muy duro para sacarlos adelante. Creo que van bien, serán buenas personas y buenos ciudadanos, aunque la tristeza no se borrará de sus miradas. También le prometí que no iba a hacer nada para que se avergonzara de mí. No olvido el último abrazo y beso que me dio, dos días antes de su muerte. En mis noches de insomnio la veo caminando por el pasillo, le grito, le suplico que no se vaya. Le digo cuánta falta me hace —nos hace—. No olvido la cita que Nadia y yo tenemos pendiente para ir a comer hamburguesas.

Busco justicia para Nadia, trato de ayudar a otras personas, a otras mujeres víctimas de violencia. Y a otras madres que, al igual que yo, sufren la pérdida de sus hijas. Espero que logremos algo, porque si la historia de Nadia le es útil aunque sea a una persona, sentiré un pequeño alivio. Sé que una estrellita ilumina a mi hija en el cielo.

María Antonia Márquez

SELENE

La traición es lo contrario a la lealtad y a la sinceridad.
El asesino siempre tiene la opción de comportarse de otra forma,
pero elige la más sencilla; la que más daño hace a los demás.
ANÓNIMO

Selene Rocío Jiménez Romero nació el 27 de mayo de 1984, en Nuevo León. Alegre, llenaba de amor la vida de quienes la conocieron. Su familia tenía una tortillería. Desde pequeña aprendió a trabajar, atendía la tortillería de sus padres. Era una mujer ejemplar. Mientras estudiaba la preparatoria, también trabajaba, no dejaba de aprender, hacía todo por conocer cosas nuevas: pastelería, pintura, tocaba el piano. Era una niña brillante, no le daba miedo trabajar ni superarse.

A Selene le gustaba hacer las cosas bien, era muy estricta con ella, estudió ingeniería en sistemas en la Universidad Regiomontana. Era una mujer de lucha, siempre quiso salir adelante. Crecer, superarse, era parte de ella. Luego se enamoró. En diciembre de 2013 conoció a José Ángel Ibarra Solís. Estudiaban juntos, él ya la había visto pero ella no. Ni siquiera había tomado en cuenta las solicitudes de amistad que Ángel le había mandado a sus redes sociales. En junio de 2014 iniciaron una relación de noviazgo.

A los dos meses de relación, Ángel quería casarse, no quería perder el tiempo. Se organizaron despedidas de soltera. La familia de Selene no entendía por qué la insistencia de hacerlo tan pronto. Ella insinuaba que no quería casarse aún, pero al final, con optimismo dijo: ¡Venga! Y el 20 de septiembre de 2014 se casaron.

Laura Romero, tía de Selene, describe a Ángel como un hombre reservado, callado. Vendía y compraba autos, y prestaba dinero a rédito. Esto lo supieron cuando ya se había casado con Selene.

A la vida de esta pareja llegó Emiliano, la luz de Selene, el segundo amor de su vida, el ser por quien daba todo. A un año de la boda, Emiliano fue bautizado. La vida de Selene y Ángel continuaba igual: ella trabajando, aprendiendo, pintando, haciendo pasteles. Y Ángel, aprovechando la relación que tenía con la familia de Selene, empezó a pedirles prestado. Por un lado, trecientos mil pesos, por otro ciento cincuenta mil, cien mil, cincuenta mil. Selene no sabía de esto hasta que Laura se lo dijo.

—Ella tenía el carácter muy fuerte, le molestaban las deudas. A mí me compró un carro antes de casarse y me pagó hasta el último centavo. Por cierto, él vendió el coche antes de casarse. Deber dinero le molestaba, por eso éramos discretos con el tema, no queríamos que supiera que a mi mamá le debía más de un millón de pesos.

Cuando Laura se lo dijo a Selene, ésta encaró a Ángel quien, como todo buen agresor, manipuló la situación. Dos días antes del bautizo del bebé discutieron, al día siguiente él se sintió enfermo. Selene le pidió a Laura que le cuidara al niño y llevó a su esposo al hospital.

—Ahí empezó a manipularla, según él le iba a dar un infarto, pero el sábado 19 de septiembre de 2015 se fueron a cenar como si nada, a festejar su amor. Ángel la aisló de la familia, había un fuerte discurso de control: "Tengo que cuidar a Ángel, ya me di cuenta de que mi única familia es él, Emiliano y yo. Ángel tiene mucho miedo de que algo nos pase." Selene dejó de visitar a su familia.

Laura intentó restablecer la relación con Selene, le pidió a Ángel que fuera a su casa para arreglar las cosas con el asunto del dinero, pero no fue posible. Argumentaba que la gente a la que le había prestado el dinero no le pagaba. La relación entre Selene y su familia mejoró un poco.

—Tía, Ángel tiene mucho miedo de que me pase algo, ya me sacó tres seguros de vida.

—¿Cuándo has visto tú que personas jóvenes piensen en comprar un seguro de vida?

Ángel empezó a manejar el Facebook de Laura, subía cosas que la ponían en peligro. Por ejemplo: en diciembre de 2015, le compró una camioneta del año y subió la foto al Facebook.

—Yo le pregunté: "¿Qué te pasa, Selene, por qué haces públicas esas situaciones?"

—No, tía, no soy yo, es Ángel. Él contesta mi WhatsApp, tiene mis contraseñas, anda muy celoso.

La vida de Laura estaba asegurada por tres millones de pesos. Ángel siempre decía que alguien se iba a meter a su casa. La última vez que Laura habló con Selene fue el 4 de agosto. No sintió rara la conversación ni mucho menos, pero estaba muy molesta con Ángel, que había pedido permiso en su trabajo para estar en casa.

—Se la pasaba pegado a ella, no la dejaba sola para nada. La llevaba al trabajo, iba por ella, la traía a la casa y estaba como sombra pegado a ella, escuchando todo lo que hablaba con sus primas y tías. Selene estaba harta de esa situación.

La madrugada del 15 de agosto de 2016, a la una y diez minutos, en la calle Bosque Vasco, de la colonia Las Lomas, municipio de García, Nuevo León, Ángel comenzó a hacer un drama: Llamó a la policía para decirles que su esposa estaba muerta en su cama, en la parte superior de la casa. Dijo que estaba dormido en el sillón en la planta baja, y que luego había salido un momento a comprarle gansitos. No recordaba si al Oxxo o al Súper 7, pero que cuando llegó, ella ya estaba muerta. Que se habían metido ladrones para robarles.

Ángel fue detenido mientras se llevaban a cabo las investigaciones, pero fue liberado.

El lunes 15 de agosto, Ángel le dijo a la familia de Selene que les pagaría; a uno le debía trescientos mil pesos, a otro cuatrocientos mil, seiscientos mil, cien mil, ciento cincuenta mil. La familia de Selene dudó de inmediato de la inocencia de Ángel.

—En ninguno de los seguros de vida que había comprado estaba como beneficiario el niño, el único beneficiario era Ángel, al cien por ciento. El día del funeral ni siquiera se acercó al niño, fingía cuando lo veíamos adentro y cuando se salía, se carcajeaba. Estaba como si nada hubiera pasado, como si el feminicidio de mi sobrina no le doliera.

Semanas antes se informó sobre las cláusulas de los seguros y cómo realizar el cobro en caso de que fuera necesario. Todo lo tenía planeado. Desde un principio pensó en asesinarla. Mi sobrina, además de ser una hermosa mujer que nunca se daba por vencida, trabajaba como funcionaria en el Gobierno del Estado de Nuevo León, ésa era su prisa por casarse con ella.

Laura cree que desde que la conoció, planeó el asesinato. Mientras ella dormía, Ángel le metió dos balazos en la cabeza. Fue detenido 20 días después. Las pruebas que recolectaron los peritos de la Procuraduría de Justicia del Estado fueron los casquillos de los balazos que recibió Selene, los cuales coincidieron con el arma calibre .38, modelo Colt, propiedad de Ángel. El arma fue encontrada en un auto del asesino.

Selene Rocío se enamoró de un hombre ambicioso. El 27 de mayo, la familia de Selene festejó sus 33 años de vida, sin ella, sin sus pasteles. Ángel le quitó a Emiliano el amor y la protección de su mamá, quien no lo acompañará a su primer día de clases, quien no asistirá a los festivales del Día de las Madres, quien no lo arropará al dormir ni lo cuidará cuando enferme. Ángel le quitó la vida a una mujer quien le confió sus sueños, su esperanza en alguien que —se supone— no la lastimaría.

JOSELYN

Nada compensa tu no estar. No hay forma de recuperarte de la noche irremediable, pero se puede imaginar y construir una nación en la que ninguna mujer vuelva a ser arrojada a la muerte y territorios en los que todo mundo pueda caminar, respirar, amar, discutir, trabajar y relacionarse sin temor.
PEDRO MIGUEL

La siguiente historia es la de Joselyn Jazmín, víctima del asesino César Daniel, quien tenía la fantasía "de golpear a una morra en el monte y asesinarla".

El pasado 23 de julio de 2017, Joselyn Jazmín Rodríguez López habría cumplido 20 años. Era la hermana mayor de tres, del matrimonio compuesto por Verónica López y Armando Rodríguez. Desde que era pequeña fue admirada por su belleza. Ente lágrimas, Verónica la recuerda: "La gente me decía que era muy bonita, que la cuidara mucho cuando creciera."

Las vidas arrancadas en el estado de Coahuila se han incrementado del 1° de enero al 30 de julio de 2017. He documentado veinticinco feminicidios de los cuales sólo dos son reconocidos por las autoridades.

Jazminzín, como cariñosamente la llamaba su mamá, nació el 23 de julio de 1997 en Palaú Coahuila, pero su familia vivía en Nava. El 25 de febrero de 2017, Joselyn salió a divertirse con cuatro amigas. Sus padres la recuerdan como una chica responsable, por lo cual no tenían desconfianza de que le fuera a pasar algo. Además sabía defenderse: "No se dejaba que nadie la humillara o pretendiera lastimarla. En la escuela siempre me decían que si alguien la molestaba se defendía, hasta ocasionaba que le llamaran la atención", recordó Verónica.

Como a las cinco de la madrugada del 26 de febrero, Verónica se percató de que Joselyn no estaba en su cama. Era muy raro que ella no hubiera llegado a la hora que le indicaron sus padres. Ya que tenía permiso, a más tardar, hasta las dos y media. Pero lo que le causó mayor sobresalto a la madre fue que Jocelyn no se hubiera comunicado.

—Aunque ya rebasaba la mayoría de edad siempre fue muy obediente, respetuosa, responsable con nosotros, sus padres. Era muy comprometida, jamás nos habría metido en un torrente de angustia al no reportarse.

La madre, preocupada, le hizo saber a su esposo la inquietud que sentía por la ausencia de *Jazminzín*. Por lo que, en ese momento, ambos salieron a buscarla.

"Es cuando comenzó la interminable pesadilla, que hasta el día de hoy se mantiene" aseguraron los padres.

Las amigas de Jazmín les hicieron saber que ella se había ido del lugar con César Daniel Ibarra Rodríguez, un sujeto al que había conocido en diciembre y que además no les agradó a ellas. Los padres de Jazmín sabían que César era de Zaragoza, Coahuila, tenía 22 años y era amigo de su hija.

Esa fue la última noche de Joselyn Jazmín

Una amiga que estuvo con ella esa noche en "La Carreta Disco", lugar donde habían estado divirtiéndose, le contó a la madre de Jazmín lo que observó.

—No le hacía caso a César Daniel. De hecho, a ella no le caía ni bien porque le hablaba muy feo. Y esa noche no quiso bailar con él. Joselyn anduvo muy contenta bailando y se ganó unas flores en un concurso. Otro chico que también la pretendía le mando a la mesa un oso de peluche. César Daniel se quedó en la mesa observando de lejos cómo se divertía y molesto me dijo: "Tu amiga —refiriéndose a Joselyn— se cree muy verga." No dejaba de verla todo el tiempo con ojos de enojado.

Hasta el momento, sus amigos no se explican cómo fue que la convenció de salirse con él. Aún recuerdan que cuando se fue, ella llevaba su ramo de flores en la mano y olvidó su peluche en la mesa.

Otro de los amigos de Jazmín le comentó a la madre la preocupación que le generó cuando la vio subir a la camioneta Cherokee, color verde oscuro, modelo 98, de César Daniel. Dice que le mandó un mensaje preguntándole dónde estaba y si estaba bien. Ella contestó a las dos de la madrugada que estaba en el "monte". Ésa fue su última conexión.

Los padres se desplazaron de inmediato a buscar a César Daniel en Zaragoza:

—Nadie sabía darnos razón de él, menos de mi hija. La anduvimos buscando por todos lados todo ese día sin tener resultados. Así que fuimos con la policía a reportar los hechos ese mismo 26 de febrero. El corazón lo tenía congelado, las manos frías. No podía ingerir ningún alimento, mucho menos dormir, no podía, no sin mi hija en casa.

—Regresamos más tarde el 26 de febrero a casa de César Daniel para saber si tenían noticias de ellos, su hermano iba manejando otra camioneta y le gritamos, pero él no detuvo su marcha. Me tuve que atravesar para que nos atendiera y nos dijo que no sabía nada. Más tarde, la policía lo detuvo porque él era el dueño de la camioneta en la que César Daniel se llevó a mi hija. No sé cómo encontraron la camioneta y la llevaron al corralón. Toda la parte de adelante estaba destruida, incluso sin defensa. Fue entonces que el hermano confesó que cuando me le atravesé, César estaba en la camioneta y se escondió en la parte de atrás para que no lo viéramos. Pero César Daniel ya se había cruzado al otro lado para San Antonio, Texas. Como nosotros estábamos desesperados por encontrar a nuestra hija, anduvimos buscando y preguntando.

Abatidos, ambos padres la buscaron en el monte, en brechas, en caminos, en todas partes, la imaginaban herida, sola, entre los matorrales. En medio de gritos desgarradores, la llamaban por su nombre: ¡Joselyn Jazmín, Jazmín, *Jazmínzin*, hija!

Sólo se percibía el silencio, el ruido del auto, no había ni una señal. El amanecer del 27 de febrero los encontró así, roncos de gritar, con los ojos hinchados de llorar, con la esperanza de volver a verla. Las horas trascurrían lentamente, como si cada minuto fuera una hora, los segundos se hacían minutos, sin novedades.

La familia completa y amigas de Joselyn solicitaban informes en redes sociales, mientras que la policía buscaba por su lado.

Cerca de las nueve de la noche, el lunes 27 de febrero la encontraron en una yerma brecha, a 15 minutos de Zaragoza, en un ejido llamado Pío Pío. Con la voz llena de desconsuelo, Verónica me detalló:

—La encontraron allá por la cruz. Ella estaba ahí metida entre unos matorrales ya sin vida, muy golpeada, con las marcas de las llantas de la troca que le pasó por encima de las piernas y el abdomen para finalmente, romperle el cráneo. Su falda hasta arriba. La violó, la asesinó con tal saña. Me pregunto: ¿Por qué ese hombre fue tan cruel con mi niña?, no me lo explico.

Joselyn Jazmín era una chica como tú, como tu amiga, tu hermana o tu hija. Su madre la recuerda como una buena hija; dejó a sus dos hermanos menores que extrañan sus juegos, sus peleas, que los regañe.

—Ella era muy empeñosa, tenía muchos sueños, era buena hija, buena hermana, quería ser alguien en la vida, apenas había terminado la preparatoria con técnica en programación en diciembre de 2016. Joselyn trabajó desde los 14 años para costearse sus estudios y darse sus gustos. Mi niña soñaba con entrar a trabajar a la Corona. Para eso se estaba preparando, porque ella decía que ahí tendría un puesto importante.

—Frida, el dolor que nos dejó su asesinato no te lo puedo explicar, ahora vivimos tristes, su papá se hace el fuerte, pero cuando cree que no lo escucho, está en su cuarto llorando. Los recuerdos se mantienen intactos en su recámara; sus cosas y su ropa tal como ella los dejó. Hace ya 5 meses vivimos con las remembranzas en el corazón que nos desgarran el alma, y con el temor de que el asesino vuelva para cumplir sus amenazas por levantar la voz y exigir a las autoridades su captura. Debes saber, Frida, que César Daniel, aparte de todo el daño que nos causó, nos ha amenazado por teléfono advirtiéndonos que ya le paremos, que ya "no hagamos pedo". Dice muchas groserías para intimidarnos y nos exige que quitemos sus fotos de las redes sociales, que ya nos callemos este asunto o que nos va a pasar lo mismo que le hizo a mi hija y se burla. Siento tanto dolor e impotencia de que las autoridades no hagan nada por detenerlo y tengo ganas de que pague lo que le hizo a mi Joselyn, porque fue injusto.

César Daniel Ibarra Rodríguez se encuentra prófugo. Las autoridades no han hecho nada por detenerlo. Como Verónica y Armando residen en Estados Unidos, le exigen a las autoridades coahuilenses que hagan su trabajo. Pero la insensibilidad de dichas autoridades les deja la claridad de que, si ellos no investigan, quienes deberían de hacerlo no lo harán.

—En mi desesperante búsqueda por hacerle justicia a *mija*, he tenido que ser detective, porque la pasividad de la autoridad me estresa. Así fui a dar con una persona que le cortó el cabello al asesino antes de que me la matara y fue como me enteré que César Daniel le confesó al barbero en palabras literales que la fantasía que él tenía era "golpear a una morra en el monte y matarla". Pero que sólo era una ocurrencia momentánea de la plática y que ¡no lo haría de verdad!

También aparecieron dos chicas: cada una por su lado dándome las condolencias y relatándome que conocían a César Daniel. También fueron víctimas de él en similares circunstancias, como lo que le hizo a mi hija. Sólo que ellas corrieron con mejor suerte y lograron escapar. Pero que las tenía amenazadas de matar a alguien de su familia y por eso no interpusieron denuncias y preferían mantener el anonimato.

La familia Rodríguez López lleva una pesada loza desde el feminicidio de Joselyn, las preguntas se acumulan en la mente de Verónica:

—Nunca voy a entender la maldad de César Daniel, por su obsesión tomó a mi hija como un objeto para complacer sus más bajos deseos y fantasías a su voluntad. No comprenderé porque le quito el derecho de vivir, tan salvajemente. Y habérmela dejado tirada como un trapo que se desecha por ahí, escondida entre los matorrales. Él anda muy campante, libre, cruzando el puente de allá para acá como si nada. Comprando zapatos en las tiendas en compañía de su mamá. ¡Y mi niña muerta, qué impotencia! La misma gente nos dice que lo ven y cuando le dicen algo de Joselyn se burla. Al hermano de César Daniel lo soltó la policía después de unos días de su detención, pues argumentó que el sólo le prestó la troca, pero no sabía que haría eso.

KARINA

A ti, pequeña niña mixe, que pensaste que todos eran buenos, que imaginaste que era como en tu pueblo y que nada pasaría (2002-2016).

Cuando conocí el caso de Karina Reyes Crescencio, mis fuerzas menguaron. Ella desapareció el 5 de abril de 2016, en Oaxaca. Tenía 13 años. Dos meses después la ubiqué en Puebla como una mujer violada y asesinada. El corazón se me partió. La culpa, los autorreproches: ¿Por qué no la encontré antes?, ¿por qué no me di cuenta de que era ella? Me sumí en un mar de llanto por horas.

Elsa, de 35 años de edad, es una mujer delgada, de 1.50 de estatura. Fijó, por última vez su mirada en la única foto que tiene de su hija: Karina Reyes Crescencio, la cual entregó para reportar su desaparición. La observa como si quisiera sacarla de ahí y tenerla frente a sus ojos, para disfrutarla una vez más. Habla muy poco español, su lengua materna es mixe. Elsa y su familia son oriundos de Candelaria Mixe, una agencia municipal perteneciente al Municipio de Santiago Zacatepec, enclavado en la sierra norte. Este municipio se encuentra a 327 kilómteros de la ciudad de Oaxaca.

El 4 de mayo de 2003, el llanto de una pequeña retumbó en las montañas, en un cielo enmarcado por grandes nubes. Era el de Karina, la cuarta hija de Elsa Crescencio, de 22 años.

Karina fue una niña sana, le gustaba mucho correr, ir al campo, a veces cuidaba de sus hermanitos más pequeños. El clima de esas tierras es templado, con lluvias de junio al resto del año. Karina aprendió a jugar bajo las densas nubes lluviosas de estos caminos, a veces tan tupidas que la vista no alcanza a distinguir formas a 5 kilómetros de distancia y la lluvia recorre en riachuelos la mayor parte de la zona.

La familia no vivía mal:

—Nuestra casa es muy humilde, sólo de láminas, pero no nos falta qué comer. Allá en mi pueblo hay muchas yerbitas para comer.

En 2011, un familiar convenció al padre de Karina de que se trasladaran a la ciudad de Oaxaca, "ahí seguro les irá mejor". Hace 5 años, Elsa y su familia llegaron a Oaxaca sin un lugar donde alojarse. La mayoría de las casas en donde vivió Elsa eran prestadas. Ella y su esposo pasaron a ser parte de la estadística de desempleo formal. El padre de Karina trabajaba como ayudante de albañil. Ganaba 50 pesos al día, por lo que la joven indígena tuvo que trabajar lavando y planchando ropa que le daban algunas de las vecinas de Agencia Municipal Pueblo Nuevo, en Oaxaca.

Tres años después, en 2014, la hermana mayor de Elsa murió.

—Nadie me dijo de qué sólo se le dio la enfermedad y se murió.

Meses después murió también el padre de Karina.

—Él tomaba mucho, y también se murió.

Doña Carmen, vecina del lugar, quien tenía un restaurante y les rentaba la casa, le pidió a Karina que trabajara con ella. Ahí, la chica barría, recogía mesas y le conseguía a Elsa ropa para lavar. Tiempo después, Elsa volvió a casarse y dejó esa casa. Pero Karina siguió yendo a trabajar para la señora Carmen y regresaba, con su mamá.

Todo parecía ir bien, Karina era una niña muy risueña, cursaba la escuela en la Agencia Municipal de Pueblo Nuevo porque no tenía papeles para ingresar a la escuela formal. Tampoco hablaba mucho español, pero estaba aprendiendo a leer bien.

Unos meses antes de la muerte de Karina, su comportamiento cambió, era grosera con su mamá, le contestaba mal, no la obedecía. Nada más quería ir a trabajar con la señora Carmen o salir con sus amigas.

—La última vez que la vi le pedí que me ayudara a lavar ropa, porque tenía muchos pedidos. Muy grosera me contestó que no, que iba con sus amigas. Eso fue a las nueve de la mañana del martes 5 de abril de 2016.

El restaurante donde Karina trabajaba es muy visitado por traileros que llegan a comer. Al lado hay una bodega de maíz donde llegan trailers a descargar y cargar su mercancía. Había un chofer que frecuentemente era visto por ahí, Mariano Lugo Garay, quien se hizo amigo de Karina. La madre y vecinas le decían cuán peligroso era que hablara con ese hombre de 31 años, que era mucho mayor que ella.

El 5 de abril de 2016, después de que Elsa terminó de hacer sus entregas de ropa, pasó al restaurante para recoger a Karina. La dueña le dijo que Karina ya no estaba, que ya se había ido. Elsa esperó a que su hija regresara; sin embargo, pasaron los días y Karina no apareció. Algunos vecinos del restaurante comentaron que vieron a Karina subir a un trailer rojo, igual al de Mariano.

Una vecina le sugirió que pusiera una denuncia para que la buscaran, pero no sabía adónde dirigirse. Buscó la única fotografía que tenía de su pequeña y se la llevó. El 28 de abril de 2016, acompañada por Montserrat, su vecina, denunció la desaparición de su hija; quien cumpliría 14 años, el 5 de mayo.

Las pasaron a una oficina para notificarles que tenían el cuerpo de una mujer sin identificar, la habían encontrado en Puebla. Les mostraron fotos para que la identificaran.

—Fue un momento lleno de dolor, yo no daba crédito de lo que veía. Era una niña. La estrangularon, la dejaron ahí tirada —los ojos de Elsa se quedaron en aquella terrible imagen.

El 6 de abril de 2016, medios locales en Puebla dieron cuenta del hallazgo de una mujer muerta sobre el kilómetro 66+500 de la autopista México-Puebla, a la altura del paraje El Pipirín, en Santa Rita Tlahuapan. Muchos afirmaron que la edad de la mujer oscilaba entre los 25 y 28 años, "que tal vez era una prostituta", porque esa zona era conocida por esa actividad.

Karina fue violada y estrangulada, tirada a la carretera. Los medios y la misma autoridad poblana se apoyaban en la presunción de que se trata de una sexoservidora, como lo publicó el periódico digital *Tribuna Noticias*. Sin embargo, no fue así. Convirtieron a Karina en una cifra y una prostituta: la desconocida número 6 para las autoridades poblanas; el feminicidio número 25 en Puebla; el feminicidio 302 de 2016, de nuestro doloroso compendio. No, Karina no era prostituta, era una niña mixe de 13 años que conoció a quien se aprovechó de la situación y se la llevó en contra de su voluntad. Su madre asegura que, conociendo a la pequeña, no se hubiera ido por cuenta propia.

A Karina la depositaron en la fosa común. Luego de comparar datos de la desaparición con las desconocidas, me puse en contacto con la licenciada Iliana Araceli Hernández Gómez, entonces titular de la Fiscalía Especializada para la Atención a Delitos Contra la Mujer por Razón de Género, en el estado de Oaxaca, quien de inmediato le hizo saber al fiscal general la situación de Karina. Inmediatamente dieron instrucciones para recuperar el cuerpo de la niña y que fuera entregado a Elsa, su madre, para llevarla a enterrar a su pueblo.

En medio de tanta desgracia, Elsa se sentía feliz porque al fin tendría a su hija con ella, después de 8 meses de estar presionando a las autoridades. El 9 de noviembre fue sepultada muy temprano. La pequeña niña mixe que, para Mariano, el presunto responsable de su feminicidio, sólo significó un antojo y después un desecho.

Después de escuchar la voz de Elsa y saber que esta madre había encontrado un poco de paz, me sentí tranquila, mas no satisfecha.

Karina ya no cumplió 14 años, la vida le fue arrebatada un mes antes por un hombre sin corazón que sigue libre y que puede volver a dañar a cualquiera. Mariano Lugo Garay hasta finales de 2017, no ha sido detenido.

FRANCIA RUTH

El 20 de enero de 2017, Arturo Ibarra había reportado la desaparición de su segunda hija, Francia Ruth, quien salió de casa el 3 de diciembre de 2016 para no regresar jamás. Cuando Arturo acudió a reportarla, las autoridades, negligentes como siempre, le dijeron que "no se preocupara, tal vez estaba con el novio" y no levantaron la denuncia.

Francia salió de su casa a las ocho de la mañana con su madre, para ir a su clase de inglés en el Centro de Estudios de Idiomas en la Universidad de Guanajuato. Más tarde, Ruth le envió un mensaje a su mamá a para hacerle saber que iría a ver a su novio: Emmanuel Denalí Valdez Bocanegra. Y ésa fue la última vez que supieron de ella. Desde que Arturo fue notificado por su esposa que Francia no se había reportado, el corazón le dijo que ella no estaba bien.

En agosto de 2016, Francia Ruth conoció por la red social Tinder a Emmanuel; e iniciaron una amistad que, semanas después, se dio de alta en Facebook. Luego de un mes, Francia y Emmanuel se conocieron físicamente, pero éste cuidó que la familia de Francia no lo viera.

En una ocasión, la mamá siguió a Francia sin que se diera cuenta, para saber quién era ese misterioso sujeto. Ella logró verlo muy bien, su cara se quedó grabada en la mente. Pero Francia se dio cuenta de que Ruth la había seguido y se enojó mucho. Al menos la madre pudo verle la cara al asesino de su hija.

La búsqueda por encontrarla fue ardua; el padre de Francia investigaba, por su parte, todo lo que podía, ya que las autoridades de León, Guanajuato, no tenían el mínimo interés en hacerlo. Por fin dio con el paradero de Emmanuel y el nombre de su padre. Le dijeron que la última vez que vieron a Francia fue en casa de éste el 4 de septiembre; ya que se había registrado en la libreta de entradas del fraccionamiento donde vivía Emmanuel, en San Isidro. Arturo decidió contactar al ingeniero químico, catedrático de la Universidad de Guanajuato, Ricardo Valdez González, padre del novio de Francia, quien fue llamado a declarar para esclarecer el caso de la desaparición de Francia. Sin embargo, Ricardo Valdez no se presentó el 7 de diciembre de 2016, fecha en que fue citado por las autoridades. Ante la negativa, personal de la Procuraduría General de Justicia del Estado de Guanajuato fue a buscarlo a su domicilio y lo trasladó a la agencia correspondiente para que rindiera su declaración.

Allí aseguró que su hijo sufría de sociopatía y que estaba en tratamiento psiquiátrico. Además, afirmó que estaba desaparecido y levantó la denuncia correspondiente.

Esto hizo que el caso se complicara aún más. Los días seguían pasando y Arturo recorría a diario los lugares donde Francia fue vista. Y su mente se llenaba de miles de cuestionamientos a su hija: "¿Dónde estás?, ¿por qué te fuiste?, ¿por qué no te dije que corrías peligro? Francia, regresa, hija, no va a pasar nada."

La esperanza por encontrarla con vida disminuía, pero Arturo, incesante, no perdía la ilusión de verla a los ojos otra vez.

Los días pasaron y la familia publicó en una página en Facebook la siguiente leyenda: "Buscamos a Francia Ruth Ibarra Ramírez. Te estamos buscando, toda la familia está muy preocupada por ti."

El 10 de diciembre de 2016, como todos los días, Arturo recorría la calle Loma de San Vicente, en la colonia San Isidro, donde estaba ubicado el departamento de Emmanuel. Se percató de que había policías resguardando el inmueble, observó camionetas blancas del Servicio Médico Forense y las lágrimas cegaron sus ojos. Las autoridades ni siquiera le notificaron. Sólo le hicieron saber que en el lugar habían encontrado prendas femeninas, perfumes y zapatos de Francia. Posteriormente, los encabezados y notas del periódico decían así:

"Detienen a asesino de Francia Ruth Ibarra." "Se conocieron por Facebook." "El extraño amigo de Francia que conoció en Tinder." "Conoce a joven mujer en redes sociales. La mató y disolvió en ácido."

Y cuando Emmanuel fue detenido en el Estado de México, las notas periodísticas contenían la siguiente información:

El 20 de enero de 1991 nació Francia Ruth en León, Guanajuato; esa alegría de 26 años atrás fue ensombrecida por la indescriptible desolación que abrazaba a la familia Ibarra Ramírez el 20 de enero de 2017; en una cajita que pesaba aproximadamente dos kilos o tres, fueron sepultados algunos fragmentos de cráneo, piezas de las manos, de las piernas; nada más.

Emmanuel, su asesino de 26 años, fue descrito por conocidos como un hombre raro, que no hablaba mucho de su vida, un tanto conflictivo, ya que continuamente tenía problemas con vecinos o conocidos. Estudió cerca de un año en la Facultad de Medicina de la Universidad de Guanajuato. Su intelecto era elevado y no mostró problema para iniciar sus estudios en medicina. En esos papeles, la institución hace constar que el susodicho logró ser una de las 85 personas que lograron entrar a la facultad de entre 2,500 aspirantes.

Pero no sabemos por qué asesinó a Francia, cuáles fueron sus motivos, por qué esta chica fue asesinada, descuartizada y disuelta en químicos. Al parecer, Emmanuel ya tenía todo un *modus operandi* de atraer gente joven para dañarla. Pero las autoridades de León, Guanajuato, no quieren investigarlo. ¿Por qué? No quieren explicar su comportamiento, dar razones al respecto. ¿Qué hay detrás del feminicidio de Francia?, ¿qué están ocultando?

En lo que a Francia se refiere, a su identidad, no hay mejor forma de ser descrita que por sí misma. Esto fue lo que plasmó en una de sus últimas tareas para la escuela:

Quiero decirles que recuerdo mucho mi infancia, solía ver caricaturas y series como Sailor Moon, Pokemon, La Vaca y Pollito, Malcom el de en medio, Ranma 1/2, *etcétera.*

Después me llevaban a practicar Tae-Kwon-do y natación. Siem-pre estaba junto a mi hermana Grecia. Nunca olvidaré como íbamos cada fin de semana al campo cerca de mi casa, ahí solíamos cortar flores silvestres, atrapar pequeños insectos y caminar por los arroyi-tos sin zapatos; eso me causaba cosquillas en mis pies. Realmente lo disfrutaba.

Ya en primaria me gustaba jugar basquetbol con mis amigos, solía tener malas notas, pero entonces creí que si estudiaba más y hacía todas mis tareas me iría mejor y así fue. Solía ser una chica alegre y buena amiga, aunque era muy tímida.

Bueno, en general pienso que tuve una buena infancia y adolescencia. Porque tuve buenos padres, nunca me hizo falta nada... Fui muy feliz.

Atte., Francia Ruth-Cho Muraskabi, maestra de inglés y parte de una familia que me ama mucho

Huérfanos, el daño colateral de la violencia feminicida

Desde 2016, año en que iniciamos la documentación, investigación y acompañamiento de madres, hijas, hermanas y amigas de mujeres que han sido asesinadas, se desconoce, en su mayoría, quiénes fueron sus agresores; ya que muchas de ellas han sido encontradas en terracerías, calles, canales y ranchos. Han sido violadas, embolsadas, calcinadas, destazadas, asesinadas a disparos. Otras han sido aniquiladas por sus parejas y, lo peor de todo, frente a sus hijos. Documentar el número de huérfanos que han quedado es muy duro emocionalmente hablando; pues las notas con las que registramos los feminicidios no proporcionan estos datos. Durante 2016 contabilizamos 220 huérfanos menores de 14 años. En lo que va de 2017 tenemos registrados 106. Tenemos, además, información extra sobre estos niños que han quedado destrozados por la pérdida de sus madres.

Con la idea de "proteger" al niño de la impresión que causa la muerte, quien(es) se queda(n) a cargo recurre(n) a distintos comportamientos: muchas personas usan metáforas: "Está durmiendo para siempre"… Otros evitan expresar sentimientos de dolor frente a los niños. Pero una de las conductas más recurrentes es la de excluirlos de los ritos fúnebres. Y esto es por la idea de que los niños "no se dan cuenta", o bien, "no entenderán si se les habla de la muerte".[7]

Pero son precisamente ellos quienes se quedan con la tragedia. Quienes viven y sienten inmenso dolor.

Los más pequeños, de 0 a 2 años:

La mayoría de estos niños y niñas no comprende qué sucedió. Desconocen el concepto de la muerte, sin embargo, perciben la ausencia de sus madres. Y, peor aún, saben, en algunos casos, que sus propios padres son los responsables de esta ausencia: ellos lastimaron a sus madres.

Los hijos de Verónica Guadalupe Robledo Pérez, 2 años y un año y medio, asesinada el 9 de septiembre de 2016, en Chiapas. Ellos saben que su mamá ya no está. Y eso le parte el alma a la familia. Erick, el presunto feminicida, está detenido. Sin embargo, los padres y el esposo de Verónica temen que pueda ser liberado, ya que trabaja en el Gobierno del Estado.

Devani Carolina Montelongo Mendoza, de 22 años, fue asesinada por su pareja, Ernesto Leobardo Robledo, padre de su hija de 2 años, el 20 de julio de 2016, en Monterrey. La pequeña hija fue tomada como rehén por su padre. Tiempo después fue detenido. La pequeña sabe que mamá no está y que papá intentó lastimarla también a ella.

Teresa de Jesús Rodríguez fue asesinada por su esposo y padre de sus dos hijas, Julio César, el 22 de junio de 2016, en el Estado de México. Las menores de 14 y 2 años de edad fueron heridas por su padre al momento de la agresión. La más pequeña sigue esperando los brazos de su mami. Su padre fue detenido.

---

[7] http://medicinafamiliar.uc.cl/html/articulos/040.html.

Niños de 3 a 5 años

Los niños en este rango de edad ven la muerte como temporal y reversible, similar al acto de dormir. Piensan que mamá regresará pronto:

Dulce Paola de la Rosa, de 25 años, fue asesinada el 1º de septiembre de 2016, en Culiacán, Sinaloa, por su expareja César Fernando. El maltrato al que estuvo sometida se dio por varios años, nunca lo denunció por miedo. Dulce decidió dejarlo, tenía un trabajo con el cual mantenía a sus hijos: dos de 3 años (gemelos) y uno de 6. Hoy, los pequeños están con la familia de su mamá, esperando a que ella regrese pronto.

Francisca Janeth Fraire Lozano, de 32 años, fue asesinada el 24 de mayo de 2016, en Monterrey, por su pareja José Martín Mata, quien se suicidó después. El hijo pequeño de Janeth, de 5 años, fue testigo de los hechos y lo trasladaron al DIF del municipio de Zuazua. El pequeño sigue en espera de que su mamá regrese.

Carolina Hernández Sánchez, de 26 años, fue desaparecida y posteriormente asesinada, el 19 de marzo de 2016, en el Estado de México, por su novio: José Guadalupe Villeda Ruiz, actualmente detenido. Carolina dejó a dos pequeñas con su abuelo enfermo, una tiene 5 años y, hasta el momento, no entiende qué le pasó a su mamá.

Niños de 6 a 8 años

En este rango de edad la muerte se interpreta como un castigo, es como un personaje que atrapa. En este sentido, los niños logran identificarla como un hecho irreversible, pero no universal.

El 4 de febrero de 2014, en Guerrero, la tibieza de la noche envolvió el departamento de Patricia Orizaba Ruiz e Israel Chimal Gallardo, médicos. Su pequeña hija de 6 años no imaginaba lo que iba a suceder.

Por la noche, papá y mamá iniciaron una discusión. La pequeña hija no entendió qué sucedía, ella se encontraba en su habitación. Cuando escuchó los gritos, fue al dormitorio de sus padres y vio que su papá estaba lastimando a su mami. Patricia, aún con vida, le dijo a la pequeña que pidiera ayuda. La niña bajó a tocar la puerta de sus vecinos, quienes acudieron a tratar de auxiliar a Patricia. La policía respondió al llamado de éstos, en tanto que la nena fue resguardada. La niña no comprende por qué su papá le había hecho daño a su mami, a la mujer que siempre la protegió.

El feminicida fue encontrado con el torso desnudo y manchas de sangre; él mismo se entregó a los policías. El inculpado fue detenido en el acto y actualmente se encuentra en el Cereso de Acapulco, en proceso penal por el feminicidio, bajo la causa penal 23/2014-1, en desarrollo. Y, como en otros casos, aún no le han dictado sentencia.

Niños de 9 a 12 años

Adquieren la concepción adulta de la muerte, es decir, final, irreversible y universal. Pese a que comprenden el proceso biológico de la muerte, la viven como un hecho lejano para ellos, como un castigo por malos comportamientos.

Niños de 13 a 18 años

Pese a que perciben la muerte más cercana, se enganchan con actividades de alto riesgo adoptando una actitud inmortal.

No perdamos de vista que los niños y las niñas pasan por procesos de sufrimiento igual o más complejos que los nuestros. Viven las agresiones y pérdidas de sus padres de forma determinante. ¿Por qué seguimos considerando que todavía no entienden las peleas de los adultos, nuestros divorcios, nuestras ausencias, nuestros asesinatos?

Se habla mucho del interés hacia la integridad y salud mental y emocional de los niños, de salvaguardarlos pero —como dirían muchas abogadas con quien he platicado— no existe tal protección para nuestros niños en México.

Así que la próxima vez que levantes la voz, que levantes la mano, que grites, que haya golpes, voltea a ver a quiénes dañarás. Quiénes padecen la violencia con la misma o mayor magnitud que tú, porque también ellos están siendo violentados.[8]

Cecilia Paola, la hija huérfana

Esas ganas de cerrar los ojos y que todo sea como antes.

Cecilia Paola tiene 24 años, cuando la contacté estaba temerosa. Estaba atravesando por un inmenso dolor. El 24 de marzo de 2017, 3 días después de los hechos, hablamos por primera vez. Le expliqué que mi única intención era dar a conocer lo que había pasado con su mamá. Entonces confió y accedió a contarme su historia.

Zulema Guadalupe y Piña Medrano tenía 24 años cuando decidió unir su vida a la de Édgar Sergio Galaviz Montes, en Castaños, Coahuila. Ella tenía una niña, Cecilia Paola, de 3 años. Zulema estaba feliz porque le iba a dar una familia a Pao y formaría su hogar con Sergio.

A él lo conoció porque trabajaba con su padre, quien era trailero. Las constantes visitas a su padre hicieron que frecuentara a Édgar y se enamorara de él. Sin duda alguna era el hombre con quien deseaba pasar el resto de sus días. Sergio le dio su apellido a Paola y de su matrimonio nacieron Sergio, Carolina, Alejandro, y Bryan. Todo parecía indicar que las cosas serían como ella las había soñado.

Zulema era muy bonita, delgada, de tez blanca, cabello rubio. Esto hizo que, lamentablemente, Sergio la celarla a cada

---

[8] Fuente: http://medicinafamiliar.uc.cl/html/articulos/040.html

instante. Además era muy alegre, siempre estaba riendo, tenía muchas amigas.

—Como mamá, aguantó muchas cosas para que nosotros estuviéramos bien. Sufrió mucho en su vida.

Zulema padeció la violencia verbal de su pareja. Paola recuerda cómo Sergio la maltrataba, la humillaba, le decía de groserías, era muy celoso. No dejaba que saliera para nada. Pao me contó sobre una ocasión en que estaba en la escuela y mandaron llamar a sus papás a una junta o evento y Zulema no fue porque su pareja se lo tenía prohibido.

—Jamás fue a la escuela de ninguno de nosotros.

Cuando vivía con Sergio, su madre vestía playeras, pantalones y *shorts* mucho más grandes que su talla. No se peinaba ni maquillaba. Durante sus embarazos no podía acudir a citas mensuales de control, ya que eso llenaba de celos a Sergio.

Todo el tiempo la acusaba de infidelidad, la acusaba de tener muchos hombres, lo cual Zulema negaba porque jamás ocurrió. Ella se dedicaba a sus hijos, a su casa. Nunca trabajó fuera porque Sergio no lo permitía.

Cansada de los celos, de la violencia verbal y emocional que vivía, decidió dejarlo en diciembre de 2015. Inició los trámites de divorcio y, aunque él se negaba, lo consiguió. En noviembre de 2016, Sergio se enteró de que ya estaban divorciados. Furioso, se presentó en su casa con pistola en mano e intentó llevársela, haciéndole saber que, si no estaba con él, prefería verla muerta. En esa ocasión, Paola y Bryan evitaron que se la llevara. Sin embargo, la golpeó. Zulema acudió a las autoridades a denunciarlo y él fue detenido. A él le giraron una orden de restricción, pensaban ponerle una pulsera de seguridad, pero Sergio le aseguró que no volvería a acercarse. Paola no entiende por qué su mamá se confió si sabía lo agresivo que era.

En la mañana, Paola salió a casa de su suegra mientras su mamá se estaba bañando. Zulema se quedó sola. Unas horas después, Alejandro, uno de los hijos menores de la pareja, recibió una llamada que le heló la sangre: su padre tenía a su mamá.

—Despídete de ella porque la voy a matar.

El menor se comunicó con sus hermanos y hermanas para informarles sobre la llamada. Paola trató de tranquilizarlo, diciéndole que seguramente su mamá estaba en casa. Alex le aseguró que no.

Sergio, el segundo hijo de la pareja, llamó a su padre para pedirle que le dijera dónde estaba su mamá. Él le confirmó que estaba con él, en la línea de transportes —la empresa transportista TVN—, dentro del tráiler, del cual era chofer. El hijo se dirigió al lugar con la esperanza de rescatar a su madre de las garras de su padre.

Zulema, al escuchar que era su hijo, le pidió ayuda porque la iba a matar. Cuando su hijo Sergio intentó romper el vidrio de la ventana, sonaron los balazos. Él la asesinó, a quemarropa, sin piedad alguna. Cobardemente, su padre huyó del lugar. Se hirió con la intención de suicidarse, pero no lo consiguió.

Paola, con la voz lacrimosa, relató cada uno de estos eventos. Aseguró que al ver en la audiencia de lectura de cargos a Sergio, jamás notó en él un asomo de arrepentimiento; al contrario.

—Parece que lo goza, ahora está seguro de dónde está mami, sabe que está en el panteón, que jamás se volverá a preocupar por saber dónde está. Está feliz porque mami nunca podrá rehacer su vida.

Sergio fue atendido por la herida que se provocó y después trasladado como medida cautelar al Cereso de Saltillo, Coahuila. Ahí esperó 3 meses para que se descargaran las pruebas y se llevara a cabo el proceso.

Paola tiene la esperanza de que las autoridades sí hagan justicia esta vez, ya que, a pesar de estar enterados del nivel de violencia de Sergio, por las denuncias interpuestas por Zulema, no hicieron nada para evitar que la asesinaran.

En su cumpleaños, Zulema disfrutaba cenar con sus hijos, cortar un pastel y jugar con su pequeño nieto de 3 años, a quien ya no volverá a ver. Este 2017 Zulema ya no cumplió 46 años, ya no pudo festejar. Para sus hijos, este 7 de abril fue muy difícil, pues ya no estaba su mamá para festejar un año en el que comenzaría su libertad: la que recién conocía y le fue negada muy pronto. Así como se arranca una flor, la vida le fue arrebatada.

Hoy Paola no sabe qué sigue. La chica de 24 años de edad, casada, con un pequeño de 3 años, se ha convertido en la madre de sus hermanos de 12 y 14 años.

—No sé si lo haré bien. Ni siquiera he querido preguntar a mis hermanos menores cómo se sienten, no quiero que sufran más —me confieza llena de dolor y de angustia.

Esta joven mujer, aún con el desconsuelo, está decidida a sacar adelante a su familia, a sus hermanos, a ella misma. Ahora con más razón, a pesar de que su "mami", como cariñosamente la llamaba, no está ahí para apoyarla.

FÁTIMA Y LA INDIFERENCIA

Después de recorrer más de 3 horas de camino para conocer a una familia más, víctima del fenómeno que para la mayoría de las autoridades no existe, o sólo se usa como bandera política "el feminicidio", me hallé con el caso de Fátima, una chica muy joven a la que le arrancaron los sueños de ser doctora, de ayudar y convertirse en una gran profesionista.

Llegué a una casa con paredes de color gris, melón y rosa. Una casa que dista mucho de ser un hogar. Me esperaban los padres de Fátima: don Jesús Quintana y doña Lorena Gutiérrez, de 47 y 48 años de edad. Una pareja que tiene 26 años de casada.

Apenas se asomaban a la puerta; le di un abrazo a Lorena, agradeciéndole que nos permitieran entrar en su intimidad. La casa donde habitan es de "protección". Se las otorgó el Gobierno del Estado de México por medio de la Comisión Ejecutiva de Atención a Víctimas del Estado de México (no la delegación derivada de la Federal) después de que recibieron amenazas de muerte y la casa donde vivían fuera baleada. Los responsables eran familiares de los tres sujetos que violaron y asesinaron a su hija de 12 años en 2015.

Fátima Varinia Quintana Gutiérrez nació el 4 de junio de 2002. Era la cuarta de cinco hermanos, hijos del matrimonio conformado por Jesús y Lorena. Solían vivir en la comunidad de Lupita Casas Viejas, en el municipio de Lerma, Toluca. Fátima era una niña a la que le gustaba la escuela, su promedio era excelente. Medía 1.65 metros de estatura y decía que, cuando fuera grande, estudiaría medicina. Su familia la describe como una niña reservada, callada, no le gustaba salir sola, siempre se hacía acompañar por alguno de sus padres o sus hermanas y hermanos. Cursaba el primer año de secundaria, era una niña que, como todas las de su edad, pensaba en jugar. Veía la vida con calma, y más en ese pequeño lugar, rodeada de montañas y árboles, donde la maldad se supone que no tenía cabida.

Ese 5 de febrero de 2015, Fati fue llevada a tomar el camión como todos los días, para acudir a la escuela Secundaria Técnica José Antonio Álzate, en Santa María Zolotepec. A 20 minutos de su casa. Su padre la dejó en el camión y ésa fue la última vez que la vio.

Todos los días iban por ella a la parada del autobús. Pero justo ese día estuvieron muy ocupados con labores cotidianas de la casa y llegaron tarde por ella. Se dieron cuenta de que ya eran las 3:45 de la tarde y que la niña no aparecía. En ese momento, el corazón se les congeló. En la entrevista que tuve con ellos, detallaron el horror que desde ese instante vivieron y siguen padeciendo.

Sus victimarios, Josué Misael, Luis Ángel Atayde Reyes y José Juan Hernández Cruceño, *El Pelón*, ya la habían elegido. Como predadores la cazaron, la privaron de la libertad, la violaron, la destrozaron, la cubrieron con hojarasca. La madre sólo gritaba: "Fátima, aunque sea muerta te voy a encontrar, dónde quiera que estés."

La niña fue violada bestialmente, la apuñalaron más de noventa veces, le abrieron el pecho más de treinta centímetros, le cercenaron las entrepiernas, le rompieron los tobillos, fracturaron sus manos.

—Mi hija fue una guerrera, luchó hasta el final, aún con todo eso no murió, hasta que le arrojaron tres piedras de más de treinta kilos cada una. Eso fue lo que terminó con su vida.

Los gritos desesperados de la madre alertaron a los vecinos, luego de que fue encontrado el cuerpo de la pequeña niña. Detuvieron a los tres perversos, que estuvieron a punto de ser linchados. La policía pidió la intervención de los padres de Fátima, quienes en shock solicitaron al pueblo que los entregaran a la policía.

—Luis Ángel y Misael eran niños del pueblo, los conocía desde que eran pequeños, José Juan tenía viviendo 2 años en el lugar, él venía de fuera de Naucalpan y nadie sabía quién era o a qué se dedicaba. Siempre estaba nada más ahí; no trabajaba ni nada. Sólo llegó a enviciar a los jóvenes que vivían ahí, él fue el autor intelectual de todo esto —dijo llena de dolor Lorena.

Los tres sujetos estuvieron en el Hospital de Toluca por los golpes que les propinaron los lugareños, a ninguno de ellos se le tomo muestra de sangre. En la escena del crimen fue encontrado un cuchillo ensangrentado que las autoridades jamás pudieron comparar con la de los agresores. Después de 2 años, la familia de la niña se enteró que al cuerpo de Fátima no le practicaron pruebas periciales de genética porque la Fiscalía no contaba con tiras reactivas para hacerlas. Las investigaciones resultaron ineficaces, como muchas de las que realizan mostrando falta de interés y profesionalismo.

José Juan, *El Pelón*, fue liberado el pasado 8 de junio de 2017 por la jueza Janet Patiño García, quien argumentó falta de pruebas para sentenciarlo. Excluyó a los testigos y evidencias de los hechos, a pesar de que los tres fueron detenidos por un pueblo completo. Cabe destacar que dicha juez ya había liberado en 2013 a Óscar Osnaya Cruz, director —en ese tiempo— de Servicios Públicos del municipio de Nicolás Romero, quien fue apresado el lunes 22 de abril de ese año, acusado de violación en agravio de una niña de 11 años.

La escuela privada Sierra Nevada, institución que en su página web ofrece servicios educativos de preescolar, primaria y bachillerato en los planteles de Interlomas y San Mateo Naucalpan, y de preescolar y primaria en Lomas y Esmeralda, aportó la defensa para José Juan. El personal de intendencia y un director administrativo atestiguaron en favor del entonces imputado, asegurando que él había acudido ese día al plantel donde se supone laboraba de jardinero. Mostraron como pruebas videos borrosos que para la magistrada fueron suficientes.

Como la familia de la pequeña Fátima ha sufrido amenazas de muerte y la casa donde vivían fue baleada, sus miembros tuvieron que ser "resguardados" por las autoridades del estado. La familia del imputado en plena audiencia amenazó frente a ministerios públicos y magistrados a Lorena: "Me acusaron de haberles destrozado su vida, ¡por favor, ellos destrozaron a mi niña, me la mataron, la torturaron!" Ellos dijeron: "Maldita perra, ya firmaste tú sentencia de muerte." Ése fue el veredicto que escuchó Lorena en aquel recinto que se supone le daría justicia a su hija.

Dicha institución ayudó, con la cuestionable honorabilidad de la juez Patiño García, a liberar a una persona ligada con la delincuencia organizada en el estado. ¿Podrán los padres de los niños y jóvenes estar tranquilos acudiendo a una institución que protege a un feminicida, violador y distribuidor de drogas?

A salto de mata, escondidos y sin salir a trabajar vivían seis adultos y seis menores de edad, presos, desplazados, abandonados, alejados de todas las instituciones gubernamentales y no gubernamentales en una casucha del Estado de México. Recibían una despensa mensual que consta de frijol, atún en aceite y bolsas de avena.

Lorena teme por la seguridad de sus hijas, hijos, yernos, y cuatro hijos. Los niños no podían ir a la escuela ni salir de la casa donde las flamantes autoridades del estado los tenían hacinados. Así que el supuesto interés superior del niño o niña, entendido como un conjunto de acciones y procesos tendientes a garantizar un desarrollo integral y una vida digna, no existe. Éste indica que las sociedades y gobiernos deben de realizar el máximo esfuerzo posible para construir condiciones favorables con el fin de que éstos puedan vivir y desplegar sus potencialidades. Esto lleva implícita la obligación de que, independientemente de las coyunturas políticas, sociales y económicas, deben asignarse todos los recursos posibles para garantizar este desarrollo.

¿Tienen estos niños condiciones favorables para su desarrollo físico, emocional, educativo? Obviamente NO. ¿Tienen una vida digna? ¡NO!

La familia de Fátima se reunió con el fiscal general de Justicia mexiquense, Alejandro Gómez Sánchez, y la subprocuradora para la Atención de Delitos Vinculados a la Violencia de Género, Dilcya García Espinoza de los Monteros, a quienes poco les importa la seguridad e integridad física y emocional de esta familia, quienes ahora son víctimas directas de la ineficacia de estos funcionarios.

Insisto, Fátima y su familia son víctimas de la crueldad y la impunidad. De sus agresores, los tres sujetos, sólo Luis Ángel Atayde Reyes fue sentenciado a 73 años de prisión. Misael fue vinculado a proceso, sin embargo, como era menor de edad, la sentencia no procedió. Y José Juan fue liberado sin ningún cargo.

Los derechos humanos de esta familia fueron violados el mismo día que los de Fátima. La familia resulta lastimada cada vez que las autoridades los ignoran, los vulneran, los mantienen en la marginación económica, social, emocional.

Esto se llama México, el Estado de México, donde quien ahora funge como presidente, desde 2012, inició el terror en el que se vive día a día en este país.

¿Dónde están las defensoras de derechos de las mujeres?

¿Quién aboga por los derechos de los niños?

¿Por qué no se cumplen las leyes, la ley general de víctimas?

¿A quién tienen que acudir, o será que el mensaje es que esperen a ser aniquilados?

Luego de que fue dado a conocer el caso de Fátima en el blog de FridaGuerrera, el 16 de agosto de 2017, algunos partidos politicios han buscado a la familia para "ayudarles". Pero ninguna ONG se ha acercado a ellos, aunque se los hice saber desde el principio. Finalmente, el gobierno del Estado de México los trasladó fuera de la entidad. Pero aún asi, la familia sigue en peligro.

Y para finalizar nuestra lista —por ahora, lamentablemente, hasta que no se tomen medidas drásticas en contra de los criminales, hasta que la justicia mexicana no opere como debería—, el 15 de septiembre de 2017, el cuerpo de Mara Fernanda Castilla Miranda fue hallado después de ser brutalmente asesinada.

No se sabía su paradero desde el 7 de septiembre en Puebla y fue encontrada envuelta en una sábana que escondía el sufrimiento de una mujer que fue privada de la vida con toda premeditación y vileza; fue violada, asesinada y dejada como un papel que se tira después de ser usado.

Desde que desapareció, hubo una enorme indignación por parte de muchos; lo que ocasionó que hubiera marchas convocadas en siete estados de la República y en la Ciudad de México. Los mexicanos estamos hartos de la violencia de género, de las atrocidades en contra de bebés, niñas y mujeres inocentes; hartos de la impunidad, de la prepotencia y desinterés de las autoridades de los ministerios públicos, de la arrogancia de aquellos que por tener dinero y poder han manipulado los casos que estaban en su contra, evadir a la justicia, salirse con la suya. Estamos cansados e indignados por la desigualdad, la injusticia de que nuestras mujeres sean vistas como objetos y no personas con dignidad humana: esa misoginia que contamina las mentes de los mexicanos y que debe terminar de una vez por todas.

Cada 15 de septiembre es, supuestamente, para celebrar el día que los mexicanos oprimidos se unieron y levantaron para defender sus derechos e igualdad social hace más de dos siglos. El famoso día de la "Independencia", de la libertad de un país, una nación que unió sus fuerzas en contra de la esclavitud, la desigualdad, la injusticia. Pero yo les aseguro que aunque en ese momento se hay logrado una cierta "libertad", hoy somos tan esclavos como siempre. Y, por tanto, el motivo de celebración es muy cuestionable.

Nuestro México está inmerso en la degradación institucional. Gobernantes que se quedan mudos ante la furia de la sociedad, que pareciera que elige por quién indignarse. Muchas de las familias de mujeres asesinadas antes que Mara me expresaron lo siguiente: "Frida, ¿por qué sólo le están dando importancia a ella, a su caso?, ¿que, entonces, mi hija no valía lo mismo que Mara?, ¿o mi hermana?, ¿mi mamá?" Sí, todas sus vidas importan, todas sus vidas arrancadas deberían de sacarnos a las calles a exigir, a gritar, a evidenciar la barbarie. A protestar en contra de la taciturnidad de nuestras autoridades, de la falta de políticas públicas reales por detener la ferocidad con la que día a día las mujeres son asesinadas. A mostrarnos inconformes ante la invisibilidad, la sombra, la vaguedad que impera en cada uno de los casos irresolutos.

El feminicidio y las ONG

Al tiempo en que escribo este libro, recibo amenazas de muerte. Me han llegado vía internet. Para protegerme, ingresé al Mecanismo de Protección para Personas Defensoras de Derechos Humanos y Periodistas, acudí a la Fiscalía Especializada para la Atención de Delitos cometidos en contra de la Libertad de Expresión, con la esperanza de que hagan su trabajo.

Hay personas a las que les ha molestado el tema. Hacer visible el feminicidio día a día desde mi blog es una amenaza para muchos. Porque no les conviene que se sepa su identidad, porque señalo su falta de ética, de compromiso, su incapacidad para cumplir con su trabajo y hasta su nexo con el crimen organizado. No es la primera vez que han intentado intimidarme por denunciar violaciones a derechos humanos, es el pan mío de cada día. Siempre he sido transparente, coherente y honesta para contar historias; yo soy una voz más, la lente con la que se mira la injusticia y la impunidad; la pluma de quien necesita transmitir su historia. Es urgente darle rostro a las miles de mujeres que han sido asesinadas en México. Es un tema prioritario en nuestro país.

Intenté entrevistarme con legisladores, diputados y senadores para conocer sus posturas reales, no sólo las que anuncian en conferencias de prensa, aquellas que utilizan como banderas políticas en tiempo de campaña. Pero, por desgracia, no logré hablar con ninguno, son inaccesibles.

Asimismo, para enriquecer el contenido y buscar las propuestas, durante meses quise ponerme en contacto con los organismos de la sociedad civil que se han dedicado a denunciar el feminicidio en México. Pero no obtuve respuesta. En noviembre de 2016 le envié un mensaje a Edith López, asistente de Marcela Lagarde, una de las precursoras en el tema y me hizo saber que "la licenciada tenía mucho trabajo, que me avisaría cuando pudiera". Jamás obtuve respuesta.

Ante todas las negativas, traté de entender por qué algunas ONGS o personalidades visibles en el tema no son accesibles, no desean dar una entrevista. ¿Por esto la mayoría de las familias no tienen guía, no tienen a alguien que les diga lo que pueden hacer, o a lo que tienen derecho en un caso de feminicidio?, ¿por qué las ONGS dan acompañamiento sólo a algunos casos?, ¿qué se necesita para que volteen a ver a todas las familias que se quedan rotas?

Si el Observatorio Ciudadano Nacional del Feminicidio (OCNF) cuenta con varios ONG en todo el país, ¿por qué es tan difícil acercarse a las familias en cada uno de los estados?, ¿por qué no se mueven hasta el municipio o agencia más recóndito para brindar apoyo, que para eso están?

La sociedad debe saber que el Estado está obligado a proporcionar apoyo económico, psicológico y jurídico a los miembros afectados. Existe la Ley General de Víctimas que está para servir a cada una de esas familias.[9]

En este camino conocí a Carmen Zamora, una sobreviviente de intento de feminicidio en el Estado de México. A raíz de

---

[9] https://www.gob.mx/ceav/articulos/ley-general-de-victimas-91855?idiom=es

dicha situación, creó su Fundación Carmen Zamora, para ayudar a mujeres víctimas. Yo confie en ella, le llevé algunos casos de mujeres que habían perdido a sus hijas, así como a Lupita, otra sobreviviente de intento de feminicidio. También a las hermanas de una mujer encontrada enterrada en el patio de un conocido. Dejé a estas mujeres en sus manos para continuar mi trabajo de difusión. Ellas estaban vulnerables, pero ella tenía herramientas para ayudarlas en su fundación.

De pronto, supe que Carmen las maltrataba, las hacía sentir tontas, las acaparaba, las ponía en evidencia. Además de que les pedía que pagaran sus pasajes, sus comidas o sus cigarros, si querían que ella se presentara en algún lugar. Ante dicha situación me alejé de ella, pero antes quise llegar al por qué.

El Observatorio Ciudadano me dejó la misma sensación que Carmen, sólo se acercan a quienes les dan un impulso mediático o monetario. Conozco mujeres muy comprometidas con el tema: Silvia Núñez Esquer, en Sonora; Silvia Galeana Valente, en Guerrero, y Adriana Mújica, en Morelos. Ellas ayudaron en mucho a crear este libro.

Sé que no tengo la verdad absoluta como comunicadora —y mujer— pero quiero quitar la frialdad de las cifras en los casos y mostrar las vidas —o las muertes— de estas víctimas; "ponerles rostro", contar sus historias y la de sus familias. Ponerle un alto a la impunidad, a la corrupción y a la negligencia de las autoridades. Lanzar un llamado a los mexicanos para que la violencia contra las mujeres termine; para que toda aquella mujer violentada denuncie, no se rinda y pida ayuda.

Debemos entender que luchamos contra asesinos y alertas de género que no siempre sirven; contra quienes no tienen el profesionalismo y la ética de tomar una denuncia en serio; contra quienes utilizan el feminicidio como promesa en sus campañas electorales, cuando es su obligación acabar con él y atrapar al (los) responsable(s). La guerra no es contra los hombres, es contra cualquiera que sea agresivo, violento, incluso si es mujer; contra misóginos que se crean mejores que las mujeres. Que crean que por el solo hecho de ser hombres pueden agredir a una mujer. La lucha que encabezo contra otras mujeres y hombres es contra quienes son responsables de investigar los casos y no lo hacen o son muy deficientes; contra las autoridades que niegan que existan los feminicidios.[10]

Durante este tiempo conocí un caso muy particular en el que ni las ONG, ni las autoridades han puesto interés. El de una familia rota por la aterradora muerte de su hija. Me comunique con la ONU, la Comisión Ejecutiva de Atención a Víctimas (CEAV), vía whatsaap con María de la Luz Estrada, coordinadora ejecutiva del Observatorio Ciudadano Nacional del Feminicidio, con Ricardo Bucio Mejía, secretario ejecutivo del Sistema Nacional de Protección Integral de Niñas, Niños y Adolescentes (SIPINNA), pero no recibí apoyo. Sólo el licenciado Bucio me contactó vía telefónica e intentó ayudarme. Porque los demás mostraron indiferencia. Creo que simulan realizar un trabajo que dista mucho de la realidad.

---

[10] Ver Introducción a la Ley General de Víctimas.

La importancia de denunciar

1. Determina y clasifica el tipo de violencia

Es muy importante que conozcas y sepas clasificar la violencia en sus distintas categorías. De esta manera podrás expresarte mejor ante la policía, los médicos, los jueces y otros profesionales para que te comprendan con claridad. Además, es conveniente que las personas que desean ayudar a una víctima de violencia intrafamiliar sepan los conceptos correctos. A ellos también les facilitará el entendimiento de la situación.

Violencia intrafamiliar engloba todas las situaciones o formas de abuso de poder o maltrato (físico o psicológico) de un miembro de la familia sobre otro. Se desarrollan en el contexto de las relaciones familiares y ocasionan diversos daños a las víctimas. Se pueden clasificar en cuatro categorías:

- Violencia hacia la mujer y al interior de la pareja.
- Maltrato infantil.
- Violencia hacia el adulto mayor.

👋 Violencia hacia los discapacitados.

Y pude adoptar las siguientes formas:

👋 Violencia física.

👋 Violencia psicológica.

👋 Abandono.

👋 Abuso sexual.

👋 Abuso económico.

2. Infórmate sobre la ley vigente y la forma de denunciar

La legislación existe para ayudarte, así que conocerla es tu obligación. La denuncia no es una formalidad, sino la medida más efectiva de protección. Como víctima, conocer la ley te permitirá citarla ante los profesionales competentes —policías, abogados, asistentes o trabajadores sociales, etcétera— y dirigirles un mensaje de que conoces tus derechos y los tomas seriamente, aun cuando han sido violentados. A quienes desean ayudar a una víctima de violencia intrafamiliar, conocer la ley les facilitará el proceso de orientación. Escapar de la violencia intrafamiliar requiere de una etapa legal, la cual se inicia con la denuncia de los hechos.

La denuncia siempre contiene un relato detallado de lo acontecido, así como de experiencias anteriores, además de la identificación clara del agresor. En los casos en que la víctima huya del hogar para su protección, la denuncia es imperativa, pues deberá expresar que esta medida respondió al peligro que corría su integridad física y que, por tanto, no constituye abandono de hogar.

En general, la víctima de violencia intrafamiliar —o quienes conozcan los hechos— podrán efectuar una denuncia y resguardarse ante la autoridad policial, la cual la remitirá al juzgado o autoridad competente. Por lo general, el juez podrá ordenarle al agresor que abandone la casa, el pago de pensión alimenticia temporal para sus hijos y otras medidas que evitarán que el agresor se le acerque.

3. Toma medidas de protección

La primera medida que cualquier persona debería tomar para protegerse y evitar un nuevo incidente de violencia intrafamiliar es denunciar el hecho. Tanto víctimas como quienes desean ayudarles pueden minimizar las consecuencias de una agresión preparando algunas condiciones de seguridad y siguiendo con un plan de acción ante un incidente violento.

Las siguientes condiciones de seguridad son las adecuadas para tu protección:

- Memoriza los teléfonos de emergencia y de familiares.
- Habilita al menos una habitación para que pueda cerrarse por dentro.
- Prepara un bolso con equipaje de emergencia como ropa, zapatos, copias de documentos importantes, copia de la llave del auto, dinero en efectivo, direcciones y medicamentos. Guarda el bolso en un lugar seguro fuera de la casa.
- Identifica un lugar (hogar) adonde puedas ir en caso de que tengas que escapar.
- Identifica una ruta de escape hacia ventanas y puertas por las que sea factible salir de tu casa.
- Con ayuda de los vecinos en los que confíes coordina señales o claves que les indiquen cuándo llamar a la policía.
- Enséñale a tus hijos e hijas, familiares dependientes o semidependientes que vivan contigo a no interferir en una pelea, a ponerse a salvo, llamar a la policía y dar su dirección y número telefónico.

Si has sido víctima de maltrato físico, busca ayuda médica y denuncia el hecho de inmediato. Tómate fotos de las heridas o lesiones que tengas. Es muy importante para futuras actuaciones, para que queden formalmente denunciados los hechos. No utilices estas medidas para enfrentar agresiones reiteradas. Sólo podrás ponerlas en práctica una vez pues, la próxima ocasión, el agresor conocerá tu modo de operar y se adelantará a tus acciones.

4. Conoce cómo reaccionar y ayudar

Para escapar de la violencia intrafamiliar, toda víctima deberá reaccionar tomando medidas concretas que le ayuden a manejar sus temores y reforzar su seguridad:

- 🖐 Interioriza las acciones para minimizar los riesgos que pueden tomarse y los derechos que posees, según la legislación vigente.
- 🖐 Pide apoyo a personas de tu confianza.
- 🖐 Identifica y contacta centros de atención y organizaciones a los que puedes acudir.
- 🖐 Quienes te rodean —familiares, amistades, vecinos, compañeros de trabajo— te ayudarán a enfrentar el proceso, muchos te agradecerán la oportunidad de hacerlo.

Ahora bien, quienes desean ayudar a las víctimas deben asumir que si no eres un profesional relacionado con la problemática familiar, tu misión se limita a brindar apoyo a la víctima y denunciar las situaciones de maltrato a las autoridades y especialistas competentes. Esto, sin embargo, no es menos importante, por el contrario; es, en muchas ocasiones, esta intervención la que hace la diferencia entre mantener o detener una situación de violencia intrafamiliar.

Para apoyar adecuadamente:

- Interioriza que las víctimas no son masoquistas, sino que quedan atrapadas en el ciclo de la violencia y se identifican con el agresor como defensa.
- Preséntate como una persona preocupada, interesada por su salud y bienestar dispuesta a ayudar y brindar apoyo.
- Asegura confidencialidad a la víctima para que sienta confianza de hablarte abiertamente.
- Procura tener el tiempo necesario para la conversación y busca un lugar privado para tenerla.
- Anímala a hablar, pero no la presiones. Si ella no te ha sugerido el tema del abuso, tú no lo hagas directamente, utiliza preguntas abiertas y facilitadoras que la ayuden a pensar y ordenar sus ideas como: "Te veo preocupada(o), ¿tienes algún problema en casa?" "¿Te ha pasado algo que te haga sentir mal?" "¿Cómo van las cosas en la familia?" Espera las respuestas y escucha con atención, intenta comprender no sólo lo que dice, también lo que siente.
- Hazle saber que la escuchas, le crees y la entiendes.
- Apóyala sin juzgarla, emitir juicios y sin poner en duda su interpretación de los hechos.
- Para facilitar la comunicación, preocúpate por mantener un leguaje corporal correcto (contacto visual, tono de voz suave, gestos acogedores, postura receptiva) y una actitud empática.
- Si hablas con un niño o niña, utiliza palabras simples, oraciones cortas y preguntas sin negativos.
- Si la víctima ha reconocido su condición de abuso, no muestres pánico, incredulidad o sorpresa.
- Hazle saber que está bien que lo cuente, que su situación tiene remedio y que la toma de conciencia es el primer paso para salir de la violencia.

🖐 Alerta a la víctima sobre los riesgos que corre, ella no puede cambiar el comportamiento de su agresor, y las disculpas o promesas no detendrán la violencia.

🖐 Indícale que su seguridad y salud son la primera prioridad y que, por lo tanto, debe protegerse y cuidarse.

🖐 Anímala a buscar ayuda profesional tanto psicológica como jurídica.

🖐 Ofrece tu compañía, dale el tiempo que necesite para tomar sus propias decisiones, acepta su ritmo.

🖐 Aun cuando no esté preparada para hacer cambios fundamentales en su vida, no le quites el apoyo y siempre agradécele que haya confiado en ti.

🖐 Déjale un número de teléfono o forma de comunicarse para conversar o saber cómo está.

Evita actos o consejos que puedan resultar dañinos o peligrosos:

🖐 No la rescates tomando decisiones por ella.

🖐 No te ofrezcas para hablar con la pareja y arreglar las cosas.

🖐 No la incites a aceptar la situación a causa de los niños.

🖐 No la invites a poner un poco más de esfuerzo, sacrificio y paciencia.

🖐 No pierdas de vista que es su salud y su vida las que están en peligro.

🖐 Cuando el abusado sea un menor de edad, anciano o discapacitado con determinados grados de dependencia, asegúrate de hacerle saber que el abuso es ilegal, que vas a hacer lo mejor para ayudarlo y protegerlo, que respetarás su intimidad y sólo se lo harás saber a las personas adecuadas para ayudarlo. Recuerda que el rol de investigar le corresponde sólo a las autoridades competentes, a quien se entera o sospecha del abuso le corresponde informar y hacer o facilitar la denuncia.

5. Utiliza todos los medios a tu alcance y en tu favor

Existen muchas razones por las cuales las personas dudan en acudir a las instancias posibles para detener la violencia. Si no lo hacen, ya sea porque su ánimo no es de venganza, no se sienten personas agredidas y no desean involucrarse en un problema mayor. Siempre se corre el peligro de que el agresor use más violencia para restablecer el control.

Si la víctima utiliza todos los medios a su alcance, estará mejor protegida, tendrá más tiempo para pensar, respirar y actuar, pues el agresor desviará su atención hacia el peso del sistema que está cayendo sobre él y de este modo le enviará un mensaje claro a su agresor: está dispuesta a llevar a cabo un proceso legal, está siendo protegida y no permitirá que la vuelvan a agredir. Además, podrá prevenir que el agresor intente vengarse.

Ante hechos de violencia dirígete o acompaña a la víctima a centros de atención y casas de acogida, los cuales tienen como objetivo dar respuesta lo más pronto posible a las necesidades de los involucrados en situaciones de violencia intrafamiliar. En ellos te podrán auxiliar, dar consultas jurídicas o médicas, asesorar de acuerdo con la especialización de cada uno, remitir a otras organizaciones y acoger ante hechos de maltrato.

También puedes contactar organizaciones relacionadas con la problemática de la violencia intrafamiliar, derechos humanos y violencia de género, entre otras. Las diferentes instituciones están orientadas, de acuerdo con su especialización, a la investigación del fenómeno y la atención de las familias, mujeres, niños, niñas, adultos mayores, discapacitados y agresores en su calidad de involucrados y afectados.

Y, por último, recuerda que una víctima necesita tiempo, paciencia, desahogo, solidaridad, protección, recursos, revalorización como persona, información sobre sus derechos, expectativas realistas, estrategias de resolución, instrucciones en un lenguaje claro y directo, y ponerse en contacto con personas que desaprueben la violencia.

Aun cuando entendamos el hecho de que empatizar con los sentimientos de otra persona no significa, necesariamente, que estemos de acuerdo con lo que dice o piensa, es importante destacar que no todas las personas están en condiciones de llevar a cabo la tarea emocional que implica acoger a una víctima de violencia intrafamiliar. Si esto sucede, ofrécele conducirla con quien pueda abordar la situación. Es decir, recibir ayuda psicológica y de un profesional de la salud. Así como asistencia social, judicial, policial, etcétera.

Para poner fin y prevenir la violencia intrafamiliar necesitamos trabajar juntos. Procura tener un comportamiento no violento y respetuoso en tus acciones diarias. Plantea como objetivo propiciar un modelo de familia que sea un espacio de encuentro gratificante, que potencie las capacidades y posibilidades de todas las personas que lo integran, donde existan relaciones igualitarias entre mujeres y hombres, equilibrio en la toma de decisiones, en la distribución del tiempo, en el reparto de las responsabilidades, tareas domésticas y de cuidado a los miembros dependientes como niños y niñas, ancianos y discapacitados.

Ningún argumento o razonamiento justifica el uso de la violencia. Es incompatible con la dinámica familiar, y no es un método válido para resolver conflictos, pues sólo sirve para someter y controlar.

La marcha de las dos realidades

Inicié con un chat en whatsapp, aprovechando la tecnología, con el propósito de que madres, padres, sobrinas, hermanas de mujeres y niñas, víctimas de feminicidio y desaparición en todo el país se encontraran, más que hacer un grupo de personas para sólo conocerse, fue para que se sintieran cerca y se hablaran de su dolor, ese dolor profundo que sólo comprenden quienes han padecido la crueldad de un feminicidio o desaparición.

A mediados de septiembre quienes integramos este grupo tuvimos la inquietud de realizar una marcha el 25 de noviembre de 2017, en el marco del Día Internacional de la Eliminación de la Violencia contra la Mujer, paradójicamente, cuando a sus mujeres las hicieron sufrir tanto. Sin embargo, esa necesidad de gritar por justicia las unió e iniciaron la organización de la marcha: alguna se encargó de diseñar la lona, otra de ver los precios, otra de mandarla a imprimir, una más hizo con huacales de fruta vacíos las cruces, las pintó y les pusieron sólo algunos nombres, una más cooperó para las pulseras… El ánimo variaba, algunas de ellas se inundaban de tristeza y se preguntaban por qué hacer una marcha así, cuando deberíamos organizar una fiesta para ellas, por ellas, para festejar sus cumpleaños, entonces todas se inundaban del sufrimiento, ése que nunca se va.

Cuando el día estaba cerca, Sandra armó un video para dar a conocer la marcha: Voces de la Ausencia, Familias Víctimas de Feminicidio y Desaparición, se hizo un *flyer* para invitar a más familias a unirse para hacerles sentir que las víctimas no están solas, el único objetivo era hacerles saber que existen más familias que pueden entender y sobre todo acompañar sus demandas de justicia.

Unos días antes me hizo una entrevista Cristina Sada, empresaria en Nuevo León, una mujer que se unió a estas voces para gritar muy fuerte. Por tratarse de ella, muchas personas en redes sociales empezaron a cuestionar la marcha. De algún lugar —un grupo de feministas— inició el rumor de que la marcha tenía tintes políticos, muchas de las colectivas y grupos de mujeres que regularmente salen a realizar marchas separatistas (donde no se incluyen hombres) se atrevieron a cuestionarme a través de mis redes sociales: "¿Pero, Frida, quién convoca?" "¿Qué colectivo u organismo de la sociedad civil?" "Te comento que dicen que esa marcha es partidista", mi respuesta fue: "Familias, sólo familias que están unidas por el dolor." Hubo quien me hizo saber que tal vez no acompañaría la marcha porque había otra convocada en Chimalhuacán, a las cuatro de la tarde y una más a las seis. Así pues, empequeñecida como la quisieron ver, la marcha siguió con sus preparativos.

Días antes de la marcha que se proponía expresar su dolor e indignación y no sólo gritar, algunas de las familias cercanas a la Ciudad de México y el Estado de México, se reunieron con el padre Alejandro Solalinde Guerra, defensor de derechos humanos de migrantes y de toda persona que lo necesite. En la reunión las escuchó atentamente a cada una de ellas y ellos, les habló de la importancia de seguir luchando para generar justicia, les hizo saber que su dolor no fue creado por "obra de Dios", sino por la falta de justicia, la decisión de uno o varios sujetos y por eso debían seguir, y él estaría con ellas y ellos.

Finalmente llegó el 25 de noviembre de 2017, nos citamos a las 8:30 de la mañana. Días antes, acompañada de algunas madres, acudimos a solicitar el permiso a las oficinas de la Secretaria de Seguridad Pública de la Ciudad de México, allí nos enteramos que habría un evento navideño de una tienda departamental de la Estela de Luz al Ángel de la Independencia, a las nueve treinta. Cuestionamos si la marcha no se veía afectada por el evento, nos dijeron que no, porque nuestra marcha salía a las diez de la mañana.

Así llegamos a la cita: 8:30 am. Encontramos la Avenida Reforma llena de gente, pantallas, vallas, policías, algarabía, algunas familias víctimas llegaron sin problemas pero empezaron a preocuparse: "Frida, no nos dejaran marchar", al verme reuniendo gente se me acercaron policías de tránsito, me preguntaron si yo era de la marcha de feminicidios y les dije que sí; al afirmarlo me hicieron saber que no tendríamos ningún contratiempo, que el desfile navideño saldría a las nueve para que nosotros pudiéramos salir a las diez en punto.

De manera prudente, con las familias que habían llegado de Guanajuato, Morelos, Michoacán, Veracruz, Oaxaca, Puebla, Estado de México, Coahuila, Nuevo León, Chihuahua, Durango, nos hicimos a un lado para permitir que se llevará a cabo el desfile. A las nueve treinta cerraron completamente Reforma, algunas familias se quedaron atrapadas del otro lado. Entonces inició el desfile, el encuentro de dos realidades, esas que chocan pero que muestran lo que es México, por un lado la invitación de la tienda: "Acompaña a Bolo y Santa mientras la magia de la Navidad toma por completo la Ciudad de México por TERCER AÑO CONSECUTIVO. Habrá 7 Inflables, 11 shows (performances), 14 increíbles carros alegóricos desfilando sobre Reforma. ¡No te lo puedes perder, va a ser inolvidable! ¡Ven con toda tu familia y amigos!" Por otro lado familias, madres, padres, hijos, hermanos, de mujeres asesinadas ante la omisión de un estado fallido, ante la mirada indiferente de quienes no han sido —afortunadamente— tocados por un hecho de violencia.

"Panem et circenses" (literalmente "pan y circo") es una locución latina peyorativa de uso actual que describe la práctica de un gobierno que, para mantener tranquila a la población o para ocultar hechos controvertidos, provee a las masas de alimento y entretenimiento de baja calidad y con criterios asistencialistas, ahí estaba el "pan y circo".

Pero la gente no veía el dolor, aunque fuera un día dedicado a la eliminación de la violencia contra la mujer, ¿día de las mujeres? Ese día del que muy poco se ocupan los gobiernos locales y federal por ser un día simbólico para evidenciar la violencia cada día mayor contra las mujeres. Un día para mostrar que las políticas públicas están muy lejos de tomar en serio esta pandemia.

El mensaje fue claro: ¿Feminicidio? ¡No! Navidad, frío, inflables que pretendieron aplastar la crueldad a la que se enfrentan día a día estas familias. Pasaron dos horas, media hora más… Arturo Ibarra, padre de Francia Ruth, desaparecida el 3 de diciembre de 2016 y encontrada disuelta en químicos el día 10 del mismo año y mes en Guanajuato, visiblemente molesto me dijo: "Ya, Frida, esto es una falta de respeto, nosotros tenemos el permiso, se están burlando de nuestro dolor."

La policía de tránsito, gente de gobernación y derechos humanos ya estaban ahí, conmigo, tratando de invitarnos a realizar la marcha, pero en el carril lateral, todo el tiempo estuve consultando a las familias: "¿Qué hacemos, nos vamos por la lateral?" Ellos me dijeron que sí, pero por carriles centrales, como se había solicitado el permiso; además, aún faltaban las familias que se encontraban del otro lado y no iban a salir sin ellas.

A las 10:40 se decidió iniciar la marcha, había pocos medios de comunicación pues la mayoría fueron enviados a cubrir el desfile navideño. Pero también a varios periodistas les dieron la orden de que permanecieran en la marcha acompañando a las familias quienes iban a un lado del desfile. Los gritos de las familias querían ser más fuertes que la música estridente, la vistosidad de los inflables, el gozo de la gente por los muñecos y colores. Ninguna de las personas de la marcha por sus mujeres muertas era profesional pero tomaron el megáfono: "¡No sean indiferentes, hoy nos tocó a nosotros, mañana pueden ser ustedes!" "¡No se dejen engañar, ese desfile no es la realidad de este país!" "¡Nos están asesinando!" La gran mayoría de las voces era de madres quienes se convirtieron en la voz de ellas, las muertas. Y siguieron sus proclamas: "¡Asesinaron a nuestras hijas, nos dejaron vacías!" Luis Ángel, un pequeño de 10 años al que le asesinaron a su mamá, Estela Álvarez, el pasado 5 de octubre en Nezahualcóyotl, Estado de México, gritaba: "¡Justicia, justicia, justicia!", un pequeño en medio de la indiferencia de quienes en familia acudieron al desfile, personas que al escuchar el dolor por las mujeres asesinadas volteaban y de inmediato daban la espalda.

Nos detuvimos unos pasos frente a la bolsa de valores, la gente encargada de Gobernación, vialidad de la Ciudad de México y Comisión de Derechos Humanos de la Ciudad de México, nos pidió esperar para que siguiéramos después del paso de las barredoras de limpia, luego ingresamos al carril principal de Paseo de la Reforma. Entonces, aunque mucha gente que acudió al desfile se alejaba, para nuestra suerte muchas personas se quedaron a escuchar los testimonios de viva voz que las familias compartieron, abriendo su corazón para mostrar el daño, una vez más, la desesperanza de no alcanzar la tan anhelada justicia mexicana.

El punto final fue el Zócalo de la Ciudad de México, una vez más el circo, un gran evento se llevó a cabo en el corazón sangrante de México: Ricky Martín en concierto. El primer cuadro de la ciudad fue cercado con vallas y policías, como ya es costumbre desde que Miguel Ángel Mancera, jefe de gobierno, llegó a cerrar el paso al único lugar que diversos movimientos hicieron suyo para expresar su desencanto e inconformidad ante la desigualdad e injusticia que prevalece en el país. Algunos de los asistentes me dijeron desanimados: "Frida, no nos dejarán pasar." "Frida, al Zócalo ya no dejan ingresar marchas", mi respuesta fue: "¡Vamos a llegar al zócalo!"

Nuevamente, quienes iban informando a sus jefes sobre la evolución de la marcha, me comentaron que nos abrirían el paso, que sí nos dejarían ingresar a la plancha central, la cual, obvio, estaba cerrada con un gran escenario en medio. Entramos justo cuando iniciaban las pruebas de sonido. Solicité que apagaran un momento el sonido pues el megáfono no daba como para competir con el equipo de OCESA instalado, aunque el concierto sería hasta las ocho de la noche.

Así fue el recorrido de estos 4 kilómetros llenos de dolor, con las mantas que mostraban sólo algunos de los rostros de nuestras mujeres arrancadas, telas con los rostros de la infamia, la vergüenza social e institucional, las cruces que pesaban más de lo normal, con las piernas cansadas, el rostro quemado por el sol, así avanzamos con nuestras muertas, con una intensa lluvia de emociones, llanto, enojo, cansancio, coraje, pero también una dolorosa satisfacción.

Así llegamos al Zócalo a terminar nuestra marcha, a cumplir nuestro propósito de darle rostro y voz a las víctimas de feminicidio, demostrando, sobre todo a quienes se negaban a verlo, que el feminicidio o la desaparición es un problema que no es ajeno a los que vivimos en México. Gritamos que a pesar de la descalificación de muchos grupos que defienden mujeres porque no había tambores, ni gritos de guerra —sí, es triste pero algunas mujeres nos cuestionaron esta marcha y preguntaron, entre indignadas y sorprendidas, quién la había convocado—, estas familias acompañadas por su sufrimiento pudieron culminar su reclamo. Fue hermoso ver cómo se unieron a la marcha algunas personas cuando nos encontraron y gente del Observatorio Nacional Ciudadano del Feminicidio, quienes fueron ese día sólo parte del contingente, sin protagonismos, sin que una fuera más mediática que la otra. Ese día todas la voces se convirtieron en la voz de la madre de Monclova, Nuevo León, Chiapas, de mujeres que no pudieron venir, también en las voces de niñas que aún siguen sin ser reclamadas y que a pesar de la psicótica doble realidad pudieron verse y, una vez más, ser la voz, el grito, el reclamo de quienes han sido silenciadas.

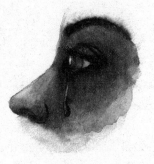

Preguntas frecuentes

1. ¿Qué es Alerta Amber México a nivel federal?

Es un programa que establece una herramienta eficaz de difusión, que ayuda a la pronta localización y recuperación de niñas, niños y adolescentes que se encuentren en riesgo inminente de sufrir daño grave por motivo de no localización o cualquier circunstancia donde se presuma la comisión de algún delito ocurrido en territorio nacional. Es independiente de la denuncia o del proceso penal que inicien las autoridades competentes.

2. ¿Cómo funciona Alerta Amber México?

Por medio de la difusión masiva e inmediata de un formato único de datos con fotografía, en todos los medios de comunicación disponibles, para lo cual el gobierno de la República puede activar una alerta nacional o internacional, o en su caso, coordinar la activación de una alerta estatal, con la participación de todos los órdenes de gobierno, sociedad civil, medios de comunicación,

empresas y todos aquellos sectores que deseen colaborar para su-
mar esfuerzos y potenciar la búsqueda y localización.

3. ¿Quién es la autoridad encargada de autorizar y activar la Alerta Amber México?

La Procuraduría General de la República (PGR) a través de la Fiscalía Especial para los Delitos de Violencia Contra las Mujeres y
Trata de Personas (FEVIMTRA), evalúa, analiza y, en su caso, realiza
la activación.

En este esfuerzo participan, Secretaría de Gobernación, Comisión Nacional de Seguridad (CNS), Instituto Nacional de Mi-
gración (INM), Secretaría de Comunicaciones y Transportes (SCT),
Comisión Nacional de los Derechos Humanos (CNDH) y Comisión
Ejecutiva de Atención a Víctimas (CEAV), quienes integran el Comité Nacional de Alerta Amber México.

También participan la Secretaría de Relaciones Exteriores
(SRE), Secretaría de Educación Pública (SEP), Secretaría de Salud
(SS), Secretaría de Turismo (SECTUR) y Sistema Nacional para el
Desarrollo Integral de la Familia (DIF).

Para la operatividad del programa se cuenta con un Comité
Nacional, una Coordinación Nacional y coordinaciones indepen-
dientes de los gobiernos estatales en cada una de las 32 entidades
federativas, así como enlaces en todas las delegaciones de la PGR.

4. ¿Cuáles son los criterios que se valoran para la activación de la Alerta Amber México?

Una vez que se recibe el reporte de no localización de un menor de edad, el enlace de Alerta Amber en la entidad federativa
correspondiente valora la procedencia para la activación de una
alerta de acuerdo con que:

a. La niña, niño o adolescente sea menor de 18 años.

b. Se encuentre en riesgo inminente de sufrir daño grave a su integridad personal.

c. Exista información suficiente: nombre, edad, sexo, características físicas, señas particulares, padecimientos, discapacidades, vestimenta que portaba al momento de la ausencia, así como la descripción de las circunstancias de los hechos, las personas y vehículos involucrados. La última vez que fue vista y alguna otra información que se considere relevante.

5. ¿Cuáles son los alcances de la Alerta Amber México?

Dependiendo de las circunstancias del caso se puede activar una alerta estatal, nacional o internacional.

6. ¿Cómo puedo ayudar?

Si tienes algún dato o información sobre la persona reportada, comunícate al 01 800 00 854 00 las 24 horas, los 365 días del año. ¡Tú puedes ayudar a que niñas, niños y adolescentes regresen a sus hogares!

7. ¿Qué procede si el caso no reúne los criterios para activar una Alerta Amber?

En el marco de sus atribuciones, la autoridad correspondiente llevará a cabo las acciones necesarias para la investigación y pronta localización de niñas, niños y adolescentes.

La alerta es independiente de la investigación y demás mecanismos que implementan las autoridades para localizar y recuperar lo más pronto posible a los desaparecidos. Por lo tanto, el hecho de que no proceda la activación de una alerta no significa que no se lleve a cabo una investigación o no se realicen acciones para su pronta localización.

8. ¿Qué otros países participan en el programa Alerta Amber?

Estados Unidos de América, Canadá, Inglaterra, Irlanda, Francia, Alemania, Holanda, Malasia y Grecia. México es el primer país en Latinoamérica en adoptar el programa Alerta Amber

9. ¿Dónde puedo solicitar ayuda?

Llama al número 01 800 00 854 00 con cobertura nacional las 24 horas de los 365 días del año.[11]

Alerta por desaparición

El Protocolo de Atención, Reacción y Coordinación entre Autoridades Federales, Estatales y Municipales en caso de Extravío de Mujeres y Niñas para Ciudad Juárez (Protocolo Alba) es un mecanismo operativo de coordinación inmediata para la búsqueda y localización de mujeres y niñas desaparecidas o ausentes en el territorio mexicano.[12]

Su objetivo es efectuar la búsqueda inmediata, para la localización de mujeres y niñas desaparecidas, con el fin de proteger su vida, libertad personal e integridad, mediante un plan de atención y coordinación entre las autoridades de los tres niveles de gobierno que involucren a medios de comunicación, sociedad civil, organismos públicos y privados, en todo el territorio mexicano.

---

[11] Fuente *Alerta Amber qué hacer.*

[12] Comisión Nacional para Prevenir y Erradicar la Violencia Contra las Mujeres,

Sus estrategias son:

🖐 Implementar la búsqueda de niñas, adolescentes y mujeres ausentes y/o desaparecidas en el territorio mexicano de forma inmediata e interinstitucional.

🖐 Presentar las denuncias a través de una ventanilla única que se ubica en el Centro de Justicia para las Mujeres.

🖐 Establecer un trabajo coordinado entre las corporaciones policiacas, medios de comunicación, organizaciones de la sociedad civil, cámaras empresariales y población en general.

🖐 Eliminar cualquier obstáculo que le reste efectividad a la búsqueda, como los estereotipos de género.

🖐 Dar prioridad a la búsqueda en áreas cercanas a sus redes, sin descartar de forma arbitraria cualquier área de búsqueda.

Cuando se encuentra a la mujer o niña desaparecida o ausente, se debe brindar atención médica, psicológica y legal, protegiendo su integridad en todo momento.

El Protocolo Alba tiene el siguiente funcionamiento:

Fase 1

Se levanta el reporte ante Ministerio Público, Fiscalía Especializada de la Mujer: toma de datos, fotografías y muestras biológicas.

El Ministerio Público reporta datos generales, fotografía y pesquisa a las corporaciones policiacas, municipal, estatal y federal.

El Ministerio Público evalúa el grado de riesgo de la persona desaparecida para activar segunda fase.

Fase 2

El Ministerio Público envía a enlaces del Grupo Técnico Operativo un correo electrónico con el oficio, pesquisa y datos generales de la persona desaparecida.

Cada enlace envía un reporte cada 12 horas con información de la búsqueda.

El Ministerio Público evalúa la activación de la tercera fase.

Fase 3

El Ministerio Público investiga la presunción de un delito, recaba y analiza toda la información de las fases 1 y 2.

La Policía de Investigación establece y agota posibles líneas de investigación.

El Ministerio Público solicita la atención integral para familiares de las distintas instituciones involucradas en el protocolo.

El Ministerio Público envía oficio para la intervención de autoridades internacionales.

Corresponde a la Comisión Nacional para Prevenir y Erradicar la Violencia Contra las Mujeres (Conavim), además de las funciones señaladas en el protocolo, convocar al grupo técnico de colaboración y seguimiento a los acuerdos y acciones que emanan de las reuniones que se realizan en este marco. Ello ha facilitado la operatividad del mecanismo, así como la identificación de las necesidades que surgen en torno de la coordinación y cooperación interinstitucional.[13]

---

[13] Fuente: Protocolo Alba.

Directorio de centros especializados para la protección de la mujer

AGUASCALIENTES

Instituto Aguascalentense de las Mujeres (IAM)
Domicilio: Av. Manuel González Morín s/n, col. Ferrocarriles, planta alta, C.P. 20120
Teléfonos: 01 (449) 910 21 28 ext. 3118
Horarios: lunes a viernes de 8:00 a 16:00 h

BAJA CALIFORNIA

Instituto de la Mujer para el Estado de Baja California
Domicilio Mexicali: Miguel Negrete, núm. 1711, colonia Nueva, Mexicali, Baja California, C.P. 21000
Teléfonos Mexicali: 01 (686) 558 63 64/557 54 95
Domicilio Tijuana: Blvd. Agua Caliente, núm. 10470, local 12, col. Revolución, Plaza Barranquita, Tijuana, Baja California, C.P. 22015
Teléfonos Tijuana: 01 (664) 608 08 88/608 40 44
Domicilio Ensenada: Av. Libertad, núm. 1865, col. Maestros, Ensenada, Baja California

Teléfonos Ensenada: 01 (646) 248 0873/248 0862
Servicios: Atención psicológica y asesoría jurídica
Horarios: lunes a viernes de 8:00 a 17:00 h

BAJA CALIFORNIA SUR
Instituto Sudcaliforniano de la Mujer
Domicilio: Antonio Rosales, núm. 2040, col. Centro, esq. Aquiles
Serdán, edificio 1, La Paz, B.C.S., C.P. 23000,
Teléfonos: 01 (612) 122 29 45
Servicios: Atención psicológica y asesoría jurídica
Horarios: lunes a viernes de 8:00 a 17:00 h

CAMPECHE
Instituto de la Mujer del Estado de Campeche
Domicilio: Av. Adolfo López Mateos, núm. 250 altos, col. San
Román, Campeche, México, C.P. 24040.
Teléfono: 066, 01 (981) 811 60 86
Servicios: Denuncia de violencia, asesoría e información
Horarios: 8:00 a 15:00 h, los 365 días del año

CHIAPAS
Secretaría para el Desarrollo y Empoderamiento de las Mujeres
en el Estado de Chiapas (SEDEM)
Dirección: Boulevard Andrés Sierra Rojas, esq. Libramiento Nte.
s/n, anexo 1, nivel 1, col. El Retiro, C.P. 29040, Tuxtla Gutierrez,
Chiapas
Teléfono: 01 (961) 26 40 643
Servicios: Atención psicológica y asesoría jurídica
Horarios: lunes a viernes de 8:00 a 16:00 h

CHIHUAHUA
Instituto Chihuahuense de la Mujer, Centro de Denuncia y Atención en Crisis

Domicilio: Calle 1° de Mayo, núm. 1802, col. Pacífico, Chihuahua, Chihuahua C.P. 31320
Teléfono: 01 (614) 429 35 05
Servicios: Atención psicológica y asesoría jurídica, canalización, contención en situación de crisis
Horarios: lunes a viernes de 9:00 a 19:30 h
Denuncia y atención en crisis: 066, 01 (800) 832 13 32

COAHUILA

Secretaría de las Mujeres del Estado de Coahuila
Domicilio: Boulevard Coahuila, av. Fundadores y Centenario de Torreón, col. El Toreo, Saltillo, Coahuila. Y en módulos, ISSSTE y centro de Justicia
Teléfono: 075/01 (844) 698 10 80
Servicios: Atención psicológica, asesoría jurídica e información en general
Horarios: 24 horas, los 365 días del año

COLIMA

Instituto Colimense de las Mujeres
Domicilio: Complejo Administrativo del Gobierno del Estado, edifico A, planta Baja, 3er anillo Periférico, General Marcelino García Barragán s/n, col. El Diezmo, Colima, Colima, C.P. 28010
Teléfono: 075 / 01 (800) 836 40 77
Servicios: Atención psicológica, asesoría jurídica, canalización y atención inmediata en situaciones de emergencia
Horarios: lunes a viernes de 9:00 a 21:00 h

CIUDAD DE MÉXICO

Línea Mujeres. Locatel, Gobierno del Distrito Federal
LocaTel: 56581111
Servicios: Línea de orientación telefónica especializada, médica, jurídica, nutricional y psicológica
Horarios: 24 horas los 365 días del año

Unidades de Atención y Prevención de la Violencia Familiar (UNAVI)
Lucas Alamán, núm. 122, col. Obrera, del. Cuauhtémoc
Teléfonos: 55 18 36 47/ 55 18 59 89
Servicios: a través de las dieciséis unidades delegacionales, brinda atención personalizada, psicológica y jurídica
Horarios: lunes a viernes, de 9:00 a 18:00 h

DURANGO

Programa Esmeralda de la Secretaría de Seguridad Pública en el Estado
Teléfono: 911
Servicios: Atención psicológica, asesoría jurídica, atención domiciliaria de la unidad móvil
Horarios: 24 horas, los 365 días del año

Instituto de la Mujer Duranguense
Domicilio: Zaragoza, núm. 528, Sur, Zona Centro, Durango, Durango C.P. 34000
Teléfonos: 01 (618) 137 46 00/01 (618) 813 74 62
Servicios: Atención psicológica y asesoría jurídica
Horarios: lunes a viernes de 9:00 a 15:00 h y de 18:00 a 20:00 h, y sábado de 10 a 14:00 h

ESTADO DE MÉXICO

Consejo Estatal de la Mujer y Bienestar Social del Estado de México
Domicilio: Av. José María Morelos y Pavón, pte. 809, col. La Merced, Toluca, Estado de México
Teléfono: 01 (800) 108 40 53
Servicios: Atención psicológica, asesoría jurídica, información y vinculación con estancias de apoyo, canalización a instituciones de apoyo y albergues temporales para mujeres en situación de violencia
Horarios: las 24 horas, los 365 días del año

GUANAJUATO

Instituto para las Mujeres Guanajuatenses
Domicilio: Blvd. Euquerio Guerrero, núm. 4, col. Arroyo Verde,
C.P. 36250, Guanajuato, Gto.
Teléfonos: 01 (473) 733 5523 / 733 3259 / 733 2903
Servicios: Atención Integral (área de trabajo social, área psicológica y área jurídica)
Horarios: lunes a viernes de 8:30 a 16:00 h
Secretaría de Salud de Guanajuato
Teléfono: 01 (800) 290 00 24, llamada gratuita, siempre y cuando se realice de un teléfono fijo, Telmex también brinda el servicio, aun sin colocar la tarjeta
Servicios: Intervención psicológica en crisis (contención) y canalización
Horarios: 24 horas, los siete días de la semana

GUERRERO

Procuraduría de la Defensa de los Derechos de la Mujer
Domicilio: Chilpancingo: Edificio Vicente Guerrero, 4° piso, av. Juárez, esq. Quintana Roo s/n, colonia Centro, C.P. 39000; Acapulco: av. Cuauhtémoc número 610, fraccionamiento Magallanes, C.P. 39740
Teléfonos: Chilpancingo: 01 (747) 47 1 95 30; Acapulco: 01 (744) 4 85 35 01
Servicios: Defensa y asesoría a mujeres en situación de violencia de género
Horarios: lunes a viernes de 8:00 a 15:30 y de 18:00 a 20:00 h

HIDALGO

Instituto Hidalguense de las Mujeres
Domicilio: Parque Hidalgo, núm. 103, piso 2, col. Centro, Pachuca, Hidalgo, C.P. 42000
Teléfonos: 075 01 (800) 502 22 21 enlace Telmujer

Servicios: Atención psicológica, asesoría jurídica y canalización a diversas redes de apoyo a personas en situación de violencia de género
Horarios: lunes a viernes de 8:30 a 21:00 h

JALISCO
Instituto Jalisciense de las Mujeres
Domicilio: Miguel Blanco, núm. 883, col. Centro, Guadalajara, Jalisco, C.P. 44100
Teléfono: 01 (800) 087 66 66
Servicios: Atención psicológica, asesoría jurídica e información en general sobre programas institucionales
Horarios: lunes a viernes de 8:00 a 23:30 h y sábado y domingo de 9:00 a 21:00 h

MICHOACÁN
Secretaría de la Mujer del Estado de Michoacán
Domicilio: Avenida Lázaro Cárdenas, núm. 2440, col. Chapultepec Sur, C.P. 58260, Morelia, Michoacán.
Teléfono: 01 (443) 113 67 00
Servicios: Atención psicológica y asesoría jurídica
Horarios: Lunes a viernes de 8:00 a 17:00 h

MORELOS
Instituto de la Mujer para el Estado de Morelos
Domicilio: Boulevard Benito Juarez, núm. 82, col. Las Palmas, Cuernavaca, Morelos, C.P. 62050.
Teléfono: 01 (800) 911 15 15
Servicios: Atención psicológica y asesoría jurídica
Horarios: lunes a viernes de 8:00 a 20:00 h

NAYARIT
Centro de Justicia Familiar Gobierno del Estado de Nayarit
Domicilio: Avenida Rey Nayat, núm. 199, col. Aviación

Teléfono: 01 (311) 129 50 00 ext. 19000
Servicios: Atención psicológica, atención médica, asesoría jurídica, agencia del Ministerio Público
Horarios: 24 horas, los 365 días del año

NUEVO LEÓN
Instituto Estatal de las Mujeres de Nuevo León
Domicilio: Morelos Núm. 877 Oriente, Barrio Antiguo, Monterrey, Nuevo León, C.P. 64000
Teléfono: 01 (800) 00EQUIDAD (01 (800) 003 784 323)
Servicios: Atención psicológica, asesoría jurídica y trabajo social
Horarios: lunes a viernes de 8:00 a 16:00 h

OAXACA
Instituto de la Mujer Oaxaqueña
Domicilio: Eucaliptos, núm. 422, col. Reforma, Oaxaca, Oaxaca. C.P. 68050
Teléfono: 01 (800) 831 76 56, 01 (951)5152252 y 01 (951) 5153242
Servicios: Atención psicológica, asesoría jurídica y trabajo social
Horarios: 8:00 a 22:00 h los 365 días del año

PUEBLA
Instituto Poblano de las Mujeres
Domicilio: Calle 2 Sur, núm. 902, col. Centro, Puebla, C.P. 72000
Teléfonos: 075, 066 y 01 (800) 624 23 30
Servicios: Intervención en crisis, atención psicológica, asesoría jurídica, información sobre temas de salud en general, sexualidad y violencia con perspectiva de género
Horarios: 24 horas, los 365 días del año
También brinda atención en náhuatl

QUERÉTARO
Instituto Queretano de la Mujer
Domicilio: Mariano Reyes, núm. 17, col. Centro, Querétaro,

Querétaro
Teléfonos: 01 (800) 0083 568 / 01 (442) 216 47 57
Servicios: Orientación, consejería y tratamiento psicológico
Horarios: 24 horas, los 365 días del año

QUINTANA ROO

Centro Integral de Atención a las Mujeres CIAM Cancún A.C.
Domicilio: Av. Miguel Hidalgo con calle 155, región 103, Manzana 63, lote 1, C.P. 77500, Cancún, Quintana Roo
Teléfonos: 01 (998) 886 85 37
Servicios: Asesoría jurídica
Horarios: lunes a viernes de 9:00 a 17:00 h

DIF Municipal Othón P. Blanco del Edo. de Quintana Roo
Domicilio: C. Rafael E. Melgar, entre Av. Álvaro Obregón y Othón P. Blanco
Teléfonos: 01 (983) 285 39 64/01 (983) 832 95 92, ext. 126, asesoría psicológica, y ext.129 asesoría jurídica
Servicios: Atención psicológica, atención médica, asesoría jurídica y de trabajo social
Horarios: lunes a viernes de 9:00 a 16:00 h

Seguridad Pública del Estado de Quintana Roo
Domicilio: Km. 12.5, carretera Chetumal-Bacalar, Poblado Huay Pix, C.P. 77000
Teléfono: 066
Servicios: Atención psicológica y asesoría jurídica
Horarios: 24 horas, los 365 días del año

SAN LUIS POTOSÍ

Instituto de las Mujeres del Estado de San Luis Potosí
Domicilio: Madero, núm. 305, Zona Centro, C.P. 78000, S.L.P., S.L.P.

Teléfono: 01 (800) 6721 433
Servicios: Atención psicológica y asesoría jurídica
Horarios: 24 horas
Área psicológica: Lunes a viernes de 8:00 a 21:00 h
Área jurídica: Lunes a viernes de 8:00 a 20:00 h

SINALOA

Instituto Sinaloense de las Mujeres
Domicilio: Álvaro Obregón, núm. 1265 sur, col. Guadalupe, C.P.
80220, Culiacán, Sinaloa.
Teléfono: 911, 01 (800) 966 3866
Servicios: Contención e información sobre violencia de género
Horarios: lunes a viernes de 9:00 a 16:00 h

SONORA

Instituto Sonorense de la Mujer
Domicilio: Centro de Gobierno, edif. Sonora, 3er nivel, Ala Norte, blvd. Paseo Río Sonora Comonfort, col. Villa de Seris, C.P.
83280, Hermosillo, Sonora
Teléfonos: 01 (662) 2174986/2123891
Servicios: Atención psicológica y asesoría jurídica, traslado en situación de violencia extrema, canalización
Horarios: lunes a viernes de 8:00 a 15:00 h

TABASCO

Instituto Estatal de las Mujeres de Tabasco
Domicilio: Calle Antonio Suárez Hernández, núm. 136, col.
Reforma, C.P. 86035, Villa Hermosa, Tabasco
Teléfono: 01 (993) 316 6488 ext. 102
Servicios: Atención psicológica y asesoría jurídica, traslado en situación de violencia extrema, canalización
Horarios: lunes a viernes de 08:00 a 16:00 h

TAMAULIPAS
Instituto de la Mujer Tamaulipeca
Domicilio: Calle Olivia Ramírez 621, Ciudad Victoria Centro, 87000, Cd. Victoria, Tamps
Teléfono: 01 834 110 1495

TLAXCALA
Instituto Estatal de la Mujer de Tlaxcala
Domicilio: Ex Fábrica de San Manuel s/n, Barrio Nuevo, San Miguel Contla, Santa Cruz Tlaxcala.
Teléfono: 01 (800) 838 70 73
Servicios: Atención psicológica y asesoría jurídica
Horarios: lunes a viernes de 8:00 a 17:00 h

VERACRUZ
Secretaría de Seguridad Pública del Estado de Veracruz
Teléfono: 911
Servicios: Auxilio en caso de urgencias médicas, accidentes, desastres naturales, violencia familiar y personas extraviadas
Horarios: 24 horas, los 365 días del año

Secretaría de Salud del Estado
Teléfono: 01 (800) 260 31 00
Servicios: Atención psicológica de emergencia
Horarios: lunes a viernes de 8:00 a 20:00 h

Secretaría de Seguridad Pública del Estado
Teléfono: 911
Servicios: Recibe denuncias anónimas
Horarios: 24 horas del día, los 365 días del año
Instituto Veracruzano de las Mujeres
Domicilio: Av. Adolfo Ruiz Cortines, núm. 1618, Francisco Ferrer Guardia, C.P. 91020
Teléfono: 075 y 01 (800) 9068537

Servicios: Psicológico, jurídico y trabajo social
Horarios: lunes a viernes de 09:00 a 15:00 y de 17:00 a 19:00 h

YUCATÁN

Instituto para la Equidad de Género en Yucatán
Domicilio: Calle 86, núm. 499 "C" altos, Ex Penitenciaría Juárez,
Centro, Mérida, Yucatán, C.P. 97000
Teléfono: 01 (800) 667 77 87 / 01 (999) 925 05 43
Servicios: Atención psicológica y asesoría jurídica
Horarios: lunes a viernes de 8:00 a 19:00 h y sábados de 9:00 a
13:00 h

ZACATECAS

Secretaría de las Mujeres para el Estado de Zacatecas
Domicilio: Circuito Cerro del Gato, edificio K, Piso 1, col. Ciudad
Administrativa, C.P. 98160, Zacatecas, Zacatecas.
Teléfono: 01 (800) 830 03 08
Servicios: Atención psicológica y asesoría jurídica
Horarios: lunes a viernes de 08:00 a 19:00 horas

Si eres víctima de violencia es necesario que busques ayuda para
que puedas estar segura y recibir justica. Muchas mujeres consi-
deran que no hay quién pueda ayudarlas cuando son víctimas de
violencia. Hay ocasiones en que la familia las abandona y de ahí
puede surgir su pensamiento de abandono generalizado.

No estás sola, en México, hay diversas instituciones que pueden brindarte ayuda si sufres violencia.

Contactos

Comisión Nacional para Prevenir y Erradicar la Violencia Con-
tra las Mujeres (CONAVIM)
Teléfono: 01 (800) 42 252 56
Horarios: 24 horas, los 365 días del año

Correo electrónico: 01800hablalo@segob.gob.mx
Página web: www.conavim.gob.mx/

Procuraduría General de la República
Fiscalía Especial para Delitos de Violencia contra las Mujeres y
Trata de Personas (FEVIMTRA)
Teléfono: 01 (800) 00 854 00 (número de canalización)
Horarios: 24 horas, los 365 días del año
Correo electrónico: fevimtra@pgr.gob.mx
Página web: www.pgr.gob.mx

Procuraduría Federal de la Defensa del Trabajo (PROFEDET)
Domicilio: Tacuba 76, col. Centro, del. Cuauhtémoc, Distrito
Federal
Tel: 01 (800) 911 78 77 y 01 (800) 71 72 942 (servicios de orien-
tación gratuita)
Horarios: 9:00 a 15:00 h

Comisión Nacional de Derechos Humanos
Tel. 01 (800) 718 27 70
Correo electrónico: correo@cndh.org.mx
Página web: www.cndh.org.mx

Red Nacional de Refugios, A.C.
Teléfono/Fax: (55) 56749695
Teléfono: (55) 52436432
Lada nacional gratuita: 018008224460 (fuera de la Ciudad de
México)
Horarios: 24 horas, los 365 días del año
Página web: www.rednacionalderefugios.org.mx

Sistema Nacional para el Desarrollo Integral de la Familia
Teléfono: 30032200
Página web: www.sn.dif.gob.mx

Instituto Nacional de las Mujeres
Módulo de Gestión Social
Orientación Jurídica y canalización
Teléfono: 01 (55) 53224260
Horarios: lunes a viernes de 9:00 a 14:00 y de 15:00 a 18:00 h
Correo electrónico: contacto@inmujeres.gob.mx
Página web: www.inmujeres.gob.mx
Fuente: Vidas Sin Violencia

Epílogo

28 de noviembre de 2017: hace aproximadamente un año tuve la primera charla con César Ramos, editor de Aguilar; ese día iniciamos el proyecto de este libro.

Las miles de emociones vividas en cada página aún me paralizan; quisiera cerrar, terminar, ofrecer datos duros totales, definitivos… pero es imposible, es como si quisiera detener la respiración: tan pronto actualizo un dato, ya tengo 5 más para sustituir.

Me gustaría dejar de contar historias de mujeres asesinadas, cerrar el tema y pensar que la columna más reciente es la final, que la última nota roja no la volveré a reorganizar, pero desgraciadamente no es así.

Amas de casa, estudiantes, prostitutas, empleadas, niñas, adolescentes, desconocidas… mujeres, sí, mujeres, son asesinadas en nuestro país y se suman todos los días a esta larga lista de la infamia social e institucional.

Cuando inicie con esta lucha diaria que no sólo me ha dejado noches enteras de insomnio, también con el sabor amargo de saber que tal vez a usted, sí, a usted, no le importan decenas de mujeres dispersas y muertas, ahí donde usted vive: algunas más descuartizadas, sí, donde vive su vecino; otras tantas arrojadas a canales de aguas negras, muchas de ellas asesinadas en sus casas, en el único lugar "seguro" que tenemos, otras por salir a la tienda a comprar el desayuno, cuando fueron a la escuela o al salir del antro; mujeres que han confiado en amigos, novios, en un transporte y hasta hoy son criminalizadas o cazadas por predadores.

Cada vez que leo una nota sobre un feminicidio o un asesinato violento de mujeres, imagino esa mirada: "¡NO ME ASESINES!", veo en sus ojos, cierro los míos y veo su vida convertida en nada, por la decisión de un sujeto que amparado por la impunidad decide asesinarlas.

Sí, a diario son eliminadas aproximadamente siete mujeres en el país de la impunidad, el 28 de octubre de 2017, en un solo día documenté 15 feminicidios, ¡en un solo día! Esto lacera, rompe, indigna.

Durante estos días tuve la oportunidad de conocer a Saira y Orlando, los padres de Mariana Joselin, una chica de 18 años que fue desaparecida el 27 de julio de 2017, cuando salió a comprar huevo y jamón para desayunar, en Ecatepec de Morelos, Estado de México: al día siguiente fue encontrada violada y asesinada. Conocida en los medios de comunicación y redes sociales como "la chica de la carnicería", Mariana fue encontrada en una carnicería, con el abdomen desecho.

Los padres de Joss, como le llamaban cariñosamente, son muy jóvenes, eran una familia que se cuidaba entre sí, cuando hablé con ellos, el sentimiento de culpa de Saira me derrumbó al escucharla: "A veces me siento culpable por haberle pedido que fuera a comprar el desayuno." Su padre, cuando me entrevisté con ellos en el lugar donde viven, a unos cuantos pasos de donde su hija fue encontrada asesinada, me hizo saber la vergüenza que siente, la culpa, por pertenecer a una sociedad poco empática, y me sentí igual de responsable; su petición fue: "Ayúdenos, me siento culpable por ser parte de esta sociedad, porque no nos preocupamos, no decimos siquiera *hola, buenos días, buenas tardes*, no sabemos con quiénes convivimos, caminamos por la calle, sin fijarnos, sin observar, sin ayudar, sin colaborar, ésa es la parte de la que me siento culpable, salimos a la calle y no nos interesa lo que vemos a nuestro alrededor, ésa es mi culpa ser parte de esta sociedad: vamos por la calle preocupados sólo por nosotros, por cuánto ganamos, por lo que tenemos, por lo que no poseemos, en vez de mirarnos como personas, ésa es mi culpa, seamos diferentes como sociedad, volteemos a vernos."

Estoy cerrando este libro con la esperanza de que al menos una conciencia despierte, de que nos demos cuenta de que aunque no salgamos de casa o lo hagamos a las nueve de la mañana, si a algún predador se le antoja nos aniquilará, acabará con la vida de nuestra madre, nuestra esposa, hermana o hijas, y sólo porque puede hacerlo, se le antoja hacerlo. Porque las autoridades están cada vez más ciegas y negadas a entender que no se trata de realizar campañas para "evitar" que nos asesinen, se trata de formar desde ahora, porque no fueron capaces de hacerlo antes, instituciones sensibles al tema, atentas a cada denuncia que interponga una mujer violentada y ser tomada con perspectiva de género. Me gustaría que cada vez que una familia acuda a denunciar la desaparición de su hija, madre, hermana, sobrina, amiga, la tomen como lo que es: una denuncia y no la descalifiquen respondiendo: "Se fue con el novio o las amigas." Que las autoridades mexicanas respeten los protocolos internacionales firmados para erradicar la violencia contra la mujer, y con esto lograr una vida libre de violencia.

Todas estas páginas, en su mayoría llenas de testimonios de familias, de madres, hijas, están dirigidas a cada uno de nosotros como sociedad, y si algo considero primordial es lo siguiente: seguramente hay quienes justifican los feminicidios en este país, las siguientes líneas son para ellos y ellas, porque desgraciadamente muchas de nosotras, aunque parezca increíble, justificamos estos crímenes.

En América Latina se cometen 12 feminicidios al día, 7 de ellos en México, así lo dio a conocer el 12 de noviembre de 2017 la Comisión Nacional de Derechos Humanos; por lo que ser mujer en la entidad nos ubica como uno de los países más peligrosos para las mujeres de Latinoamérica.

Aquí nos asesinan porque al hombre no le gusta cómo vistes, porque no le gusta que tengas amigos, porque no le gusta que le pongas reglas, porque estás embarazada, porque te cela, porque lo tienes harto, porque saliste al antro, porque tú mamá no te cuidó, porque te quedaste cerca de él, porque le gustas a otros, porque dices NO, porque se le antojó, porque somos putas, alcohólicas, por salir, por quedarnos, por gritar, por callarnos… ¡sólo porque somos mujeres y aquí no contamos!

Ya abundé sobre la marcha realizada el 25 de noviembre de 2017: Voces de la Ausencia, víctimas de feminicidio y desaparición de mujeres, en este México que respira muerte, al que le brota sangre; una marcha convocada por ellas, ellos, las madres, padres de mujeres asesinadas de las que usted acaba de leer, una marcha envuelta en un desfile navideño realizado por una tienda departamental, una movilización que expuso las dos caras de la moneda, una sociedad inerte que se cree exenta de ser tocada, que piensa o justifica que los feminicidios se los buscan ellas. Y la otra parte de la sociedad, esa fracción aniquilada, desecha, empobrecida, buscando, gritando, ávida por ser escuchada, haciéndole saber a quien se dignó a oírla, a cada uno de aquellos que sin imaginar que sólo sería un evento de "felicidad" tendrían de frente una realidad que no se quiere ver. Las familias asesinadas con sus hijas, madres, hermanas, tías.

Algo me queda claro de aquel 28 de noviembre de 2017, 1,600 feminicidios son un asunto delicadísimo, 84 niñas asesinadas de 0 a 14 años también lo son.

Tenemos que dejar de ser una sociedad ególatra, indolente, pasiva. No justifiquemos más los delitos, abusos y feminicidios, pues lo único que estamos creando y reforzando es que, en este país, #LosFeminicidiosNoExisten.

Estamos en el momento exacto y necesario de darle vuelta a la realidad, abrir la puerta y detener esta barbarie; de dejar de ver a nuestros gobernantes como "papá gobierno", de informarnos, salir a la calle, buscar feminicidas, niñas desaparecidas o niñas sin nombre, voltear a vernos porque al redactar estas líneas tal vez yo o usted sea la siguiente.

Comparto, para cerrar este libro, "la carta de Mariana Joselin", realizada el 24 de noviembre de 2017, cuando cumpliría 19 años:

Lic. Enrique Peña Nieto. Presidente Constitucional de los Estados Unidos Mexicanos
Lic. Alfredo del Mazo Maza. Gobernador del Estado de México
Lic. Miguel Ángel Mancera Espinosa. Presidente de la Conferencia Nacional de Gobernadores
Comisión Nacional de los Derechos Humanos
Comunicadores Sociales
Organizaciones contra el Feminicidio en México
Ciudadanos de México

Soy Mariana Joselin Baltierra Valenzuela y hoy, en mi cumpleaños 19, les informo que hace casi cuatro meses, el 28 de julio del presente, fui brutalmente asesinada en el Fraccionamiento Las Américas del municipio de Ecatepec de Morelos, en el Estado de México. A la fecha, mi presunto asesino, Juan de la Cruz Quintero Martínez continúa prófugo de la justicia.

Me duele la soledad con que me enfrenté por casi un día, hasta mi asesinato y durante la violación de mi asesino.

Me duele mi fragilidad y que mi pequeño cuerpo me haya impedido defenderme con éxito ante mi agresor.

Me duele el dolor y la impotencia de mis padres para lograr que se me haga justicia.

Me duele que en mi cumpleaños no pueda recibir el abrazo de mis seres queridos.

Me duele y me lastima ver a mi asesino caminar libremente al acecho de su próxima víctima.

Me duele y me lastima que mi feminicidio pase a engrosar las estadísticas de casos no resueltos.

Me duele y me lastima la injusticia y la impunidad que como losas caen sobre las tumbas de mujeres que, como yo, perdieron la vida en manos de feminicidas despiadados.

Señor presidente, respetuosamente le ruego que en su calidad de padre de familia y como jefe de las instituciones de la República, responsables de apoyar la aplicación de la ley, apoye la demanda de justicia de mis padres.

Señor Gobernador del Estado de México, respetuosamente le pido apoye la demanda de mis padres para la pronta aprehensión de Juan de la Cruz Quintero Martínez, así como la agilización de la necesaria ficha roja que permita perseguir en otros países a mi agresor.

Señor presidente de la Conferencia Nacional de Gobernadores, respetuosamente le pido apoyar la demanda de mis padres, para que en los Estados de la República las fuerzas de seguridad ayuden a la captura de mi feminicida.

A los comunicadores sociales, respetuosamente les pido su solidaridad para evitar que mi asesinato y el de otras mujeres queden impunes. No permitan que mi expediente quede sepultado en el archivo del olvido.

A mis queridos conciudadanos les pido su solidaridad con la demanda de justicia que claman los familiares de otras mujeres que, como yo, cayeron en manos de perversos feminicidas.

Por su apoyo y solidaridad, gracias a todos… #JusticiaParaMarianaJoselin #JusticiaParaTodas.

Y una vez más me cuestiono: ¿Por qué no voy en busca de historias de vida?, las que tendrían que contarse POR ELLAS PERO VIVAS. Debería conocer y narrar las historias de cada mujer que conozco cada día, sus sueños, sus alegrías, sus llantos por el desamor… quizá la de una niña que en algún lugar me contará de sus temores por ser violentada, o me mostrará la simple y sencilla razón de ser niña, confiando en sus padres, jugando, gritando, riendo a carcajadas, o tal vez algunas me detallaran su decepción por la traición, su largo camino para sacar a sus hijos adelante; saber de su esfuerzo para ayudar un poco a sus padres ya cansados, que me confesaran sobre sus amigas y cómo entre ellas charlan picosamente de sus vidas en pareja, o comparten sus llantos con una buena copa de vino, o una cerveza; tal vez que recordaran ese primer beso, la alegría de sentir "mariposas en el estómago" la primera vez que se enamoraron, el nacimiento de su primer hijo, los achaques del embarazo, o la decisión de no tenerlos y adoptar mascotas como hijos…

Quisiera escucharlas a ellas, palparlas, conocer sus gestos, su risa, su enojo, su alegría; verlas florecer de nuevo ante la posibilidad de un nuevo amor, de comenzar otra vez, de volver a confiar en un hombre con el que lo único que buscan es compartir su vida, su historia, un hombre que las ame, las acompañe, las deje desarrollarse, crecer, ser ellas…

Lamentablemente, las historias que cuento en este espacio son de muerte, traición, engaño, dolor, de asesinos… y cuando me senté a redactarlas las imaginé a ellas vivas, luminosas, cerré los ojos para percibir sus sonrisas, en lugar de sus últimos momentos de terror, de infierno, traté de expresar el carisma de sus familias y la intensidad de lo que me contaron, porque a ellas jamás las conocí, sólo las vi sonrientes en sus fotos, llenas de vida, abrazando a sus perros, a sus hijos, a su historia, a sus mamás… Sólo seré una vez más la extensión de la voz de una mujer que fue acallada, rota, mutilada; sólo seré la voz que insiste, reclama: es urgente, imperioso, exigir que los feminicidios se detengan, o tal vez seguiré engrosando la larga lista de dolor y familias aniquiladas a diario. Todo depende ahora si podemos trabajar no sólo por un país mejor, también por una familia más segura, más unida, por una sociedad que diga "basta" a la violencia y a la impunidad.

Frío febrero de 2018

#NiUnaMás de Frida Guerrera,
se terminó de imprimir en abril de 2018
en los talleres de
Litográfica Ingramex, S.A. de C.V.
Centeno 162-1, Col. Granjas Esmeralda,
C.P. 09810, Ciudad de México.